教育公平研究译丛　丛书主编　袁振国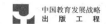

生活的交融
亚洲移民身份认同

［新加坡］Caroline Plüss　　［中国香港］Chan Kwok-bun ◎主编
胡　婧　钟文秀　朱凯丽　陈　玲　谢　雯　张艺馨◎译

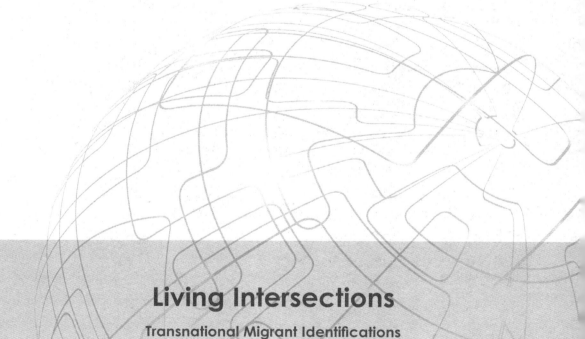

Living Intersections
Transnational Migrant Identifications in Asia

华东师范大学出版社

图书在版编目(CIP)数据

生活的交融：亚洲移民身份认同/(新加坡)珀琉斯等主编；胡婧等译. —上海：华东师范大学出版社，2018
(教育公平研究译丛)
ISBN 978-7-5675-8020-6

Ⅰ.①生… Ⅱ.①珀…②胡… Ⅲ.①移民-研究-亚洲 Ⅳ.①D730.38

中国版本图书馆 CIP 数据核字(2018)第157432 号

本书由上海文化发展基金会图书出版专项基金资助出版

教育公平研究译丛

生活的交融
亚洲移民身份认同

主　　编	[新加坡]Caroline Plüss　　[中国香港]Chan Kwok-bun
译　　者	胡　婧等
策划编辑	彭呈军
审读编辑	王瑞安
责任校对	张　雪
装帧设计	卢晓红

出版发行	华东师范大学出版社
社　　址	上海市中山北路3663号　邮编 200062
网　　址	www.ecnupress.com.cn
电　　话	021-60821666　行政传真 021-62572105
客服电话	021-62865537　门市(邮购)电话 021-62869887
地　　址	上海市中山北路3663号华东师范大学校内先锋路口
网　　店	http://hdsdcbs.tmall.com

印 刷 者	浙江临安曙光印务有限公司
开　　本	787×1092　16开
印　　张	18.75
字　　数	320千字
版　　次	2018年11月第1版
印　　次	2018年11月第1次
书　　号	ISBN 978-7-5675-8020-6/G·11308
定　　价	54.00元

出版人　王　焰

(如发现本版图书有印订质量问题，请寄回本社客服中心调换或电话021-62865537联系)

教育公平研究译丛
编委会

主　编：袁振国
副主编：窦卫霖　张春柏
编　委：陈　舒　杜振东　胡　婧　黄忠敬
　　　　李宏鸿　彭呈军　彭正梅　汪幼枫
　　　　吴　波　张　兵　赵　刚　郅庭瑾

Translation from the English language edition:
Living Intersections: Transnational Migrant Identifications in Asia
edited by Caroline Plüss and Chan Kwok-bun
Copyright © Springer Science + Business Media Dordrecht 2012
This Springer imprint is published by Springer Nature
The registered company Springer Science + Business Media B. V.
All Rights Reserved
Simplified Chinese Translation © 2018 East China Normal University Press Ltd.

上海市版权局著作权合同登记　图字：09 - 2017 - 952 号

丛书序言

袁振国

教育公平是人类社会的共同追求,也是衡量一个国家文明水平的重要标志;教育公平涉及千家万户,影响个人的终身发展,是人民群众的重要关切;教育公平既与个人的利益、观念、背景有关,所以众说纷纭、莫衷一是,又取决于历史水平、文明程度,所以不断发展、渐成共识。

教育公平是一个需要不断努力无限接近的目标,在历史的进程中也许可以分为梯度推进的四个阶段:机会公平、条件公平、过程公平和结果公平。机会公平的本质是学校向每个人开门——有教无类;条件公平的本质是办好每一所学校——均衡发展;过程公平的本质是平等地对待每个学生——一视同仁;结果公平的本质是为每个学生提供适合的教育——因材施教。这四个阶段相互关联、相互促进、相辅相成。

机会公平:学校向每个人开门——有教无类

有教无类是 2500 年前孔夫子提出来的教育主张:不管什么人都可以受到教育,不因为贫富、贵贱、智愚、善恶等原因把一些人排除在教育对象之外。① 有教无类体现了深厚的人文情怀,颇有超越历史条件的先知先觉气概。有教无类的思想虽然早在 2500 年前就提出来了,但真正做到人人能上学却不是一件容易的事。30 多年前(1986年)我国才以法律的形式提出普及九年制义务教育,经过不懈努力,到 2008 年才真正实现了全国城乡免费九年制义务教育。

作为现代社会的普遍人权,教育公平体现了《世界人权宣言》(1948)的基本精神。《世界人权宣言》第二十六条第一款明确规定:"人人都有受教育的权利,教育应当免

---

① 也有一种说法,认为有教无类是有教则无类的简化,人原本是"有类"的,比如有的智有的愚,有的孝顺有的不肖,但通过教育可以消除这些差别——即便是按照这种说法,也还是强调教育的公平价值。

费,至少在初级和基本阶段应如此。初级教育应属义务性质。技术和职业教育应普遍设立。高等教育应根据成绩而对一切人平等开放。"《中华人民共和国教育法》规定:"公民不分民族、种族、性别、职业、财产状况、宗教信仰等,依法享有平等的受教育机会。"但要做到这一点,需要艰苦的努力和斗争。

拦在有教无类征途上的第一道门槛是身份歧视。所谓身份歧视,就是将人分为高低贵贱的不同身份,赋予不同权利,剥夺多数人受教育的基本权利。古代印度有种姓制度,根据某种宗教体系,把人分成婆罗门、刹帝利、吠舍、首陀罗四个等级,权利和自由等级森严,在四个等级之外还有不入等的达利特,又称贱民,不能受教育、不可穿鞋,也几乎没有社会地位,只被允许从事非常卑贱的工作,例如清洁秽物或丧葬。根据人口普查数据,印度目前有1.67亿达利特人,其文盲率竟高达60%。

拦在有教无类征途上的第二道门槛是智力歧视。所谓智力歧视,就是主张按"智力"赋予权利和资源,而智力被认为是遗传的结果,能人、名人的大脑里携带着聪明的基因,注定要成为卓越人士。英国遗传决定论者高尔顿认为,伟人或天才出自名门世家,在有些家庭里出名人的概率是很高的。高尔顿汇集的材料"证明",在每一个例证中这些人物不仅继承了天才,像他们一些先辈人物所表现的那样,而且他们还继承了先辈才华的特定形态。这种理论迎合了资产阶级的政治需要,成为能人治国、效率分配资源的根据。根据这种理论,有色人种、穷人、底层人士被认为是因为祖先的遗传基因不好,先天愚笨,所以活该不值得受到好的教育。当然这种理论早已被历史唾弃了。

条件公平:办好每一所学校——均衡发展

能不能上学是前提,是教育公平的起点,进不了学校的大门,什么机会、福利都无从谈起。但有学上与上什么学差别很大,同样是九年义务教育,在不同地方、不同学校可能有着完全不同的办学水平。为了加快工业化的进程,在很长时间里我们采取的是农业支持工业、农村支持城市的发展战略,实行的是"双轨制",维持的是"剪刀差",城市和农村的教育政策也是双轨的,不同的教育经费标准,不同的教师工资标准,不同的师生比标准,等等;与此同时,为了集中资源培养一批优秀人才,形成了重点学校或重点班制度,在同一座城市,在同一个街区,不同的学校可能有很大差别。

2002年中国共产党第十六次全国代表大会首次把公平正义作为政治工作的重大主题,把促进公平正义作为政治工作的出发点和归属,教育公平被列为教育最核心的词汇。2004年十六届四中全会提出了"工业反哺农业、城市支持农村"的时代要求。2007年,时任中共中央总书记胡锦涛在当年庆祝教师节的讲话中第一次提出了"把促进教育公平作为国家基本教育政策"的要求,2010年《国家中长期教育改革和发展规划纲要(2010—2020年)》对此做了具体的政策阐释和工作部署,指出:教育公平的基本要求是保障每个公民依法享有公平接受教育的权利;促进教育公平的关键是机会公平,重点是义务教育的均衡发展和帮扶困难人群,主要措施是合理配置公共教育资源(在区域之间向西部倾斜,在城乡之间向农村倾斜,在学校之间向薄弱学校倾斜,在人群之间向困难人群倾斜)。2012年党的十八大继续把促进教育公平作为教育工作的基本方针。"十二五"期间采取了一揽子的计划和措施,促进中国的教育公平水平迈出了重大步伐。我和很多外国朋友进行过交流,他们都充分认可中国在促进教育公平方面的巨大努力和明显进展。

过程公平:平等地对待每个学生——一视同仁

在不同的学校受到的教育不同,在同一校园内甚至坐在同一个教室里也未必能受到同样的教育。这是更深层次的教育公平问题。从政府责任的角度说,促进教育公平的主要措施是合理配置公共教育资源,缩小城乡、区域、学校之间的差距,创造条件公平的环境。但是,对每个具体的学生来说,学校内、班级内的不公平对个体发展的影响更大、更直接,后果更严重。

关注一部分学生,忽视一部分学生,甚至只关注少部分学生,忽视大部分学生的现象并不在少数。只关注成绩优秀的学生,而忽视成绩后进的学生,有人称为"厚待前10名现象"。同在一个学校里,同在一个课堂上,不同学生的学习机会和发展机会大相径庭。由于升学竞争的压力,由于人性自身的弱点,聪明伶俐的、长得漂亮的、家庭背景好的学生很容易受到更多关注,被寄予更大期望,相反,那些不那么"讨喜"的学生就经常会受到冷遇甚至嘲讽。早在20世纪80年代我就做过关于农村学生辍学的调查,发现辍学的学生80%以上并不是因为经济原因,而是因为在班上经常受到忽视、批评甚至嘲讽。上学对他们来说没有丝毫的乐趣,而是经受煎熬,因此他们宁可逃离学校。针对期望效应的心理学研究表明，被寄予更高期望的学生会得到更多的"雨露阳光"，性格会更加活泼可爱，学习成绩也会明显比其他同学提高得更快。优秀的学生、讨喜的学生通常会得到更多的教育资源，比如会得到更多的提问，会得到更多的鼓励，作业会得到更认真的批改，做错了事也会得到更多的原谅。有时候，课堂上的不公平可能比硬件实施上的不公平更严重，对学生成长的影响也更大。怎么把保障每个公民平等接受教育的权利这样一个现代教育的基本理念落到实处，怎样确保平等对待每个学生，保障每个学生得到平等的学习机会和发展机会，是过程公平的问题，需要更细心的维护，需要教育观念和教师素质的更大进步。

结果公平：为每个学生提供适合的教育——因材施教

说到结果公平，首先不得不申明的是，结果公平并不是让所有的人得到同样的成绩，获得同样的结果，这是不可能的，也是不应该的，事实上也从来没有一种公平理论提出过这样的主张，但是这种误解确实有一定的普遍性，所以不得不画蛇添足予以申明。教育公平并不是大家一样，更不是把高水平拉到低水平。所谓教育结果公平是指为每个人提供适合的教育，即因材施教，使每个人尽可能得到最好的发展，使不同家庭背景的学生受到同样的教育，缩小社会差距的影响，阻断贫困的代际传递。正因为如此，教育公平被称为社会公平的平衡器。

"最好"的发展其实也是一个相对的概念，随着社会文明水平和教育能力的提高，"最好"又会变得更好。这里的因材施教也已经不是局限于教育教学层面的概念，而是具有了更为广阔的社会含义。首先，社会发展到较高水平，社会形成了比较健全的人才观和就业观，形成了只有分工不同、没有贵贱之分的社会文化，人人都能有尊严地生活；其次，心理学的研究对人的身心发展规律有了更深刻的认识，对人的身心特点和个性特征可以有更为深刻和准确的认识，人的个性特点成为人的亮点，能够受到充分的尊重；第三，教育制度、教学制度、课程设计更加人性化，教师的教育教学水平得到很大的提高，信息化为个性化教育提供了极大的便利，社会各界都能自觉地围绕以人为本、以学生的发展为中心，给予更好的配合和支持；第四，教育的评价对促进学生的个性发展起到诊断、激励的作用，每个人的不可替代性能得到充分的展现，单一的评价标准，统一的选拔制度，恶性的竞争态势，僵化的课程和教学制度，自不待说大班额等得到根本性的扭转。

因材施教是为相同的人提供相同的教育,为不同的人提供不同的教育,就是在人人平等享有公共资源的前提下,为个性发展提供更好的条件。但区别对待不是等差对待,现在有些学校也在积极探索课程选修制、弹性教学制,试图增强学生的选择性,促进学生有特色地发展,这当然是值得鼓励的,但是有一种潜在的倾向值得注意,就是在分类、分层教学的时候,要防止和反对将优质资源、优秀教师集中在主课和高程度的教学班级,非主课和低程度的班级则安排相对较差的资源和较弱的师资,把分类、分层教学变成了差别教学。

机会公平、条件公平、过程公平、结果公平并不是简单的高低先后的线性关系,而是相互包含、相互影响、相辅相成的。目前机会公平在我国已经得到了相对充分的保障,也可以说有学上的问题已经基本解决,但部分进城务工人员子女、特殊儿童、家庭经济困难学生,地处边远、自然环境恶劣地区的孩子还未能平等地享有义务教育;随着大规模的学校危房和薄弱学校的改造,办学条件的标准化建设,我国的办学条件得到了大跨度的改善,但师资差距在城乡、区域、学校之间并没有得到有效缩小,在某些方面还有拉大的危险;过程公平正在受到越来越多的关注,但远远没有得到应有的重视;结果公平无疑是教育公平向纵深发展的新指向、价值引导的新路标。

在这个时候我们组织翻译《教育公平研究译丛》,就是为了进一步拓展国际视野,借鉴历史成果,也为更好地总结和提炼我们促进教育公平的理论和实践经验,促进世界不断向更高质量、更加公平的教育迈进。译丛一共 10 册,其中既有专注的理论探讨,也有国际案例的比较研究,既有国家政策的大型调查,也有学校层面的微型访谈,在研究方法上也是多种多样,对我们深化教育公平研究无疑会有多方面的启示。这 10 册译著的内容摘要如下。

《教育公平:范例与经验》:本书探讨几个紧迫的问题:各国内部和国家之间差距有多大?是否有有效和负担得起的方式可以缩短这些差距?本书的作者是世界各地重要的教育创新者,他们报告了一系列独特的全球案例研究,重点了解世界各地哪些教育项目在解决不公平问题和改善教育成果方面特别有效。

《教育公平:基于学生视角的国际比较研究》:本书记录了学生在学校内外的正义经历,并将这些经历与他们个人正义感的发展和对公平的判断标准联系起来。本书特别关注的一点是向读者呈现那些潜在弱势学生群体的看法和经历。

这一小学生群体包括有学习困难或行为问题的学生,明显较不适合"学术轨道"的新移民学生,以及母语为非主流语言或是来自社会经济贫困阶层的学生。

《生活的交融:亚洲移民身份认同》:本书阐明了新的理论观点、提供新的实证依据,以了解亚洲一些国家和地区的某些移民群体在生活中如何以及为什么把文化、社会、政治和经济的特征与不同地区和聚居地的根本特点相结合。本书的编著者共同推动了交叉性分析新方法的产生。交叉性分析考察大量的因素,如种族、性别、社会阶层、地理位置、技能、文化、网络位置和年龄是如何相互影响,从而进一步危害或改善人们获得所需资源的途径。

《教育、公正与人之善:教育系统中的教育公平与教育平等》:本书把对教育公正的思考与对人之善和教育目的的思考结合起来,揭示出:仅对某些分配模式作出评估还远远不够;还必须澄清分配物的价值。从这种意义上来说,对教育价值的深入思考也是解释教育公正的一部分。

《幻想公平》:本书作者探讨了平等和教育问题,特别是平等和质量之间的冲突,之后他转而探讨了诸如社会阶层之类的社会因素与教育公平之间的关系。同时,他还讨论了知识社会学的新支持者们的观点,这些人声称不平等的原因在于我们组织知识以及将知识合法化的传统方式。最后,他将注意力转向文化问题以及建立一个共同课程的愿望。在书的最后,作者犹犹豫豫地声明自己是个非平等主义者——并非因为他强烈反对平等,而是因为他热烈地相信质量之于教育的重要性。他无法理解在当前对平等主义政策趋之若鹜的情况下,教育的质量如何能够得到保证。这是一本极具争议的书,它既通俗易懂,又别出心裁,同时也不乏严厉的批评。

《科尔曼报告:教育机会公平》:该报告根据美国《1964年民权法案》的要求,经过广泛调查,以白人多数族群所获得的机会为参照,记录了公立学校向少数族裔的黑人、波多黎各人、墨西哥裔美国人、东亚裔美国人,以及美国印第安人提供公平教育机会的情况。该报告的比较评估建立在区域性及全国性的基础上。具体而言,该报告详细介绍了少数族裔学生和教师在学校里面临的种族隔离程度,以及这和学生成绩之间的关系,衡量因素包括成绩测试,以及他们所在的学校类型。调查结果中值得注意的是,黑人学生和教师在很大程度上被以不公平的方式与白人师生隔离,少数族裔学生的成绩普遍低于白人学生,并且更容易受到所在学校质量的影响。

《日趋加大的差距：世界各地的教育不平等》：经济增长究竟是造就了机会的开放（如社会民主国家），还是导致公众为公立教育机构的少数名额展开激烈竞争（如福利制度较薄弱的发达国家）；民办高等教育的惊人增长，一方面弥补了高等教育机会的缺口，但另一方面也给部分家庭带来了严重的债务问题，因为这些家庭必须独自承担这种人力资本积累。在不平等日益扩大的背景下，世界各国展开了对教育优势的竞争。对于理解这个现象，比较研究是一种至关重要的方法。本书对该问题研究的贡献在于：在对不同教育体系进行描述之外，展开详细的国家案例研究。

《教育的社会公平手册》：作者指出教育的社会公平并不是什么新的理念，也不是又一个对现状修修补补的改革倡议，教育的社会公平是民主社会教育和教学的根基，是民主建设的基石。我们将迎来一个文明先进、充满希望的黄金时代，在这个时代，儿童会成为最受瞩目的社会成员，而教学将回归本真，被视为最重要、最高尚的事业。这一点虽然在政策和实践上会有分歧，但却很少被公开质疑。本书将作为教育改革斗争中的一件利器，提醒我们教育不可改变的核心地位。社会公平教育是建立在以下三大基石或原则之上的：1. 公平，即公平性原则；2. 行动主义，即主动性原则；3. 社会文化程度，即相关性原则。

《教育、平等和社会凝聚力：一种基于比较的分析》：本书采用不同的方法，主要关注两个问题：一是社会层面，而非个体、小群体及社区层面的社会凝聚力；二是教育如何影响以及在什么背景下影响这种社会凝聚力。因此，本书所探讨的是最广义上的社会凝聚力结果，作者们不仅从融入劳动力市场的角度，而且从可能与社会凝聚力相关的更广泛的社会属性角度对这个问题进行了探讨，后者包括收入不平等的结构性、社会性和经济性议题：收入低下，社会冲突，以及基于信任、容忍度、政治投入与公民自由的各种文化表现形式。

《学校与平等机会问题》：本书聚焦大众教育中的"平等—效率"困境。如今的很多教育研究将目光投向教育改革，人们期待那些改革能关注平等机会这个问题。西方国家的学校也探索了许多替代方案，诸如去分层化、更灵活的课程、重视子女的自我观感胜过重视他们的学业成绩、通过测试来确保没有子女掉队，以及为低收入家庭提供选择。本书研究者收集到的证据表明，尽管展现了一些进步的可能通道，他们仍然对于很多学校所采取的激进的改变机会结构的政策的有效性提出了质疑。根据目前所知，人们不宜期望短期能出现奇迹。最好的方法就是通过一个高效的教育体系来挑战每位受教育者，让他们都实现自己的潜力。在那个意义上，一个高效的教育体系也有助于实现平等。

2018 年 5 月

目 录

作者简介   1

第 1 章   引言

跨国环境下交叉性的理论阐释与证明

Caroline Plüss 和 Chan Kwok-bun   1

第一部分   解读流动与不公

第 2 章   回迁移民的混杂性：优势及劣势

Chan Kwok-bun   21

第 3 章   菲律宾村落中的阶级、迁居和身份

Philip F. Kelly   39

第二部分   民族国家、社交网络和情感空间

第 4 章   香港回迁移民的社会压力以及适应性行为

Chan Kwok-bun 和 Chan Wai-wan   59

第 5 章   国家对于跨国移民身份形成的作用：一次"独一无二的新加坡"经历？

Selina Lim   89

第三部分   跨国定位和文化资本

第 6 章   重复移民的新加坡华人女性：跨国处境和社会不平等

Caroline Plüss   115

第7章 跨国母职在全球化儿童培养中的作用：以在
　　　新加坡的韩国教育移民为例
　　　Yoonhee Kang　　　　　　　　　　　　　　141
第8章 成为新华侨：中国移民在日本的跨国实践与
　　　身份构建
　　　Gracia Liu-Farrer　　　　　　　　　　　　161

第四部分　寻求跨国/地区身份认同

第9章 边缘化的认同：挑战小笠原群岛上的公民身份、
　　　国籍和身份
　　　David Chapman　　　　　　　　　　　　　189
第10章 乡愁的中间人：泰国清迈掸族移民的公共领域
　　　 Amporn Jirattikorn　　　　　　　　　　　 209
第11章 身份与偏移的跨国/地区联系：香港的回迁
　　　 移民
　　　 Lucille Lok-sun Ngan　　　　　　　　　　 233
第12章 结论
　　　 活在文化、社会、情感、政治和经济的交汇点：
　　　 解域文化
　　　 Caroline Plüss　　　　　　　　　　　　　 258

致谢　　　　　　　　　　　　　　　　　　　　　271

索引　　　　　　　　　　　　　　　　　　　　　272

作者简介

Amporn Jirattikorn 是泰国清迈大学社会科学与发展系讲师。近年来出版作品包括:"Shan Virtual Insurgency and the Spectatorship of the Nation," *Journal of Southeast Asian Studies*(Vol. 42 No. 1, 2011);"Shan Noise, Burmese Sound: Crafting Selves through Pop Music," *South East Asia Research*(Vol. 18 No. 2, 2010);"Pirated Transnational Broadcasting: The Consumption of Thai Soap Operas among Shan Communities in Burma," *Sojourn*(Vol. 23 No. 1, 2008);"From Beyond Rangoon to Shan VCD: The Politics and Authenticity of Appropriation," *Asian Cinema*(Vol. 18 No. 2, 2007);"Lukthung: Authenticity and Modernity in Thai Country Music," *Asian Music*(Vol. 37 No. 1, 2006);"Suriyothai Hybridizing Thai Nationality through Film," *Inter-Asia Cultural Studies*(Vol. 4 No. 2, 2003)。

Caroline Plüss 是新加坡南洋理工大学社会学系的副教授。近年来出版作品包括:"To Be or Not to Be: Chinese-Singaporean Women Deliberating on Voluntary Childlessness," *International Handbook of Chinese Families*,由 Chan Kwok-bun 编著(合著者:Amanda Ee Hui Li 和 Chan Kwok-bun, Springer, 2012);"Baghdadi Jews in Hong Kong: Converting Cultural, Social and Economic Capital among Three Transregional Networks," *Global Networks: A Journal of Transnational Affairs*(Vol. 11 No. 1, 2011);"Trans-National Biographies and Trans-National Habitus: The Case of Chinese Singaporeans in Hong Kong," *Reframing Singapore: Memory, Identity and Trans-Regionalism*,由 Derek Heng 和 Syed Muhd Khairudin Aljunied 编著(Amsterdam University Press, 2009);"Migration and the Globalization of Religion," *The Oxford Handbook of the Sociology of Religion*,由 Peter B. Clarke 编著(Oxford University Press, 2009);"Hong Kong," *Encyclopedia of Race, Ethnicity, and Society*,由 Richard Schaefer 编著(Sage, 2008);"Singapore," *Encyclopedia of Race, Ethnicity, and Society*,由 Richard Schaefer 编著(合著者:Kwok Kian Woon, Sage, 2008);"Analyzing Non-doctrinal Socialization: Re-assessing the Role of Cognition to Account for Social Cohesion in the Religious Society of Friends," *The British Journal* *of Sociology*(Vol. 58 No. 2,2007);"Becoming Different While Becoming the Same: Reterritorializing Islamic Identities With Multi-Ethnic Practices in Hong Kong," *Ethnic and Racial Studies*(Vol. 29 No. 4,2006);"Indians in Hong Kong," *The Encyclopaedia of the Indians Overseas*,由 Brij Lal、Peter Reeves 和 Rajesh Rai 编著（Editions Didier Millet，2006）;"Migrants from India and their Relations with British and Chinese Residents," *Foreign Communities in Hong Kong: From the Late Nineteenth Century to the 1960s*,由 Cindy Chu Yik-yi 编著（Palgrave Macmillsn，2005）;"Globalizing Ethnicity with Multi-local Identifications: The Parsee, Indian, Muslim and Sephardic Trade Diasporas in Hong Kong," *Diasporas Entrepreneurial Networks: Four Centuries of History*,由 Baghdiantz McCabe、Gelina Harlaftis 和 Ionna Peplasis Minoglou 编著（Berg，2005）;"Constructing Globalised Ethnicity: Migrants from India in Hong Kong," *International Sociology*(Vol. 20 No. 2,2005)。

Chan Kwok-bun（陈国贲）是香港陈氏社会研究所（CISS）创立人兼所长、中国澳门大学社会学系客座教授、位于中国珠海的北京师范大学—香港浸会大学联合国际学院联合研究所（JIRS）研究员。著有专著47本,在领导、创造和创新、青少年、世界和平与民主、亚洲社会家庭、商业网络、民族身份、移民、跨国主义、杂糅、普世主义、马克思主义、世界主义和大移居方面发表期刊论文和专著章节共250篇/章。2012年,陈教授的另外7本新书出版问世,除本书以外还包括Springer出版社出版的3本英文专著：*The Chinese Face in Australia: Multi-generational Ethnicity Among Australian-Born Chinese*(合著者：Lucille Ngan Lok-sun);*Charismatic Leadership in Singapore: Three Extraordinary People*(合著者：Dayan Hava);*International Handbook of Chinese Families*。2012年,香港中华书局出版陈教授的中文新书,*Chinese Migration: Cultural Integration and Hybridization*。同年,香港的Sune Global出版了他的另一本中文著作,*Art and Heart: Children's Drawings and their Insights into the Family*(合著者：Ada Lee Man-ching)。他的近期著作包括：*Chinese Entertainment*(Routledge, 2012);*Mobile Chinese Entrepreneurs*(合著者：Chan Wai-wan, Springer, 2011);*Poverty and Change*([中文]中华书局,2011);Hybrid Hong Kong(特刊,*Visual Anthropology*,Vol. 24 Nos. 1–2,2011);Hybridity(特刊,*World Futures*,Vol. 66 No. 4,2011);*Hybridity: Promises and Limits*(de Sitter Publications, 2011);*City-State Lens: Hong Kong In the Eyes of Mainland China Students*([中文]合著：Chan Wai-wan,中华书局,2010);*Chinese Merchants*:*Ethnic Resources and Business Strategies*([中文]中华书局,2010);*The Poetry of Chan Yi-yu*([中文]中华书局,2009);*Our Families*,*Our Homes*([中文]中华书局,2008);*Work Stress and Coping Among Professionals*(Brill Academic Publishers,2007);*East-West Identities*:*Globalization*,*Localization and Hybridization*(合编者:Jan Wallis 和 David Hayward,Brill Academic Publishers,2007);*Shuttling Between Hong Kong and Mainland China*([中文]合著者:Chan Wai-wan,中华书局,2007);*Conflict and Innovation*:*Joint Ventures in China*(合编者:Leo Douw,Brill Academic Publishers,2006);*Chinese Identity*,*Ethnicity and Cosmopolitanism*(Routledge,2005);*Migration*,*Ethnic Relations and Chinese Business*(Routledge,2005)。

Chan Wai-wan 现任香港陈氏社会研究所(CISS)主任、高级研究员,其出版的作品有:"Home But Not Home:Four Vignettes of Return Migrants in Hong Kong"(合著者:Chan Kwok-bun),*Hybrid Hong Kong*,由 Chan Kwok-bun 编著(Routledge,2012);"Innovators or Strangers? Returnees in Hong Kong"(合著者:Chan Kwok-bun),*Cultural Hybridity*:*Contradictions and Dilemmas*,由 Chan Kwok-bun 编著(Routledge,2012);"A Double-Edged Sword:Mobility and Entrepreneurship",*International Handbook of Chinese Families*,由 Chan Kwok-bun 编著(Springer,2012)。Chan Wai-wan 最近的出版物有:*Mobile Chinese Entrepreneurs*(合著者:Chan Kwok-bun,Springer,2011);"The Return of the Native:Globalization and Adaptive Response of Transmigrants",*World Futures*(合著者:Chan Kwok-bun,Vol. 66 No. 6,2010);*City-State Lens*:*Hong Kong in the Eyes of Mainland China Students*([中文],合编者:Chan Kwok-bun,中华书局,2010);*Shuttling Between Hong Kong and Mainland China*([中文],合著者:Chan Kwok-bun,中华书局,2007)。

David Chapman 就任于南澳大学传播、国际研究和语言学院,是日本研究方向的高级讲师和协调人。最近的出版物包括:"Different Faces,Different Spaces:Identifying the Islanders of Ogasawara," *Social Science Journal Japan*(Vol. 14 No. 2,2011);"Geographies of Self and Other:Mapping Japan through the Kosekei," *The Asia Pacific Journal*(No. 29,电子期刊,2011);"Zainichi Koreans in History,Memory," *Japan's Minorities*:*The Illusion of Homogeneity*(第二版),由 M. Weiner 编著(Routledge,2009);"Inventing Subjects and Sovereignty:Early History of the

First Settlers of the Bonin (Ogasawara) Islands," *The Asia-Pacific Journal* (No. 24, 电子期刊, 2009); *Zainichi Korean Identity and Ethnicity* (Routledge, 2008)。

Gracia Liu-Farrer 现任日本早稻田大学亚太研究研究生院副教授。最近的著作有: *Labor Migration from China to Japan: International Students, Transnational Migrants* (Routledge, 2011); "Making Careers in the Occupational Niche: Chinese Students in Corporate Japan's Transnational Business," *Journal of Ethnic and Migration Studies* (Vol. 37 No. 6, 2011); "The Absent Spouses: Gender, Race and Extramarital Sexuality among Chinese Immigrants in Japan," *Journal of Sexualities* (Vol. 13 No. 1, 2010); "Debt, Networks and Reciprocity: Undocumented Migration from Fujian to Japan," *The Asia Pacific Journal* (Vol. 26, 2010); "Creating a Transnational Community: Chinese Newcomers in Japan," *Japan's Minorities: The Illusion of Homogeneity*, 由 Michael Weiner 编著 (Routledge, 2009); "Educationally Channeled International Labor Migration: Post-1978 Student Mobility from China to Japan," *International Migration Review* (Vol. 43 No. 1, 2009); "Producing Global Economies from Below: Chinese Immigrant Transnational Entrepreneurship in Japan," *Deciphering the Global: Its Spaces, Scales, and Subjects*, 由 Saskia Sassen 编著 (Routledge, 2007)。

Lucille Lok-sun Ngan 现任香港教育学院研究生院博士后研究员, 出版物包括: *The Chinese Face in Australia: Multi-generational Ethnicity Among Australian-Born Chinese* (合著者: Chan Kwok-bun, Springer, 2012); "Constructing Chineseness: The Influence of Family and Marriage on the Identity of Long-settled Australian-born Chinese," *International Handbook of Chinese Families*, 由 Chan Kwok-bun 编著 (Springer, 2012); "Generational Identities Through Time: Memories and Homelands of the ABCs," *At Home in the Chinese Diaspora: Memories, Identity and Belonging*, 由 A. Davidson 和 K. E. Kuah-Pearce 编著 (Palgrave, 2008); "Living In-between: Hybrid Identities among Long-established Australian-born Chinese in Sydney," *Chinese Southern Diaspora Studies Journal* (Vol. 2 No. 1, 2008); "Methodological Issues on Studying the Identity of Long-established ABC," *Migrations and Identities* (Vol. 1 No. 2, 2008)。

Philip F. Kelly 多伦多约克大学地理系副教授, 著有 40 多篇/章论文和专著章节,研究方向为菲律宾发展、移民和劳动力。著作有:*Economic Geography*:*A Contemporary Introduction*(合著者:N. Coe 和 H. Yeung, Blackwell, 2007);*Landscapes of Globalization*: *Human Geographies of Economic Change in the Philippines* (Routledge, 2000)。

Selina Lim 现任新加坡新跃大学教学中心高级讲师。出版物有:"Educating the World: The Singapore Model," *Canadian Diversity* (Vol. 8 No. 5, 2011),博士学位论文题为"Rethinking Albert Q. Hirschman's 'Exit, Voice, and Loyalty': The Case of Singapore"(The Ohio State University, 2007)。

Yoonhee Kang 现任韩国首尔国立大学人类学系副教授,著有:"Singlish or Globish? Multiple Language Ideologies and Global Identities among Korean Educational Migrants in Singapore," *Journal of Sociolinguistics* (16, 2012); "God Crossing Borders: Religious Reconciliation and Trans/national Identities among Indonesian Migrants in Philadelphia," *Towards an Inclusive Democratic Indonesian Society*: *Bridging the Gap between State Uniformity and Multicultural Identity Patterns*,由 Frank Dhont 等人编著(Atma Jaya Yogjakarta University Publisher, 2009)。

第 1 章
引言
跨国环境下交叉性的理论阐释与证明

Caroline Plüss 和 Chan Kwok-bun[①]

[①] C. Plüss
社会学系,人文和社会科学学院,南洋理工大学,新加坡
e-mail: pluss@ntu.edu.sg
K. B. Chan
陈氏社会研究所,屯门区,香港,中国
e-mail: ckb@ci-ss.org

本书阐明了新的理论观点、提供了新的实证依据,以了解亚洲一些国家的某些移民群体在生活中如何以及为什么把文化、社会、政治和经济的特征与不同地区和聚居地的根本特点相结合。本书编著者共同推动了交叉性分析新方法的产生。交叉性分析可考察大量的因素,如种族、性别、社会阶级、地理位置、技能、文化、网络位置和年龄是如何相互影响的,从而进一步危害或改善人们获得所需资源的途径(Anthias,2001a;Yuval-Davis,2006;Yuval-Davis 等,2006;Davis,2008;Dill & Zambrana,2009;Ellenmeier,2009)。本书所采用的方法旨在跳出目前交叉性分析形式的固有模式。这将促进移民的身份或身份认同[后者强调身份演变的过程(Brubaker & Cooper,2000)]——即移民试图将自己所拥有的文化、社会和经济资本(Bourdieu,1984,1986)转换成渴望获得的新资源。而他们如何看待自己、他人和其他制度则成为移民在穿越国界/地区和建立起跨国/地区空间之后,衡量转换结果的核心指标。我们把身份和身份认同作为移民跨国/地区后渴望获得新资源,因而会反复地面对社会不公平和公平的核心指标,如此便可以研究各种不同的文化、社会、经济和政治特征如何以及为何与不同地区的根本特点互为要素、相互作用,进而构成亚洲跨国移民的生活。交叉性分析的新方法使我们找到新的方式来解释不同地区的根本特征和各种因素如何同时、多方面相互作用,构建跨国/地区移民的经历。

理解不同方面特征相互交叉而形成移民生活的特点,对于我们进一步认识到移民是全球化的载体(有时又是受害者)(Robertson,1997;Nederveen Pieterse,2004)是适时且重要的。亚洲移民为亚洲的日益繁荣作出重要贡献。这种新认识不仅加深我们对全球化的理解,而且阐明了亚洲移民的利与弊(Chan,2005b)。

有些学术研究将移民身份认同作为诠释移民遭遇多种不可避免的不平等和劣势地位互相之间本质关系的关键,这些研究还将资本转换应用于交叉性分析(Bourdieu,1984,1986),目前亚洲移民研究尚未涉及此类研究(Charney 等,2003;Hewison & Young,2006;Lorrente 等,2005;Rai & Reeves,2009)。全球范围内的跨国/地区移民研究中也不包括这类研究(Kennedy & Roudometof,2002;Khagram & Levitt,2008)。因此,本书提出了一个突出问题:全球化日益发展的背景下,跨国/地区移民共同构建的民族、文化、制度和社会发生了什么变化?本书将加深学者、服务提供者、决策者和学生对移民经历的利弊、机遇与风险的理解。本书作者们提出探究移民经历的新方法,并找到了研究和制定决策的新途径。

书中章节涵盖宏观和微观层面的社会分析,借鉴了社会学、心理学、人类学、地理、历史和政治科学专业学术研究。各章节主要进行了定性研究,研究对象包括亚洲的许多国家和地区:中国(包括香港)、韩国、日本、菲律宾、泰国、缅甸和新加坡,以及世界上其他国家——作为全球移民的节点。各章节也研究大量的种族和民族群体:中国人、菲律宾人、日本人、韩国人、掸族人和新加坡人。

1.1 移民身份认同的交叉性

由于移民的迁入、迁出,亚洲社会的特征产生交叉,本书编著者将移民身份认同作为这种社会交叉的核心指标;移民迁移时携带的文化、社会和经济资本,他们希望在不同的地方转换这些资本以获得所需资源。移民离开出发地时携带的资源包括他们的储蓄(经济资本)、技能、价值观、信仰、世界观、忠诚感、智慧、灵活性和创造力,甚至是意识形态(文化资本),还有社交网络(社会资本)。移民希望在目的地获得的新资源包括教育和专业资格、语言技能(文化资本),友谊、精神支持、通过进入新的网络(社会资本)来获得的住房、医疗、业务往来、贷款或就业的信息,以及金钱(经济资本)。获取政治资源的途径涉及移民与三种不同形式资本互换的超个体性调节之间的关系。三种资源的互相转换发生在由国家/地区(的交叉)和其他政治(如民间社会)特征组成的更大范围内。文化、社会、经济和政治特征在不同地区有不同的根源,研究互为要素的文化、社会、经济和政治特征使我们在"认同方法"指导下的交叉性分析能够解释,跨国/地区环境中许多不同特征的交叉如何为移民提供对自身特点不同程度的认识(Kloosterman & Rath, 2001)。移民与迁入社会的民族和体系之间的差异降低了移民特征,也阻碍了移民获得所需资源之路(Chan, 2005a, 2008; Lan, 2006; Bauder, 2008)。

为减少这类排斥状况,增强控制所需资源的民族和体系的接纳和认同,移民需要展现自己的"合法能力"或新的文化资本(Bourdieu, 1986; Plüss, 2011)——换言之,为了获取所需资源,他们需要试着将自己已经拥有的文化、社会、经济和政治资源转换成被认同的合法能力和新文化资本。尝试形成新的文化资本会改变移民身份认同,因为这意味着接纳新的文化特征或者削弱他们原有的文化特征。例如,殖民时期香港的印度移民希望通过展示他们的"英国人"身份和削弱自身与其他印度民族特色的联系来获得香港殖民政府的接纳（Plüss，2005）。通常，试图在跨国/地区环境下进行资本转换很可能会导致两种不好的结果：1）为了"符合"Goffman 的理论（Chan，本书第 2、3 章）隐藏自己重新通过接纳不同文化元素所获得的创造力以表示与目标文化的相似和一致；2）为了获得当地人的接纳与认同而进行去混合化或失去自己的创造力和去除自己的文化杂糅（Stewart，2006）。Chan［2011a，（第 2 章）］称这种必需的文化变迁是文化杂糅的缺陷。

在跨国/地区环境下接受文化资本理论并尝试进行资本转换，同时，将移民身份与身份认同作为跨国/地区环境中尝试资本转换结果的核心指标为交叉性分析提供了几种方法和理论优势：

1. 交叉性分析过多关注种族、性别和社会阶级如何相互作用，导致许多不公平现象，因而备受批评（Davis，2008；Ellenmeier，2009）。身份和身份认同，以及 Bourdieu 的文化、社会和经济资本观点的高度抽象化为我们研究更多因素，包括政治因素，如何相互作用从而构建更好或更糟的移民经历提供了前提。

2. 交叉性分析仍未解决识别不同因素在不同层面（微观或宏观）互相影响的问题（Yuval-Davis，2006）。Bourdieu 的资本转换观点以及将身份和身份认同作为尝试资本转换结果的核心指标，使我们能通过指出各种特征和不同地区根本特征之间的交叉与（非）移民积累的所需文化、社会和经济资本的关联，识别、区分并分析各种特征与不同地区根本特征（如身份与社会阶级之间、身份认同与社会封闭、国籍与身份认同、身份认同与性别角色等）之间的多层次交叉。

3. 资本转换的高度抽象化为研究移民如何在跨国/地区环境实现生活计划提供了前提；即他们如何利用已有资源在新住所形成新的资本——由于移民往往是"家庭事务"，所以往往不是以个体单独行动的方式进行，而是家庭和亲族集体行动［Chan，（1997）2005a，b］。

4. 我们提出的分析框架能够解释几种源自不同地区的力量如何相互影响并且界定移民生活，更容易说明同时与多个地区相关联是跨国/地区环境的重要特征（Levitt & Glick-Schiller，2004）。资本转换观点使我们发现许多跨国/地区移民是"跨国/地区流动者"，即"日常生活离不开持续频繁地跨越国界/地区的交叉，公共身份涉及多个民族国家"的群体（Glick-Schiller 等，1995：48）。形成关于亚洲移民的这种认识对制定移民政策有重要意义。移民是个体，也是集体的成员,更是家庭和亲族网络的一员[Chan,(1997)2005a,b],由于忽略了移民是源于不同地区,带有自己的根源并相互交叉的这一特征的事实,这些政策常常以失败告终(Castles,2004)。

本书的重要特点之一是将移民身份认同作为移民尝试资本转换的总体指标。这是因为移民尝试建立新的文化资本(即他们象征和展现的"社会需要"的特征,这种特征被其他拥有不同特征的"强大"群体视为合法能力)和努力的结果以及移民的身份认同之间关系密切。是遵从(地方风俗),个体去除混杂性并埋葬自己的创造力,还是拒绝遵从(包括默顿学派提出的撤退、创新,甚至是反抗的选择)——这是一个问题[Chan & Chan,(第4章)]。

1.2 了解文化和全球化

各章节的作者推动了关于全球化不断增强背景下的文化(用身份和身份认同表示)变迁的热议(Berger,2002)。全书各章节分为四部分,其重点在于分析解释亚洲移民跨国/地区经历中各有特色的重点话题。

在第一部分"解读流动与不公"中,Chan Kwok-bun 就回迁人口和移民(大部分是从加拿大回到中国香港的香港回迁移民)的生活经历进行了思考。他得出的结论是:这些回迁移民必须定位自己在跨国/地区空间中的身份认同,因为生活在任一社会均不能同时满足他们工具性(经济)的需求和表达性(情感)的需求。Philip F. Kelly 研究菲律宾人跨国和国内移民身份认同转变的影响和社会阶级在菲律宾甲米地省某个村落中的意义。

第二部分"民族国家、社交网络和情感空间"是 Chan 和 Chan 的香港回迁人口跨国/地区和跨文化行为模式(源于他们尝试转换资本时常常失败的经历)的重要分析内容。借用 Robert Merton 的社会压力理论,作者们构建了移民适应的类型学,这对理论和相关研究均有重要意义。Selina Lim 研究新加坡和澳大利亚民族国家划分下的空间脱序和交叉,以及居住在澳大利亚珀斯市的新加坡人的情感空间。

在第三部分"跨国定位和文化资本"中,Caroline Plüss 阐释道,新加坡高技能中产阶级华人重复移民中的女性拥有的大量文化和经济资本解释了她们在西方国家中大多拥有积极的身份认同和更容易获得所需资源的情况。Yoonhee Kang 研究在新加坡的韩国教育移民中传统的母性角色如何与缺乏一定形式文化资本的母亲有共同交叉，以及在这种矛盾条件下，这种交叉如何帮助她们的孩子成为更具有世界性的公民。Gracia Liu-Farrer考察在日本的中国移民的跨国身份认同，并阐明民族性和获得所需资源的交叉正是他们不想成为日本公民的原因。

第四部分"寻求跨国/地区身份认同"中，David Chapman重建历史上小笠原岛岛民不断变化的国籍与身份认同的交叉：为了选择更稳定的地理空间上的身份认同，他们最终放弃了民族国家认同。Amporn Jirattikorn关于泰国清迈的掸人移民的研究表明他们通过情感、商业和政治空间的交叉，构建了不同的公共空间。Lucille Lok-sun Ngan在对回迁的香港人的身份认同的分析中，主张他们的核心身份认同与自身拥有的社会资本有关，与任何一个地方无关。

本书最后总结部分，Caroline Plüss详细阐述了一些论点，表明本书章节中提到的交叉性分析的新形式促进了我们对移民身份认同的一种理解，这种理解能够解释身份认同中的多种指向并解释目前尚未被透彻理解的一种高度全球化背景下的文化接触：与日俱增的去文化认同。

本书中所记录的研究发现是对日益增强的全球化背景下的文化接触主导模式的补充：破裂和分离的移民身份（Appadurai，1990）、文化杂糅的形成（Chan，2002，2010，2011a，b；Chan & Chan，2010，2011；Nederveen Pieterse，2004；Calhoun，2008）和文化冲突（Huntington，1996）。一位作者表示，由于移民要不断地构建新的文化资本或更新和改造文化资本，他们与文化的关系就会随之改变，于是他们开始认为文化是霸权的、专制的、但强大的杂乱构成（Brightman，1995：511），文化能够阻碍或提供获得资源的机会。本书的主要发现之一是，这种认识导致移民与其他任何一种文化产生的认同越来越少（Hong等，2000）。因此，全球化的结果之一是文化认同的削弱。

部分章节中记述了另一重要发现，移民必须在各自的跨国/地区空间构建文化资本，其多样性使移民群体的结合远不如之前人们认为的那样紧密，移民群体未必有许多相似的特质（Brubaker & Cooper，2000：7；Anthias，2001b：626）。交叉性和资本转换观点贯穿全书，并指向一种发现：令人惊讶的是，即使有共同特征，移民有时还是会产生对比鲜明的身份认同。本书中大量章节概述了此类发现所派生的影响，提醒人们谈及移民的民族性和文化可能带来的问题。在芝加哥社会学派的传统中，小群体的社会心理学已经指出现实的社会构建的重要性。引用Hegel、Laing(1971)的观点，社会是既定和建设的统一。只有在外部群体看来，内部集团才是凝聚、同质、和谐的。但表象未必是事实。换句话说，眼见不一定为实。事实可能与眼见的恰恰相反。譬如，并非所有中国人都一样，并非所有中国人都是成功的商人。

1.3 一记警钟：全球化背后的消极交叉

为了使我们的分析框架更具体翔实，我们现在转向个案分析，研究在中国香港、新加坡、中国台湾和亚洲其他地区菲佣生活轨迹的负面交叉。一个中学或小学毕业的女性，从菲律宾乡村移民到中国大都市香港（"亚洲的全球化都市"）从事着家政服务会拥有何种利益得失？在寄居香港之前、之时、之后，她会作出何种成本和收益分析？在她或者应该说她家人和亲人作出移民决定时她有着怎样的"思想考量"？别忘了离开家庭、故乡和祖国几乎总是一项涉及整个家庭的事务，移民不仅仅对移民个体有着重要意义（Chan & Seet，2003）。

现在，我们可以以菲律宾移民女性为例做一次统计，列举出移民活动得失和优缺点的交叉，同时将类型 1 物质满足的需求和类型 2 情感满足的需求，两者的平衡考虑在内。（Chan，本书第 2 章）从有利方面来看，类型 1 即对经济利益的需求十分明显：为了金钱而移民。她们在中国香港地区、台湾地区或新加坡做家政工作挣的钱比在菲律宾当教师、秘书、护士或普通公务员多几倍。寄回家的汇款还能养活家人和亲戚，付清医疗费用、学杂费。因此，这些女性移民通常独自承担一切，成了国内全家的顶梁柱。我们可以想象，她们寄回家的钱有一大部分都用于度假和购买衣物、电器、礼品和珠宝。还有一大部分钱留着给家里盖新房，自己退休后回到村里也能住，也可能在新房的底楼开个小店，做点小买卖。毋庸置疑，这样的建筑工程会为她们的家乡或祖国创造更多的工作机会，为当地经济作出贡献。更不用说在这一过程中，银行、当地和国家政府、放款人和汇款机构作为中间人扣除手续费，一定会从中获益。因此，个人、家庭、市政府、省政府和国家多个层面都能获得经济收益。正因为她们常常是带经济资本回国的唯一来源，所以流行文学和学术文献有时将这些女性移民工作者称为"民族英雄"或"民族女英雄"。然而，在仔细记录收入和支出后，一个涉及利害关系的问题就出现了：她们把百分之多少的在国外挣的血汗钱寄回家用于消费（钱消费了就没有了），而不是花在了长短期发展上。为了弥补在国外遭受的羞耻、轻蔑、内疚和堕落，那么出于虚荣心、自负心理和向上层阶级移动的心理，回国建一个"惹人注意的房子"是否算得上一种炫耀性的消费（尝试创建文化资本）呢？

同样从经济资本方面看，金钱是城市里的现实和力量，而菲佣们一面担忧，一面被中国香港这样的大都市吸引前去。这些女性去香港只抱有一个目标：快点挣钱，这样可以每个月寄钱回家。但香港是世界知名的"购物天堂"。对于一个从未离家、第一次从乡村进城的年轻女性来说，香港更是一个巨大的购物中心。与此同时，通过和全港的几位房地产大亨的合作，香港政府正源源不断地推倒更多的历史建筑，以建成新的大商场，但卖的却是"一样的老东西"，这种趋势在未来也不会停止。在这种炫耀式消费方式和随之而来的乐趣的引诱下，女性移民开始屈服。不难想象，她们中一些人会"消费"掉自己所有的收入，不得不开始赌博或者从高利贷、黑帮或者金融公司手中借钱，付给他们令人咋舌的高利息——甚至为了维持自己作为尽职尽责的妻子、母亲、女儿、姐妹和阿姨的良好形象，不惜从事非法犯罪行为，借钱向家里寄钱，这些钱也许永远也还不清。依据中国香港法律，上述移民工人不得做小生意作为副业或者有一份以上的全职工作来赚取更多的经济资本。所以菲佣不能够为了填补自己购物的金钱缺口或还清账单，而更辛苦地工作或延长工作的时间。

当挣钱和花钱之间出现交叉时，她们就陷入了一道"旋转门"中，一个负面交叉的陷阱。"旋转门"这一比喻首次出现在美国20世纪60年代早期的犯罪文学作品中，用以描述那些在犯罪世界边缘漂泊的青少年罪犯的生活，由于他们别无他选，无助又失去希望，因此在得到尊重和被轻视的两个世界中来回游走。换句话说，他们被困在了陷阱中，注定毁灭。就算是他们享受到了一丝乐趣，那也是不光彩的——短暂的、冒险的、昂贵又让人高度上瘾的乐趣。中国香港的报纸上经常会出现一些真实的新闻报道，报道称菲佣们想要回国，但却发现自己不得不一次又一次地回到香港，重操旧业，这些报道也能从我们受访者的故事中可见一二。他们属于不断循环迁移的回迁或重复移民，就像是陷入一扇交织着损失而不停旋转的门中一样。从这个角度看，之后堕落到犯罪是非常有可能的，很遗憾的是，对一些人来说犯罪已经成为事实。这一过程中，移民群体和跨国/地区犯罪团伙相互连结，通过负面交叉成为一个相同的团体。

如果我们来分析另一层面，即类型2需求——移民的表达、非物质和情感层面，情况会是怎样呢？（Chan，本书第2章）如果女性在离家前已经结婚生子，她将不得不将家人留在家乡很多年，只在假期回国探亲。这就意味着她不得不与丈夫孩子长期分居。我们的受访者还讲述了一些留守在家乡的已婚男性的事例，在妻子知晓或不知情的情况下，他们把妻子寄回来的钱花在了情妇身上。那些已经知道自己丈夫婚外情的女性移民可能会一直否认，选择保护自己的家庭，不公开这些丑闻，这样他们就能相互欺骗，玩起了Laing所说的"幸福家庭游戏"（Laing, 1971）。探戈舞得两个人跳，用一句中国俗语说是一个巴掌拍不响。心理分析学家Laing把这种状况称为"合谋"。而留守儿童会因为母亲不在身边而闷闷不乐。因为母亲不在身边并非传统农村常见的现象，留守儿童甚至会责怪自己的母亲因为金钱跑到千里之外，抱怨母亲忽略自己。这对那些自我牺牲的、高尚劳动者母亲的形象造成了十分不利的影响。父亲的情妇，可能扮演了孩子妈妈的替身，带着自己的动机溺爱孩子，付出了留守儿童的生母不能给予的爱和关心。我们的受访者还讲述了一名菲律宾父亲利用了母亲不能亲自抚养孩子的愧疚和羞耻心，把孩子当作人质，榨取孩子母亲钱财的案例。

女性移民回乡后会意外地发现，一直以来自己只不过是只"下金蛋的鹅"或者用中国的俗语说是"摇钱树"，无论怎样自己都被丈夫和孩子憎恨，在这之后又会发生什么呢？她们可能有几种选择，但全都是无奈之举。一种可能是她们会忍受一夫多妻的现状，并且一直持续下去。或者要求自己的丈夫离开情妇，并且求得儿女的同情和原谅。离婚在菲律宾非常困难而且代价昂贵，因此，越来越多的女性在自己年龄和健康状况允许的情况下，选择"回迁"到海外工作。持续交叉的社会和经济因素造成了贫困循环，旋转门继续运转着。

如同在新加坡和许多亚洲其他发达城市一样，在中国香港的女性移民劳工很容易找到家政类的工作，她们在很大程度上是一种分层的、种族及民族方面被分离的群体。在许多中国香港人的脑海里，来自菲律宾的女性，首先是一名菲律宾人，其次是女佣，第三是女性，最后才是一个来自粗野、落后甚至不开化的村庄的人，一个缺乏文化资本的人。对香港人来说，他们很难想象一名菲律宾女性说着一口流利的英语，成为医生、议员、会计或者律师，出生于大都市马尼拉，具有世界性的能力素质和中产阶级的教养。菲律宾女性只要一张口，在商场、超市、银行说话或询问价格，当地人就给菲律宾女性在公众场所贴上了负面文化资本的标签。本书中的受访者提到，在一家名牌商店内一位菲律宾女性被售货员斥责的故事，售货员说道："你应该知道，这款古驰包很贵的。"虽然这些菲佣和自己的雇主都住在昂贵的摩天大楼私宅里，却不能使用小区的俱乐部、游泳池、户外烧烤炉，甚至公共休息区的沙发和椅子。这里就体现出了亲密度和距离感的深刻矛盾。香港人把自己的孩子、年迈患病的父母交给菲佣们照顾；他们吃菲佣们做的饭菜；雇主和菲佣们一起挤在狭小的住处。如此亲近地生活，距离却非常遥远。菲佣们被雇用为清洁工、护工和厨师，但无论从身体上还是品德上都被当作"肮脏的人"。菲佣们被冠上污名,在公众场合人们避之不及。而他们在家乡也成了陌生人和"污染物"。他们有时是家人,有时又不是——这实际上是一种典型的社会学状态:矛盾心理、爱憎交织和边缘化。

在远离自己的丈夫、子女、父母、朋友和兄弟姐妹之后,她们如何、在何地、从谁身上找到慰藉,满足自身的情感甚至性需求呢?国外的菲律宾移民群体在物质和情感上的需求变得混乱,主要源于国外汉学家在研究中一直提到的"单身汉社会",具有严重失调的男女比例。在世界各地的中国城里,已婚的中国男性移民劳动者年复一年地艰苦过活,通过嫖娼、赌博甚至吸毒这些所谓的"恶习"来应付寂寞的单身生活。Chan(1991,1996)曾在他的《烟与火:蒙特利尔的华人》一书中用整整一章的篇幅来描述"单身汉的状况",并贴切地拟标题为"没有女人在身边的男人们"。在香港地区,尽管现在有很多男雇主和菲佣们之间存在不正当关系,这也成为社会热点之一,但跨民族的婚恋关系仍是少数情况。作为一个民族分层明显的社会,中国香港有近95％的人口是中国人,而菲律宾女性的伴侣或性伴侣的选择基本限于长久存在的或临时的少数民族男性群体中,包括尼泊尔人、巴基斯坦人、印度人及其他等等。无法离婚的菲律宾女性,不得不在婚内出轨,与香港的男性发展亲密关系。受访者还谈及了女同性恋和其他形式的同性恋关系的倾向,认为它们是"事物发展自然、正常的过程"。缺乏社会资本的菲律宾群体在国外成了"没有丈夫在身边的女性"群体。

如果我们有根据地对这些女性移民劳动者的命运和相互关联的消极因果交叉进行猜测,可以提出以下猜想:这取决于她们是否和一位"好人"维持着和谐的关系,无论结婚与否。还取决于她们的丈夫是否足够善良,能够适应和妻子交换角色的生活,例如,他留在家中扮演着体贴的"母亲"角色,而妻子在国外成了养家糊口的"父亲"。上述文化、社会和经济上的脱序(disjuncture)导致了社会学上戏剧化的阶段,即角色的交换和转变、证明并真正地实践"角色其实是社会和文化的产物"这一观点,也就是说,以一种方式做成的事情也存在其他的完成方式,所有的事物都是人为的、可塑的、变化着的而且是可以完成的。然而,这种角色交换和其社会层面的构建是和结构历史文化观相违背的,从而面临难以逾越的屏障——男权和传统的支撑。

交叉性的分析研究的是先例、发展过程以及在多种影响和现实的相互、双向的循环影响下产生的结果,分析的层面可能是阶级、种族、肤色、身体、民族出身、宗教、性别、家庭、婚姻及传统。上述因素将相互影响进而产生积极或消极的效果,通常情况下是两种效果均有,共同对个人、社会群体、人群甚至整个社会的命运产生影响。如果说

Pierre Bourdieu(1986)的研究关注的是不同形式资本的转换,那我们将把分析重点放在一种特殊形式资本或者几种资本组合是否可转换的原因以及转换的环境上。20世纪50年代美国的女权运动者提出,她们不幸的女性同胞们面临着"三重危险",即要承受是黑人、女性和贫穷三者的共同伤害。种族、性别和阶级常常是"分不开"地、一环扣一环地影响着女性同胞们,甚至共同产生影响;社会力量一直将它们同时结合在一起。女权主义者把这种情况称为双重或三重受害,犯罪学家认同女权主义者的观点,认为种族贫民窟的黑人犯罪少年和居住在民族聚集地的墨西哥、越南黑帮群体已经"陷入"犯罪深渊中,开始了一段消极交叉之途,无法回头。

在中国香港地区、台湾地区和新加坡的菲律宾女性一例中,佣工与群体因素间的复杂多样性、内外势力、情感性需求和工具性需求之间能同时串联作用,甚至还包括了跨国/地区主义、全球化、国际移民、有组织的犯罪,等等。它们无论是对迁出国还是迁入国的受害者们来说都成了跨国/地区的祸端,她们由于多次被迫迁移,在哪个国家或地区居住已经没有意义了。对于这些女性来说,由于多种形式的资本无法转变为她们的优势,这种情况成了"负面交叉"。这种情形同样是一种多重危险的情况,她们的生活轨迹如同一个向下的螺旋、一种"Laing 结"(Laing,1970)、一道旋转门、一种跨国/地区的耻辱和一个陷阱。菲律宾人缺乏文化资本和经济资本,在工资和工作条件方面无法与雇主和侨居国家/地区政府进行协商。尽管她们寄回家的钱令她们比移民前获得了家庭和婚姻中更大的权力,但回国后仍要受自己的丈夫和家庭剥削——出现少量资本的积极转换和交叉也只是暂时的。

1.4 对交叉性的理论思考和证明

交叉性包括了两种类型:积极型和消极型。按个人经历来看,积极型的交叉代表了幸福的时刻——移民能够将自己一直以来拥有的多种形式的资本转变为资产和能力,这种能力被看作合法能力或侨居社会的"社会需求能力"。移民作为新来者和客人,将在身份认同或自我更新、重新社会化甚至是再创造方面经历极大的转换过程,最终恰好满足侨居国/地区所需。借此机会,移民的命运发生转变,他们将通过积极交叉的经历扭转局势,甚至改变命运。曾经在一个地方被看不起、被轻视、被训斥甚至惩罚的,如今在另一个地方受到表扬和尊重。然而,社会学提醒我们,移民个人属于社会人,在互相约束的社会环境中生活——我们从 Berger(1963)提出的"人中的社会"和"社会中的人"两个概念就可见一斑。当移民辛苦工作,试图在新的地方改变命运时,通常不会"如他所愿"地改变并拥有合法的能力。美貌与丑陋向来是旁观者会评判的方面。对移民来说,旁观者就包括了当地公民,他们有权力允许或拒绝新来者构建新身份的尝试。身份通常也总是需要社会授予和批准的。因此辩证地来说,身份的表现需要有承诺和限制(Chan,2011a,b)。

但 Berger 在分析时提出警告:社会像戏剧一样,移民也具有主人翁意识,会将命运掌握在自己的手中并改变它。为了达到此目的,他们可能会巧妙地处理事务、协商、谈条件、欺骗、撒谎、诈骗、偷盗、制定战略、应对或适应等等,这样才能构建社会要求的新文化资本。Goffman(1963)因此将人性理解为欺骗。社会不仅是客观的,同样也是主观的。如同石头,不因个人的意愿或欲望而改变;正如 Durkheim 所说,这是社会现实。但社会也是剧场、狂欢节,是一部戏剧,把旁观者、观众以一种完全意外的方式全部牵扯进来。Robert Merton(1938)曾说,结果既有计划之中的也有意料之外的。所有活动、经历和发生的事件都是可预见的,但同时也是无法预料的。深刻体会 Goffman 理论后我们可以发现,作为演员的移民在想方设法构建文化资本时,他们不仅仅按专业演员的要求扮演着自己的角色或者毫无激情地按照剧本演绎,还"玩弄"着自己的角色,和角色保持距离,因而将表演者和表演一分为二。一张面孔,多副面具(本书第 4 章)。他所展现出的身份仅是所戴的面具而已,何时取下面具取决于观众们对于合法能力和文化资本如何定义。身份总是依环境而定,这是因为身份体现的是情境和地位的功能,因此也成为社会不平等再现的关键标志。

我们可以想象这样一个情景:一位年轻的中国内地女性刚从学校研究生毕业,在中国香港地区或新加坡的某个大学某个系里开始从事社会学家的职业,专门研究女性和少数群体。她所在大学里的高层次学者和行政人员主要由上了年纪的男性构成,因此在她所处的环境中,关于所有女权运动的研究开展的时间不长,研究也不深入,并且没有性别平等的社会话语研究以及有关女性和少数群体的课程。这位女性面临着一次职业选择,或者可以说是人生的抉择:留下还是离开亚洲。如果留下来,她可能会和男性主导现象、性别歧视和资历不足(在一个奖励评判的标准是资历,而非能力的组织中),对女权主义的冷漠和无动于衷,甚至拒绝性别平等这一切作斗争。如果迁移到其他国家,她的命运可能发生转变,因为她能转换自己多种形式的文化和社会资本,之后通过积极交叉而获益。如今,中国正迅速地变成经济大国,中国人的身份已经在其他国家成为一种资产,因为人们认为中国人对中国"本土知识"和所有中国的事物都十分了解(Plüss,本书第6章)。此外,只是因为象征主义和好奇心,这位中国女孩很可能对女权话语的理论性、经验性和实证性内容进行"详细阐述",因为她在中国的经历使她的知识储备变得国际化、普遍化。她还具有的优势就是,她是一位年轻的中国女性,年轻就可能向西方社会和学术界"自揭家丑",如家庭、大学、政府和社会中存在的伪善、痛苦、压迫和煎熬等。年轻人会毫无顾忌地公开表达自己对老一辈的不满,但发生这种情况的社会需要满足以下条件:年轻人不被看作不利因素、批评不属于犯罪、不止青少年可以叛逆。

另一个因积极交叉而形成资本转换的例子讲的是一位中国少数民族男性的故事,他曾作为难民逃到越南,还曾在印度尼西亚的临时难民营待过,最后在哥哥的资助下移民到加拿大法语区。在越南居住时,他学会了中医,包括针灸治疗。作为难民,他和妻子曾在加拿大来来回回做过很多种体力活。一次回中国香港探亲时,他从当地的中介机构手中买了一份中医的毕业证。后来,他在自己移居的蒙特利尔正式注册成为一名中医的从业人员,开业迎客,主要给亚洲人群体里的中国人和印度人治疗。越南曾是法国殖民地,因此在越南长大的他学会了说法语,他和他的一家四口还可以迅速适应在加拿大法语区的生活,加拿大法语区在移民问题上有独立的司法权。在加拿大法语区,中医是一种替代疗法(AM),虽然在地位、声誉和回报上与西医不能相提并论,但它仍是一种合法的产业。加拿大的中医(TCM)从业者在社会上被看作是专业人士,这与移民或难民通常从事的体力工作简直有天壤之别。他的"医学挂牌执业"令他获利颇丰,足以供子女上大学。现在他的女儿成了一名会计,儿子是医生。移民通过积极的交叉因素改变了两代人的命运。

整体抽象概念下的中国人身份和现实情况下的中医两者间存在显著的对立含义和影响,两者均取决于环境、情境和条件(Kloosterman & Rath, 2001)。上述观点共同体现出 Bourdieu(1986)关于资本转换观点和交叉性分析相结合的实用意义。身份及身份认同往往与环境有关,是地位的功能体现,反过来也是地点和时间的功能体现。最终的观察结果值得关注:从越南迁出的中国少数民族移民命运发生转变(生活变得十分优越),这使得社会学家对合法及受尊重的人为性和相对性,以及对两种性质的缺失变得敏感。移民暗地里耍把戏,常常哄骗他人甚至在不同时间不同地点违反了法律、宪法、传统和道德伦理。Durkheim 认为,社会像石头一样,复杂、客观而且艰难。它束缚了个体,用一种个体不熟悉的方式将他捆绑起来。但在个体眼里,社会既是主观也是客观的,既强硬又温和。社会会囚禁个体,但没有什么囚禁是完全的。公民的数量总是比警察多。即使是最强大的巨人也需要睡眠,这就给了那些看似弱小的人足够的时间找到方法、逃之夭夭。与此同时,被囚禁的人在控制机制里找到甚至挖掘到洞口,构建自己的逃离路线。作为人类,他的智慧体现在去熟悉不熟悉之事,了解不了解之事。就像一位优秀的社会学家也是努力使熟悉之事变得生疏,常常会重新认识那些被认为理所当然的事、熟悉的事,因为他通过经验发现,社会现实其实就是社会建设,与其相关性、人为性和创造性有关,因此才产生了对被认为理所应当的事的不认同。正如之前所讲,被创造的事物可以被清除或者被重造。如有必要,人们会犯法、会对伦理、作弊和诈骗妥协。同理,在身份和身份认同、资本转换和交叉性分析的背景下,关于移民的社会学研究必须包容不同的理论观点(Davis, 2008),例如源自犯罪学、精神病学、心理学、精神分析学领域的观点,以及源自国际关系、地方和国际法律领域的观点等。

参考文献

Anthias, F. (2001a). Gender, ethnicity and social stratification: Rethinking inequalities. In H. Bradley & S. Fenton (Eds.), *Ethnicity and economy: Race and class revisited* (pp. 64–79). London: Routledge.

Anthias, F. (2001b). New hybridities, old concepts: The limits of "culture". *Ethnic and Racial Studies*, 24(4), 619–641.

Appadurai, A. (1990). Disjuncture and difference in the global cultural economy. *Public Culture*, 2(2), 1–24.

Bauder, H. (2008). Citizenship as capital: The distinction of migrant labor. *Alternatives*, 33(3), 315–333.

Berger, P. L. (1963). *Invitation to sociology*. New York: Anchor Books.

Berger, P. L. (2002). Introduction: The cultural dynamics of globalization. In P. L. Berger & S. P. Huntington (Eds.), *Many globalizations: Cultural diversity in the contemporary world* (pp. 1–16). New York: Oxford University Press.

Bourdieu, P. (1984). *Distinction: A social critique of the judgement of taste*. Cambridge: Harvard University Press.

Bourdieu, P. (1986). The three forms of capital. In J. G. Richardson (Ed.), *Handbook of theory and research for the sociology of education* (pp. 214–258). New York: Greenwood Press.

Brightman, R. (1995). Forget culture: Replacement, transcendence, reflexification. *Cultural Anthropology*, 10(4), 509–546.

Brubaker, R., & Cooper, F. (2000). Beyond 'identity'. *Theory and Society*, 29(1), 1–47.

Calhoun, C. (2008). Cosmopolitanism and nationalism. *Nations and Nationalism*, 14(3), 427-448.

Castles, S. (2004). Why migration policies fail. *Ethnic and Racial Studies*, 27(2), 205-227.

Chan, K. B. (1991). *Smoke and fire: The Chinese in Montreal*. Hong Kong: Chinese University Press.

Chan, K. B. (1996).《烟与火：蒙特利尔的华人》. 北京：北京大学出版社.

Chan, K. B. (1997). A family affair: Migration, dispersal, and the emergent identity of the Chinese cosmopolitan. *Diaspora: A Journal of Transnational Studies*, 6(2), 195-214. Also in (2005). Migration, dispersal and the cosmopolitan. In K. B. Chan (Ed.), *Chinese identities, ethnicity and cosmopolitanism* (pp. 116-128). London and New York: Routledge.

Chan, K. B. (2002). Both sides now: Culture contact, hybridization, and cosmopolitanism. In S. Vertovec & R. Cohen (Eds.), *Conceiving cosmopolitanism: Theory, context and practice* (pp. 191-208). Oxford: Oxford University Press.

Chan, K. B. (2005a). *Chinese identities, ethnicity and cosmopolitanism*. London: Routledge.

Chan, K. B. (2005b). *Migration, ethnic relations and Chinese business*. London: Routledge.

Chan, K. B. (2008). Transnationalism and its personal and social consequences for Chinese transmigrants. *World Futures*, 64(3), 187-221.

Chan, K. B. (2010). Hybridity [Special issue]. *World Futures*, 66(4).

Chan, K. B. (2011a). *Hybridity: Promises and limits*. Toronto: de sitter Publications.

Chan, K. B. (2011b). Hybrid Hong Kong [Special issue]. *Visual Anthropology*, 24(1-2).

Chan, K. B., & Chan, N. (2010). Introduction: Thinking freely, acting variously, or thought as a practice of freedom [Special issue: Hybridity], *World Futures*, 66(4), 163-191.

Chan, K. B., & Chan, N. (2011). Introduction: Hybridity and the politics of desertion [Special issue: Hybrid Hong Kong]. *Visual Anthropology*, 24(1-2), 1-29.

Chan, K. B., & Seet, C. S. (2003). Migrant family drama revisited: Mainland Chinese immigrants in Singapore. *Sojourn: Journal of Social Issues in Southeast Asia*, 18(2), 171-200.

Charney, M. W., Yeoh, B. S. A., & Tong, C. K. (Eds.). (2003). *Chinese migrants aboard: Cultural, educational and social dimensions of the Chinese diaspora*. Singapore: Singapore University Press and World Scientific Publishing.

Davis, K. (2008). Intersectionality as buzzword: A sociology of science perspective on what makes a feminist theory successful. *Feminist Theory*, 9(1), 67-85.

Dill, B. T., & Zambrana, R. E. (Eds.). (2009). *Emerging intersections: Race, class, and gender in theory, policy and practice*. New Brunswick: Rutgers University Press.

Ellenmeier, A. (2009). *Kommission fur Frauen-und Geschlechterforschung der Deutschen Gesellschaft fur Volkskunde*. http: hsozkult. geschichte. hu. be/tagungsberichte/id = 2823. Accessed December 2009.

Glick-Schiller, N., Basch, L., & Szanton-Blanc, C. (1995). From immigrant to transmigrant: Theorizing transnational migration. *Anthropological Quarterly*, 68(1), 48-63.

Goffman, E. (1963). *Stigma: Notes on the management of spoiled identity*. Englewood Cliffs: Prentice-Hall.

Hewison, K., & Young, K. (2006). *Transnational migration and work in Asia*. London: Routledge.

Hong, Y. Y., Morris, M. W., Chui, C. Y., & Benet-Martinez, V. (2000). Multicultural minds: A dynamic constructivist approach to culture and cognition. *American Psychologist*, 55(7), 709–720.

Huntington, S. P. (1996). *The clash of civilizations and the remaking of world order*. New York: Simon and Schuster.

Kennedy, P., & Roudometof, V. (Eds.). (2002). *Communities across borders: New immigrants and transnational cultures*. London: Routledge.

Khagram, S., & Levitt, P. (2008). *The transnational studies reader: Intersections and innovations*. New York: Routledge.

Kloosterman, R., & Rath, J. (2001). Immigrant entrepreneurs in advanced economies: Mixed embeddedness further explored. *Journal of Ethnic and Migration Studies*, 27(2), 189–201.

Laing, R. D. (1970). *Knots*. London: Penguin.

Laing, R. D. (1971). *The politics of the family*. Harmondsworth: Penguin Books Ltd.

Lan, P. C. (2006). *Global cinderellas: Migrant domestics and the newly rich employers in Taiwan*. Durhan: Duke University Press.

Levitt, P., & Glick-Schiller, N. (2004). Conceptualizing simultaneity: A transnational social field perspective on society. *International Migration Review*, 38(3), 1002–1039.

Lorrente, B. P., Piper, N., Shen, H. H., & Yeoh, B. S. A. (Eds.). (2005). *Asian migrations: Sojourning, displacement, homecoming and other travels*. Singapore: Asia Research Institute, National University of Singapore.

Merton, R. (1938). Social structure and anomie. *American Sociological Review*, 3(5), 672–682.

Nederveen Pieterse, J. N. (2004). *Globalization and culture: Global mélange*. Lanham: Rowan and Littlefeld Publishers, Inc.

Plüss, C. (2005). Constructing globalised ethnicity: Migrants from India in Hong Kong. *International Sociology*, 20(2), 201–224.

Plüss, C. (2011). Baghdadi Jews in Hong Kong: Converting cultural, social and capital among three transregional networks. *Global Networks: A Journal of Transnational Affairs*, 11(1), 82–96.

Rai, R., & Reeves, P. (2009). *The South Asian diaspora: Transnational networks and changing identities*. London: Routledge.

Robertson, R. (1997). Glocalization: Time-space homogeneity-heterogeneity. In M. Featherstone, S. Lash, & R. Robertson (Eds.), *Global modernities* (pp. 25–44). London: Sage.

Stewart, C. (2006). Forget Homi! creolization, omogeneia, and the Greek diaspora.

Diaspora, 15(1), 61-88.

Yuval-Davis, N. (2006). Intersectionality and feminist politics. *European Journal of Women's Studies*, 13(3), 193-209.

Yuval-Davis, N., Kannabrian, K., & Vieten, U. M. (Eds.). (2006). *The situated politics of belonging*. London: Sage.

（钟文秀，朱凯丽，胡婧译）

第一部分
解读流动与不公

第 2 章
回迁移民的混杂性：优势及劣势[①]

Chan Kwok-bun

[①] 修订自我在"亚洲移民身份：文化、社会、经济元素的交叉"上的同名主旨演讲，南洋理工大学，新加坡，2009.12.17—18。

本章中，我运用交叉性（intersectionality）、资本转换（capital conversions）和身份认同（identification）等概念来研究有多重社会生活背景的人们的优势和劣势，本文研究范围主要为：中国香港，中国内地，西方国家（主要指加拿大和以色列）。本文中使用的各组数据是自传性的；这些数据来自对一些移民的深入访问，这些移民有从西方国家回迁的中国香港地区华人，还有回到以色列的犹太移民。对于经历过跨国/地区环境的家庭来说，在不同社会环境下的生活经历使得他们家庭中夫妻分工以及长晚辈关系模式更加复杂：他们会参照不同的文化来给家庭下定义，有时也会得出互相矛盾的定义，其中就包括夫妻分工以及长晚辈关系模式。本章节研究跨国/地区环境和家庭动力的多重交集——戏剧性的家庭事件往往来自跨越了过去与现在，东方和西方，全球和地方的移民内心的混乱（Chan & Seet，2003；Chan，2005a，b；Chan，2008；Salaff 等，2010）。文化的混杂性是一种文化资本，这句话可以很好地理解为，文化的混杂性是一种极佳的创造力，因为它能够产生不同的做事方法。然而移民们在西方习得的一些新思想不见得能在当地转化为文化资本，这是因为他们身处一个由当地人主导的组织环境中，由于这种创新会给现状、传统以及现在的权利结构带来威胁，主导者可能会约束或惩戒这样的创新——这就是移民的困境。混杂性作为一种交叉性质，不仅有其令人振奋的一面，又有引人沉思的一面。

在我社会学研究传记（Chan，2005b）的一篇论文中，我明确地表达了我为何如此痴迷于研究社会学和传记的交叉。传记是我生活的方式，而社会学是我的工作。接下来是我的一点自传：我 1950 年出生于中国内地，随后和家人一起作为难民逃往香港。我父亲告诉我，我是在由祖籍地去往香港的路上出生的。因为我父亲以前是个大地主，拥有一些饭店和工厂，但他全部的资产后来都被政府没收了。结果，我们陈家一夜之间沦为穷人。我在香港长大，并在那里完成了小学和中学的学业。1969 年，我离开中国香港，去往加拿大留学，直到 1978 年。

在加拿大，我在三所学校分别取得了文学学士、硕士和博士学位。当时，我已经移居多次，从西海岸到东海岸。我在蒙特利尔教过一阵子书，1987 年我去往新加坡国立大学（NUS）教书。当时我以为自己只会在东南亚待三年，然而我待了 14 年之久。直到 2001 年，我暂别了在新加坡社会学系主任的职位，又在香港的大学继续当社会学系主任。那本应该是一个回归了，但是我只是想在香港试试，因此并没有辞去新加坡国立大学的职务。我告诉他们保留我的职位,以免我在香港发展得不顺利。移居是试探性的,实验性的;在移民的心中,移居总是试探性的,并且可能是个错误。你不能断了自己后路在一棵树上吊死——这是我多年研究移居学到的道理。我虽然现在依然身居香港,但谁又知道我接下来会去哪里呢?

本章的第二组数据来自我在香港政府中央政策组完成的研究报告(Chan, 2008, 2009)。这些报告中,我着重研究了返回中国香港的一些回迁移民,也研究了新加坡和以色列的。我们多少了解香港人对于1997年香港回归中国的恐慌。但在此之前,1992年至1997年之间,30万香港人离开了香港去了广义上的西方国家,大部分人去了加拿大。我将着重讨论这群人。随着1997年回归,香港的经济得到了发展,政治也稳定了。十年之内,香港的回迁移民人数达到25万人,香港一些地区成了回迁移民的首选居住地,例如半山区。

2007年,我的同事Chan Wai-wan同40名从加拿大、美国、英国、澳大利亚、新西兰和瑞典回到中国香港的移民进行了深度的访谈(表2.1)。其中年纪最小的只有25岁,而年纪最大的有61岁。这些移民一生中在很多个国家生活过,大多数人在西方待过5年以上,其中有一位在西方待了25年。虽然有些人才刚回到香港几个月,但其中有一位已经回来25年了。大多数回迁移民是第一次回到香港,而其中七位已经是第二次甚至更多次回迁了。这就是我提到的最后那个群体——这些人返回香港,然后回到西方国家,只为最终再次回到香港——我对这些人尤为感兴趣。我称这种移民的循环模式为:环形、连续或重复移民;这种循环模式的移民形成了一种新的移民群体,值得我们去深度分析。这让我想起了Richard Florida的一本书(2005)《创意阶层大逃亡:新的全球人才竞争》。全球都在寻求有创造力的、创新型的人才,从表2.1受访者的职业来看,这群人非常符合这个类别。

接下来,我想说一下我在回迁移民研究中的发现。首先,我想看一下困扰古典社会学的几个因素:冲突、紧张、辩证法和权力斗争。我们先了解一些古典社会学——韦伯社会学、马克思主义社会学和涂尔干的实证主义社会学。为了更具体一些,我先观察夫妻之间的冲突。我把它称为性别政治或者说家庭剧(Chan & Seet, 2003; Chan, 2008)。丈夫回香港只为一个理由——挣钱。他想回来找更好的工作,挣更多的钱,然而他在西方国家做不到这两点。妻子回香港是因为她想和家人在一起,然而一踏入香港,她就开始怀念在西方的婚姻生活。丈夫回到香港后努力打拼,工作时

表 2.1 40 位受访者信息

	移民国家	性别	年龄	婚姻状况	迁出年份	迁出时年龄	迁回年份	迁回时年龄	迁回至今年数	目前职业
1	美国	女	28	单身	1990	12	2005	27	2	高级税务顾问
2	加拿大	男	41	单身	1993	28	1997	31	10	大学教授
3	美国	女	38	单身	1987	19	1：1999[a] 2：2000	28	7	猎头公司助理
4	加拿大	女	42	已婚	1983	19	1995	31	12	大学教授
5	加拿大	女	50	已婚	1975	19	1995	39	12	大使馆部门经理
6	加拿大	女	45	已婚	1974	14	1989	29	18	猎头公司助理
7	美国	男	25	单身	1995	16	2005	25	10	市场经理
8	美国	男	50+	已婚	1973	17	1985	29	22	会计—自由职业
9	加拿大	男	35	单身	1989	18	2001	30	6	大学兼职翻译
10	美国	女	30+	单身	1995	15	1：2003[a] 2：2005	23	2	猎头公司助理
11	澳大利亚	男	40	单身	1991	24	1997	30	10	政府数据分析助理
12	新西兰	女	28	已婚	1995	17	2003	25	4	建筑师
13	澳大利亚	女	40	单身	1995	29	2000	34	7	保险助理经理
14	加拿大	男	40+	已婚	1988	20+	1995	30+	12	保险经理
15	英国	女	44	离异	1979	16	1992	29	15	建筑师—自由职业

续 表

	移民国家	性别	年龄	婚姻状况	迁出年份	迁出时年龄	迁回年份	迁回时年龄	迁回至今年数	目前职业
16	瑞典	女	34	已婚	1990	18	1: 1994[a] 2: 2006	34	1	编辑
17	英国	男	40+	已婚	1960	8	1995	30+	12	区域经理（财务）
18	美国	女	40+	已婚	1989	20+	1995	30+	12	房地产中介
19	美国	男	42	已婚	1979	16	1: 1987[a] 2: 1995	32	12	助理副总裁（银行）
20	澳大利亚	男	26	单身	1999	19	2005	25	6	物流专员
21	英国	女	35	单身	1981	9	1997	24	10	高级平面设计师
22	新西兰	女	28	已婚	1996	19	2000	21	7	高级会计
23	加拿大	女	50+	已婚	1972	15+	1982	30+	25	会计—自由职业
24	加拿大	女	25	单身	1990	8	2005	23	2	项目协调人
25	加拿大	男	50+	已婚	1989	30+	1997	40+	10	IT经理
26	加拿大	男	51	已婚	1990	34	1993	37	14	商人
27	法国	女	40+	单身	1987	26	1: 1990[a] 2: 1992	30	15	时装店—自由职业
28	加拿大	女	38	已婚	1990	21	1997	28	10	助理副总裁（客服中心）
29	西班牙	女	50+	已婚	1974	17	1992	35	15	翻译—自由职业

续　表

	移民国家	性别	年龄	婚姻状况	迁出年份	迁出时年龄	迁回年份	迁回时年龄	迁回至今年数	目前职业
30	加拿大	女	30+	单身	1985	10+	1996	25+	11	会计—自由职业
31	加拿大	女	31	单身	2001	25	2005	29	2	兼职大学讲师
32	美国	女	61	已婚	1983	37	1992	46	13	退休，博士生
33	加拿大	女	39	已婚	1992	24	1996	28	9	大使馆部门经理
34	美国	男	25	单身	2000	18	2005	23	2	城市规划师
35	加拿大	男	26	单身	1998	17	2005	24	2	制衣—自由职业
36	加拿大	女	29	已婚	1995	17	2000	22	7	市场营销
37	美国	男	34	单身	1976	3	1: 1995[a] 2: 2001	28	6	研究助理
38	哥伦比亚	男	47	已婚	1986	26	2006	46	1	贸易—自由职业
39	新西兰	女	27	单身	1994	14	1: 2002[a] 2: 2005	25	2	银行IT人员
40	加拿大	男	31	已婚	1994	17	2001	24	6	副执行主任

注意：a 代表第一次回香港时的年份。

间远不止一周五天,比在西方国家工作辛苦得多。夫妻少了婚后的亲昵和恩爱。但是当面临着丈夫在香港的事业和西方的婚姻生活之间的选择——经济资本和社会资本——妻子一定得选择前者,为了丈夫、家庭、孩子们去牺牲自己。她为了家庭幸福最大化而牺牲自我——这听起来很抽象,很理想化,甚至是象征性的,但在中国社会却是非常突出的。

妻子的自我牺牲变成了丈夫在香港努力工作的强大动力。他必须更快地实现幸福生活。然而,工作越努力,他和妻儿相处的时间就越少,这反而滋长了妻子的不满和不快。别忘了妻子已经作出了她的牺牲。她现在想让丈夫努力工作,早点过上幸福的生活。更夸张点说,她这是心理学中的"合谋"(Laing,1997)。她和丈夫一起造就了痛苦,并使痛苦扩散、延续。有人会说,这个女人也许在无意间导致了婚姻的结束。丈夫在香港或内地的工作越成功,他就越想劝妻子在香港安家。他越劝说,妻子越觉得重新回到有质量的婚后生活是不可能了。所以,这是一出残酷的家庭剧,丈夫想留在香港,而妻子想回到西方国家幸福生活,这种冲突一直延续着。

继续性别角色和家庭冲突的话题——已知跨国/地区背景的根源——我想说说我的第二个发现。这里,我想讨论一下那些移居过的人——那些迁入,迁出,再移居的人——和从来没有离开过,也许永远不会离开的本地人之间不断的冲突。移民文献向来只研究移居的人而不研究本地人(Salaff 等,2010)。但是,我们还是要将本地人列入研究范围,因为他们是一个向导,是一面镜子,能告诉我们当地在过去以及现在发生了什么。

那些孝顺的子女回到香港后就会发现他们已经改变了太多了(Chan,2008;Salaff 等,2010)。这些移民之所以会改变是因为他们已经适应了西方的民族精神、信仰以及价值观。但是他们的父母以及当地人并没有适应。别忘了的确有部分移民回到香港是因为他们的父母已经老了或者病重需要人照顾——所以他们仍然保留着共同价值观。改变了的人和未改变的人之间仍充斥着紧张。这种紧张会引起两代人在文化、社会期许之间的冲突。在社会学中,我们称之为代际政治(Laing,1997)。伟大的哲学家告诉你,人不能两次踏进同一条河流。如果个体和环境在向不同的方向发展,那么任何怀念过去的想法都是有怀旧病:从前的美好时光啊,从前的好日子啊。

他们不仅会和家人之间产生这种紧张感,这种冲突和紧张感同样存在于他们和以前的香港朋友之间——那些从来没移居过的高中同学。尽管香港人并不是很排外,但是回来的人还是会被当地人区别对待,这可能导致回来的人徘徊在局内人和局外人之间(Schutz,1944)。有时,他们可能会觉得自己是局内人,因为自己在香港生活过,并在那里长大。但是,刚从国外回来,他们还是会感到自己的异国经历以及与家乡现状的脱离,让他们变成了局外人(参照本书第11章)。他们在局外人和局内人之间徘徊着——一方面是熟人,另一方面又是陌生人。然而,给这个讨论再加上一个维度,那就是,对于这些回迁移民来说香港只是个停留站,不是最终的家。他们早晚会再次离开。所以,这会引起他们矛盾的心情,爱与恨,归属与不归属——一种变化的、未定的、不稳定的、混乱的精神状态。这时候的心理不稳定会让他们陷入对西方的思念之中。所以他们活在记忆里:他们没有活在当下,而是活在过去。坐在人群中繁忙地工作着,他们的思绪却不禁飘到过去那些美好的日子——温哥华的日落,蒙特利尔的雪景,多伦多市区的大风;一切都是那么可爱、美好。这就是身心分离。人在香港心在他乡。

他们想念在西方的事物。是什么呢？他们想念民主,想念政府的透明性。当然,他们也想念有质量的婚后和家庭生活。他们热爱加拿大的艺术和文化氛围。他们怀念在加拿大和朋友之间的亲密。他们怀念亲近自然。在加拿大,他们有很多闲暇时间和家人相处。他们还拥有很大的空间。他们可以在后院种满玫瑰,在那里烧烤。他们可以轮流举办聚会,家庭野餐。他们可以跷着脚丫,松开头发,放松自己。在中国香港以及新加坡,他们很难经常做到以上这些。而以上也仅仅只是列举了一部分。

当他们身处西方时,他们主要出于经济原因想回到香港。但是,身处香港的他们想要回到西方去主要是因为情感的因素。到底选择爱还是钱？两者于 Sonali Jain(2010)在杜克大学题为"爱与钱:崛起印度中的第二代印裔美籍专业人士"的博士论文中得到了适当的体现。Jain 研究了印度的回迁移民,这些回迁移民为第二代印裔美籍专业人士。对于一些回迁移民来说,这是必败的情况。这是心理学中的"悠悠球"(yo-yo),来回摆动。心理分析学家把这个现象叫作"情绪摇摆"。

我现在要讲另外一组的发现了,那就是"边缘感与无家可归感"(Berger等,1973)。我引用一些我的采访内容:

> 我感觉没有根。我在中国香港长大,却不太觉得自己是香港人。我在英国工作和生活,同样不觉得自己是英国人。英国人不太接纳我,不会把我当作自己人。
>
> 我感觉到被排斥了。在我现在的工作当中,人们把我当作美国同事中的一员。他们就是不把我当作香港人。当我处于美国人当中时,他们还是会把我当作外国人。这让我感到非常矛盾。我不知道自己的根在哪里,所以有时我对自己是

一个香港人感到悲哀。我这样痛苦的经历给我带来了什么呢？

这些让我想起芝加哥社会学派的一些社会学家的作品，尤其是 Robert Park 的。Park(1928)在他的一篇名作"人类的迁徙与边缘人"中对边缘人下了这样的定义："边缘人是处于两种不能互相渗透或融合的文化的边缘，想要融入两种文化，却不被其中任何一种所接受的人们。"这可能是美国社会学历史上被引用最多的句子。Park 研究边缘人内在的焦虑，不安，压力，以及某种紧张和混乱(Stonequist, 1937)。他们在对过去西方生活的思念和对未来的一种不确定的、未知的、不熟悉的希望之间摇摆不定。

这些回迁移民对香港的现状感到不满意，于是注定要继续寻求更好的未来。这样一来他们可能要离开香港：再次移居，可能去内地，或者回到曾经居住过的西方。

让我表述一下我论文的核心：文化混杂性——其优势及劣势，其欢喜与忧愁。欢喜是幸福的，然而忧愁是混乱的、挣扎的、受苦的、有压力的。好的一面是一份礼物。它能带来快乐和创造力。混杂性是一个积极因素，但是优势是从哪里来的呢？来自移民经历。因为他们去过别的地方，去过很多国家，感受过不同的文化，回迁移民称他们掌握着不止在一种文化下的能力，他们也的确如此。他们所拥有的文化资本被人类学家称为"当地知识"。可以说，他们汲取了两个世界的精华。他们还学到了非常重要的东西：做一件事情可以有多种途径(Berger, 1963)。换句话说，他们永远都有更多的选择。所以，对于回迁移民来说，什么是自由呢？自由意味着选择。没有什么是既定的，任何事情都是有可能的。没有事情是强制性的。他们多年来锻炼出跨越各个国界/地区的能力，不管是文化上的，政治上的，身体上的或是心理上的国界。他们开阔了文化视野。芝加哥社会学派甚至争辩说这些人比当地人更聪明，因为他们的移居经历让他们更有创造力。

对于 Robert Park(1928)来说智力来源于行为。它是一个人在不断解决他的生存问题的过程中形成的结果和产物。在解决所有这些问题的过程中，他获得了能力、智力和解决问题的能力。当一个人拥有了解决复杂问题的能力，他面临冲突的时候，他会通过辩证法为新的文化资本构建寻找创新的和有创造力的解决方法。辩证法和冲突有关，社会学家一直以来都在思考冲突有多方面的功能。我认为冲突是创造力的源泉，因为 A 事物与 B 事物之间的冲突，往往会产生 C 事物(Chan & Douw, 2006; Chan, 2002, 2005a; Douw & Chan, 2006)。好消息是，冲突是创新和创造的前提，这是混杂性的优势所在。但不幸的是，混杂性也有坏的一面和消极的部分。如果这些文化杂糅者身处高位，坐拥权利，那么他们很容易施展他们的创造力。但如果他们身处下级，没有权利可言，那么这种创造力作为消极的文化资本只会提醒这些文化杂糅者有多么不同。而这种不同往往伴随着当地人对文化杂糅者的偏见和歧视。香港的回迁移民们就遭受着 Erving Goffman(1963)所说的"污点"：消极的文化资本。是的，他们的确有创造力、创新，和别人不同。他们总是能另辟蹊径。每次遇到新情况时，他们总能想出不同于传统解决方法的新思路。但这种给当地人演示新方法的行为会引起人们的愤怒，有时会带来严重的后果，因为在任何一个组织中，与主流不一致的人，一定会被管教，回到原地，受到惩罚。所以，这种创造力讽刺地成了社会异常行为的污点。因此，这些文化杂糅者被当地人认为是被放逐者、反叛者(Chan, 2010, 2011, 2012a, b; Chan & Chan, 2010)。

这些文化杂糅者能做些什么呢？他们可以做许多事。有些人决定把他们的创造力隐藏起来。他们把创造力留在自己的心里，或者只跟他们的妻子或孩子分享。他们不敢把自己的想法告诉上司，这些上司往往是当地的绩优股。通过隐藏，他们隐藏掉了他们的混杂性，这种混杂性不是一种资产而是污点，或者他们试图忘记创造和创新。他们将会运用 Goffman(1963)的"传递法"将这种合理的能力输入到平庸的当地去，这是一种新策略，去变成 Robert Merton(1938)所说的"尊奉者"。他们为了打开当地工作的大门，不得不放弃他们的混杂性以及创造力去成为一个尊奉者、礼仪师。所以他们隐藏，他们传递，或者隔绝自己，练习后退。在感到和当地社会脱节后，他们开始寻找其他和他们一样的回迁移民组成自己的小天地，只有在那里，他们可以真正理解彼此。中国人把这种现象叫作"同病相怜"，英国人称之为"悲伤总是想找人陪"。尽管他们和其他回迁移民组成了小群体，他们还是不快乐。他们换过很多工作，从这家公司跳到那家公司，从这个行业转行到另一个行业，从这个房子搬到另一个房子。他们的生活时刻准备着离开。由于不打算在一个地方长待，他们不再打包行李，而是选择过着随时能移动的生活。他们太知道自己有一天会再次离开香港，于是他们变成了超级移动者，过着不停换地方的流浪生活。

让我再回顾一下访谈中的一些摘录。这让我了解到生活的真相，因为待会儿我们会很清楚自己讨论的不仅仅是理论或数据，同样也是人们的情绪。往往在工作中，内部的冲突会强烈地涌现，比如说在一个同时坐着中国人以及西方人的会议中。

当会议中出现意见不一，进入了不是黑白分明的灰色地带时，我内心就会感觉到这种冲突。这种情况下，我更倾向于站在中国人的角度。但是我也可能站在西方人的角度。当问到我的意见时，我感到很困惑，不知道该站哪边。

混杂性的阴暗面是什么呢？这可能包括模棱两可。你将会很难在工作上集中精力。你的思想会摇摆不定。你可能有时站在这一面下决定，有时却又更倾向于站在另外一面。有时，这种困惑是没有方向的。我觉得自己就像个钟摆。

我想说一下我前面提到过的循环移民。在我关于回迁香港人的样本中，有一些回迁者是属于连续的反复移居的情况，他们是第二次甚至第三次回到香港。他们多年前为了追求西方更好的生活和机会离开了香港。然而他们在西方过得并不十分好。和在中国香港相比，在加拿大主要由于受到种族歧视增加了他们在那里的经济劣势。所以他们回到了香港，希望能有更好的工作机会。由于他们无论是在西方还是在香港都没有归属感，于是他们不断地搬迁，有些反复移居的香港人，由于对西方本地文化的了解，还被派驻内地做了开拓者。我对于他们在内地工作的感受从社会学方面预判来看并不是很好。俗话说，滚石不生苔，当他们被问到是否会留在香港时，他们悲叹道：

我只会暂时待在香港，至少两三年吧。在那之后我就不知道了。

我肯定不会在香港退休。香港不会是我的终点站。

当然重复移民跟很多因素都有关系。让他们担心的一点就是，香港的经济定向太单一。市场偏重银行业和房地产行业，但对于从西方习得了各种经验和技巧的回迁移民来说，这个市场不够多样化。一回到香港，他们会惊讶于自己的技能竟然不能适应香港市场。他们的技能和香港市场的需求出现了不匹配和不适应。所以会发生什么呢？一方面，他们经历了换工作，能力未充分发挥，不能充分就业甚至是失业。另外一方面，他们对自己的社交生活很失望。香港人工作时间极长。工作是他们的主要任务，或者说当务之急。他们几乎没有时间社交，没有时间陪家人。在香港，工作和社交生活有着严重的分离。就我自己而言，我在一个部门待十年都不一定知道我的同事的私生活——他们结婚了吗？分居了吗？离婚了吗？他们有几个孩子？他们在闲暇之余做些什么？他们住在哪里？

现代人是边缘人，是卓越的陌生人，是流浪者，是旅行者。民谣歌手 Judy Collins 的"循环游戏"（The Circle Game）讲述了他们的故事——这是一个循环移民的游戏，是城市里唯一的游戏。但中国有句老话,此处不留人,自有留人处。我们的回迁移民们始终留有余地,保持自己的能力,去选择和追求更宽广的天地。

这些跨国/地区交叉,对移民的身份有着强烈的暗示。我是谁?我接下来要去哪儿?我属于哪儿?我的归属感呢?

> 我的内心深处告诉我,我的根不在香港。那哪里能给我归属感呢?我知道自己在英国长大,但我并不认为自己是英国人。很奇怪,我并不知道自己属于哪一边。当你问起我的身份时,我不知道该怎么回答。
>
> 我发现当自己心理状况不稳定时,很难从感情中挣脱。在某个地方安顿对我来说很难。对于那些在很多个地方生活过的人来说,常常感到孤独。我也想知道我到底是谁。我可以说自己是中国香港人,或者加拿大人,或者只是宇宙万物中的一个人。

这些回迁移民不停地问自己:我接下来去哪儿?我在哪一站下车,然后继续上车?答案很简单。我不知道,也不需要知道,更不想知道。未来以及生活本身的未知性给生活带来了快乐和痛苦,但可能是非常具有挑战性的。

混杂性身份认同产生了"移民",反之亦然(Salaff 等,2010)。他们是"移民",他们努力满足自己的两种需求:工具性需求和表达性需求。Salaff 和她的同事(2010)在一篇名为《香港的移民以及当地人:家庭移民的故事》中,研究了香港的移民以及当地人。他们注意到,不管他们是不是起初决定离开中国香港,什么时候离开,怎么离开,去哪里;或者不管他们是不是随后决定离开加拿大回家,工具性和表达性需求都是最重要的。移民必须在两者之间协商、策划、平衡,希望两者都能得到满足。"工具性需求"指的是来自工作,企业或投资的经济上、身体上、物质上的需求,这些东西能保证他们的日常生活,确保他们的经济水平或者安乐。我把这种有形的、可数的、可说明的,或者说更客观的需求称为——"硬需求",很多经济学家、实用主义者、政策制定者、记者,甚至移民自己,都把它看作基本需求,是第 1 位的,或者是第 1 类需求。"表达性需求"指的是情感的、文化的、感性的,或者说社会心理的需求,和感情、兼容、亲密、爱、亲近、亲属,以及和他人、邻里、社区、国家甚至人民之间的舒适感。我把这种对文化社会资本无形的、不易数的、不易解释的,或者更主观的需求叫作"软需求",人类学家、文化学者、心理学家、社会心理学家、诗人、小说家、旅行家、戏剧家把这种需求认为是"次要需求",第2位的需求,或者第2类需求。它们可能是软需求和次要需求,但是这些需求更有力、更内在、更挥之不去,也许更属于内心、精神和灵魂,而不是属于被理性、逻辑、计算、经济、生存所占据的思想。

如此看来,第1类和第2类需求代表着移民两种对立的需求,是移民迁出、迁入、再次迁移、回迁或重复移民的两种对立的动机。它们可能是对立的、矛盾的,它们的确是,但是两者共同构成了移民者渴望的核心。当两者均得到满足后,个人会感到快乐和满意。当只有其中一种需求被满足时,个人还是会不满足、不开心、不满意、不安、摇摆不定,一次又一次地想着离开。

决定离开加拿大回家的中国香港人有两个理由:工具性和表达性的理由,或者说经济和社会文化的理由。他们期望在香港找到更好的工作,享受更高的收入,同时又希望和父母、亲戚、以前的同事,甚至同学更亲近。中国香港政府几乎没有采取政策和措施来满足他们的非经济需求,而这种非经济需求比以往更与新加坡政府所说的"心件"(heartware)相关,这种"心件"象征着家、归属感、人际关系。然而,在加拿大,这些香港人会在工作以及每天的生活中遇到种族歧视,他们的社交生活远离主流社会,在多伦多、温哥华或蒙特利尔的小香港和其他香港人聚居在一起。这些人的子女们工作上不愉快,于是回家。现在,这些回迁者回来已经几年了,虽然对经济条件提高了感到高兴,但他们很快就能发现在这个快节奏的资本社会中,友谊是那么表面和肤浅——在工作中,人们对回迁移民有关创造力、创新、改变的想法不能接受;而在组织或政府机构中,自上而下等级是那么严密,充满官僚主义;在社区中,大多数人对回迁移民有疑心,不信任。是的,第1类需求满足了,但第2类需求并没有。这些香港回迁移民仍处于不安定中——精神上的不安、怀疑和两重性。又一次在香港扎根失败,他们可能会去寻找家乡外的地方,可能回到曾经在加拿大的家或者其他地方。他们不断移居的潜在动力可能就是这种表达需求的缺失——因为他们的第2类需求,情绪和表达上的需求没有得到满足。

Salaff 和她的同事们(2010)把家庭作为研究的单位,并把移民家庭比作争夺的战场,在这个战场上,同时上演着性别分工和代际关系的剧情。这样一来,我对移民的两种需求的交叉研究就变得更加复杂了。丈夫出于经济原因回中国香港了,妻儿跟随其后,不情愿地跟着这个养家糊口的人。妻子悲叹香港的工作环境剥夺了家人相处的时间以及情感,工作家庭两相平衡只是一句空话。因此她们渴望在加拿大的生活质量,而这些在香港都得不到,只能陷入思乡之中,过去的生活模式被牺牲了,为了追求第1

类需求而几乎永远搁置第 2 类需求。移民家庭的小孩也会经历别样的生活。接受了加拿大探究性的、民主的、充满乐趣的、创新创造的、自由的、开放的教育后,这些小孩在香港的学习和生活上的调节中都会遇到社会心理的问题。这些小孩和他们的同学老师不同,他们畅所欲言、坚定自信、表达自我、带有批判性,给他们的社交生活打上了烙印,因此容易遭到偏见和歧视。当有这样的遭遇后,他们会和他们的妈妈一样渴望回加拿大——正是这种渴望使得性别和代际关系成了回迁家庭关系的中心。

这听上去可能有点复杂,在全球化环境下,我对移民家庭关系的描述变得难懂,因为中国香港回迁移民曾在加拿大工作生活过,并经历过多元文化、跨国/地区经历、世界主义的交错。他们中许多人有了深远的改变。他们学会了用多种途径去做一件事情。他们知道人为力量,因此也知道事物会改变。这里没有确定性,他们只有可能性和选择——包括忠诚、友谊、亲属、承诺、公民、国家、民族主义、爱国主义,甚至是对家的概念。由于在一个以上的地方待过,这些回迁移民身上有着多样性、混杂性、多元性和双面性。现在,他们回到了香港,不禁看着自己肩上的重担,眺望远方,望向那曾经安家的西方,那里有着仍然联系的朋友和同事——一种中国式移居的跨国/地区主义。家不再限定为一个地方、一个地点、一个民族。旧秩序里的单一忠诚、固定边界、单一的场所、家庭团聚、一成不变的朋友圈、目光狭隘,都会被双重或多重忠诚、隐形渗透的边界、地域分散、家庭疏离、短暂表面的友谊和长远目光所取代。家和归属感可能在这里、在那里、可能在任何地方,也可能不在任何地方。

过去与现在,全球与当地,东方与西方,这里与那里,工具性与表达性需求,丈夫与妻子,父母与孩子,男性与女性,自我与家庭,公民与国家,这些后现代的双重性同时发生,相互交织,共同构成移民们个人和集体的假想核心,的确给作为个体以及家庭成员的移民们,以及国家带来了极大的挑战,不管怎么说,国家都已经卷入一场创新人才争夺战,这些人才包括世界性的、眼光长远、跨文化的回迁移民们(Florida, 2005)。上面两种移民需求的概念——第 1 类和第 2 类需求——对政府有着深深地暗示,政府要用发展的策略和政策来吸引这些漂泊的儿女们回家,使他们在海外学到的技能得到进一步的发展,并劝他们留下来为祖国作贡献。当然,政府有责任制定创新的政策来满足回迁移民工作、商业以及其他经济需求——所谓的第 1 类硬需求。同样重要但往往被忽视的情感和表达需求,即第 2 类软需求,想要满足却没那么容易,因为它们更为抽象、难懂和微妙。人们或许会想知道"情感劳动",或者女权主义者所说的"情感工作"是否能在民间团体、社区、邻里地区、专业组织、宗教组织、休闲组织、家庭亲属网络或者工作单位这些非正式的、自愿的团体下得到充分满足。

我们的总体目标是在良好的社会找到自己的方式过上好日子。一个人只有在物质和精神上得到双重满足，才算是生活得很好，达到了生活平衡。一个好的社会是不会忽视物质与非物质需求的双重性的。除了实用主义，好的社会还需要慈悲心、同情心、要从心所欲。要做到这一点，社会应该与其公民制定一份文化合约——包括当地人和移民们——他们努力地想实现内在的团结、社交，甚至是多愁善感。

然而考虑了回迁移民生活中的紧张与冲突，那么那些从来没有实现移民梦的当地人呢？他们的非移民故事，或者说Salaff和她同事们（2010）在他们的书中所称的"保持原状"，构成了"穷人社区"的画面和假想，倒不是自艾自怜、疏离感、家庭冲突和暴力，而是充满了家庭的温馨、长晚辈间的互相支持、融入社区邻里的自在。这些所谓的"劳动家庭"体现了香港的生活并不乏味，而是充满社交和政治。在香港这片土地上，他们长大、上学、交友——交很多朋友——相爱、分手、最终结婚、养家、和年老的父母一起饮茶。在富人们主导的无耻的资本主义社会下，他们过着劳动者"潦倒的生活"。他们还是能找到时间去赛马场，在西方与当地的球赛中下注，每周打几次麻将，看看电视，读几份报纸和杂志来了解娱乐八卦，听粤语歌，看港剧。香港的事物对他们很重要。他们属于这里；香港是家；他们有家的感觉。Salaff和她的同事们（2010）把翁家，这个非移民贸易家庭叫作"香港的爱国者"。翁先生告诉Salaff说，"即使我退休了，我还是选择在香港……我认为香港是世界上最好的地方之一"。根据作者所说，一个名为Sonny Szeto的穷忙族说"没有地方可以逃"，他回想起在公屋住时认识他的朋友们——他对Salaff说："我们一起长大。我们年轻的时候，夏天就睡在过道里的折叠床上，一直聊到深夜。"Sonny的妻子Sinying这样描述她和邻居之间的亲近："我们认识住在这一层的每一个人，我们每天都可以见到彼此。我们经常不关门。我们会乘同一部电梯去接送孩子。我们习惯了在校门外等待时彼此聊天。我们一起打扫走廊。我们做什么事情都一起……这对我们生活很重要。"关键是：我们做什么事情都一起。社区、邻居、和睦、团结、舒适。感觉在家里一样，寻常。

对于移民来说，以前在多伦多也好，现在回到香港也好，生活总是在家庭这个小圈子里。家庭之外几乎一无所有，因为外面的世界不尽人意。在多伦多和香港，这些移民的生活像滚石，没有根、被疏远、和主流社会脱节，或者说如Plüss（本书第12章）所说的"文化不认同"。回迁移民很惊诧自己竟然变成了"故乡的外人"。家没有家的感觉。他们变了，香港的人和事也已经变了，不再和他们的身份相适应了。

对于当地人来说，没有出去过，没有离开过，没有移民过，成了伪装的幸福——因为文化遗产、传统、习俗、历史和人生经历会相互交织，通过给予爱，至少不剥夺过多的爱，去支持、培育、安慰、治愈这些穷人或弱势群体。

什么是家？哪里是家？香港是什么？怎么才是家？是什么使得香港如此吸引人，甚至让人无法抗拒？为什么香港人到了西方依然像活在香港？为什么他们依然饮茶、吃馄饨面、喝粥、打麻将、赌马、赌狗、赌球，关注着香港这一迅速被内地同化了的前英国殖民地的八卦新闻？当地人知道移民者所不知道的东西——但也可能由于移民多次飞越千里，并在遥远的西方居住过，所以反而比以前知道得更多了。

> 没有人想离开香港，但是……
> 不同的是在哪扎根……我只是继续向前了。
> 我们不可能找出比香港更好的地方了。

我也为中国香港政府研究了以色列和新加坡的回迁移民（Chan，2009）。在以色列，情况非常不同。那些移民回到以色列是因为他们热爱这片土地，以色列是他们的家。他们热爱这里的文化、邻里关系和宗教。现在他们已经回来了，如果他们的经济需求得到了满足，那么他们不会去任何地方。他们回来之后的问题是，他们现在的工作条件不如在美国的时候。如果说香港人和新加坡人缺失表达性需求，那么以色列人是缺失工具性的需求。如果他们的两个需求不能同时被满足，社会学家预言以色列的回迁移民们，会和中国香港和新加坡回迁移民一样，继续流浪——在后现代生活中做永远的陌生人。我想起一本最让人害怕的必读论文之一，社会学家 Simmel（1908）写的"陌生人"。对于陌生人来说，别人可以很近（生理上），但也可以很远（情感上）。回迁移民，作为重复移民者，和当地人有着双面的关系——最亲近，同时也最疏远——文化资本的积极面和消极面在移民的"生活世界"同时上演（Simmel，1908）。

这确实是一个尖锐的矛盾。同时掺杂着喜与忧（Chan，2005b）。漫画《在自己家的陌生人》（Schutz，1944，1945）在 Albert Camus（1942，2006）的《局外人》中有了引人瞩目的文学表达，并且在 Howard Becker（1963）的同名书籍中具有了社会学意义。

多年来，这些回迁移民，都生活在各种现实和压力的交织下，很不幸地使他们无法产生一种内部连贯性。他们在世界的舞台上过着跨国/地区的生活，在某时某地满足了第 1 类需求，或在另外的时间和地点满足了第 2 类需求，两者不能衔接，导致了移民们总体感觉不完整、自我被分割和生活处于矛盾之中。这些都使他们对家的理想和建设更加困难，他们没有稳定的参照标准，因为他们的家庭不再有家。

参考文献

Becker, H. (1963). *Outsiders: Studies in the sociology of deviance*. New York: The Free Press.

Berger, P. L. (1963). *Invitation to sociology*. New York: Anchor Books.

Berger, P. L., Berger, B., & Kellner, H. (1973). *The homeless mind: Modernization and consciousness*. New York: Random House.

Camus, A. (2006) (first published in 1942). *The outsider* (New ed.). London: Penguin Classics.

Chan, K. B. (2002). Both sides, now: Culture contact, hybridization, and cosmopolitanism. In S. Vertovec & R. Cohen (Eds.), *Conceiving cosmopolitanism: Theory, context, and practice* (pp. 191–208). Oxford: Oxford University Press.

Chan, K. B. (2005a). Migration, dispersal and cosmopolitan. In K. B. Chan (Ed.), *Chinese identities, ethnicity and cosmopolitanism* (pp. 110–121). London: Routledge.

Chan, K. B. (2005b). The stranger's plight, and delight. *Social Transformations in Chinese Societies*, *1*, 191–219.

Chan, K. B. (2008). *Hong Kong returnees and their strategies of coping*. Report to Central Policy Unit. Government of the Hong Kong Special Administrative Region.

Chan, K. B. (2009). *Policies and strategies of Israel and Singapore governments to attract, develop and retain returnee talents*. Report to Central Policy Unit. Government of the Hong Kong Special Administrative Region.

Chan, K. B. (2010). Hybridity [Special issue, 27]. *World Futures*, *66*(4).

Chan, K. B. (2011). Hybrid Hong Kong [Special issue]. *Visual Anthropology*, *24*(1–2).

Chan, K. B. (Ed.) (2012a). *Hybrid Hong Hong*, London: Routledge.

Chan, K. B. (Ed.) (2012b). *Cultural Hybridity: Contradictions and Dilemmas*. London: Routledge.

Chan, K. B., & Chan, N. (2010). Introduction: Thinking freely, acting variously, or thought as a practice of freedom. *World Futures*, *66*(4), 163–191.

Chan, K. B., & Douw, L. (2006). Differences, conflicts and innovations: The emergence of a transnational management culture in China. In L. Douw & K. B. Chan (Eds.), *Conflict and innovation: Joint ventures in China* (pp. 1–22). Boston/Leiden: Brill Academic Publishers.

Chan, K. B., & Seet, C. S. (2003). Migrant family drama revisited: Mainland Chinese immigrants in Singapore. *Sojourn: Journal of Social Issues in Southeast Asia*, *18*(2), 171–200.

Douw, L., & Chan, K. B. (Eds.). (2006). *Conflict and innovation: Joint ventures in China*. Boston/Leiden: Brill Academic Publishers.

Florida, R. (2005). *The flight of the creative class: The new global competition for talent.* New York: Harper Business.

Goffman, E. (1963). *Stigma: Notes on the management of spoiled identity.* Englewood Cliffs: Prentice-Hall.

Jain, S. (2010). *Love and money: Second-generation Indian-American professionals in the emerging Indian economy.* Ph. D. dissertation, Duke University, Durham and London.

Laing, R. D. (1997). *The politics of the family.* London: Routledge.

Merton, R. (1938). Social structure and anomie. *American Sociological Review*, 3(5), 672–682.

Park, E. R. (1928). Human migration and the marginal man. *American Journal of Sociology*, 33(6), 881–893.

Salaff, J. W., Wong, S. L., & Greve, A. (2010). *Hong Kong movers and stayers: Narratives of family migration.* Urbana/Chicago: University of Illinois Press.

Schutz, A. (1944). The stranger: An essay in social psychology. *American Journal of Sociology*, 49(6), 499–507.

Schutz, A. (1945). The homecomer. *American Journal of Sociology*, 50(5), 499–507.

Simmel, G. (1908). Exkurs über den Fremden (Essay about the stranger). In G. Simmel (Ed.), *Soziologie. Untersuchungen über die Formen der Vergesellschaftung* (pp. 509–512). Berlin: Duncker & Humblot Verlag.

Stonequist, E. (1937). *The marginal man: A study in personality and culture conflict.* New York: Russell & Russell.

（谢雯，胡婧译）

第3章
菲律宾村落中的阶级、迁居和身份

Philip F. Kelly[①]

---

① P. F. Kelly
约克大学地理系,多伦多,加拿大
e-mail: pfkelly@yorku.ca

3.1 引言

甲米地省与马尼拉南翼毗邻,是流动的枢纽。在过去的 20 年中,大量的外资投入促进了当地工业的增长。这里有来自全国各地的移民(有些是季节性的移民,有些实际上已经常住于此),他们在此从事着农业、工业以及其他国内产业。有很多居民去往国外,加入了菲律宾海外劳工的大军。这些劳工,以及侨民再汇款到家乡。甲米地省的一个村落正上演着这些人口流动和他们之间的交叉,本章将重点研究该村落。在这个村落长满水稻的田园风光下,隐藏的是多样化和国际化的经济基础。

在这样的村落中,传统意义上的阶级是按手里的土地权和其他生产性资产划分的。然而,从 20 世纪 90 年代初开始,随着村落中上述各种文化、社会和资金的输入输出,阶级的定义日益复杂。部分原因是,新的生活机会在当地以及国外产生,提供了向上层阶级流动的可能以及新形式的文化、社会和经济资本。村落中的变化远远不止如此,新形式的就业不仅提供了向上层阶级流动的机会,也改变了阶级关系的属性以及阶级的形成过程。对于很多家庭来说,农作生产过程而产生的关系已经不能决定他们在村落里的阶级结构。海外工作、工业就业以及其他机会,形成了不同方式的资本生产和资本分配。

如果只用传统的劳动过程来看待这些变化,那么就忽视了阶级形成的其他新的方式。特别是,阶级(一直以来)以文化现象的形式表现出来,而新的阶级形成过程也在引发阐述阶级差异的新方式。阶级的这些文化表现并不是无关紧要的——就像 Bourdieu(1984)所说的那样,也正如我在此阐述的,文化资本往往可转化为经济资本。

阶级嵌入的更深层次的方式是通过多种文化认同的社会阶级之间的交叉。两代人之前,在本章调研的村落中,村民在地域和民族语言认同方面是相当统一的。而现在,随着新移民的到来,并在村落阶级结构中占领着特别的(也是从属的)地位,情况已经今非昔比。因为男性和女性在当地和国际劳动力市场中获得的机会不同,男性和女性扮演的角色不同了,性别认同也在不断变化,而这种就业模式和家庭生育情况相结合。最后一个问题是,阶级本身成为个人认同的多大一部分——也就是说,他们是否认同他们的阶级地位和阶级利益。阶级是否成了（或者可能成为）一个可以变通的政治认同？

本章结构如下：第二部分旨在理解，在菲律宾农村，阶级可以概念化的各种方式（但是，在强调这一具体背景下，对阶级概念文献的综述必然会非常简短）。本章中的阶级可以从四个方面去理解——地位、过程、表现和政治。第三部分简要概述了该村落正在进行的社会和经济变化过程。第四部分使用个人案例来描述一个特定的村民和他的家庭由于移民而产生的变化。在此案例中，移民给阶级流动方面带来了非常积极的影响，但我们将看到，情况并非总是如此。第五部分根据前面提到的阶级的概念来解读这个案例。我提出，各种形式的移民和资本积累在不断变化的村落环境中如何使阶级变得复杂并对阶级重新定义，以及如何与各种身份认同交织。虽然重点仍然在菲律宾的村落，但是这一章本身就是以研究日益跨国化的全球南方村落生活的文献为基础的（见例子，Weyland，1993；Levitt，2001；Aguilar，2009）。

3.2　阶级的概念

阶级在社会科学中已经有了许多理论形式，但最常见的有两种，一种是以马克思主义的方式来区分在经济生产中商品化劳动力的卖方和买方（随之而来的是创造，抽取和分配剩余经济资本）；或以非马克思的方式，作为社会中财富和机会的差异（Wright，2005）。近年来，Pierre Bourdieu（1984）等的著作也激发了对文化进程的深刻关注，并通过这个过程了解，演绎和复制阶级。阶级也一直与集体政治利益、意识和特定社会经济群体的流动息息相关。

从对阶级的不同观点出发，在本节中，我详细阐述了四个虽然重叠但是独特的阶级概念：地位、过程、表现和政治（见 Kelly，2007，在《加拿大的菲律宾移民》中该框架被引用）。在每一个案例中，我都会确定在菲律宾每种阶级维度的运作。

3.2.1　地位维度

阶级地位是指个人在社会劳动分工和财富分层结构中的位置。这可能与一个人的工作类型，以及这种工作类型的某些特征有关，也可能与他在不平等的资源分配中的相对位置有关。这可能是一系列观点中最常被采用的概念。在社会学文献中，阶级的分类方案在20世纪60年代和70年代引起了社会极大的关注(Crompton，1998)。在韦伯学派传统中，阶级被定义为职业层次结构，成功预测以此定义的不同阶级人群的生活机会(Breen，2005)。在马克思主义传统中，个人的定位与经济生产方式有关——他们在抽象的资本主义整体中的角色。

在菲律宾村落的阶级的讨论中，常使用地位来划分阶级。例如，Kerkvliet(1990)在分析中央吕宋区的一个村落的阶级结构时，利用村民自己的分类来建立从贫到富不同的阶级，两者之间有各种各样的分级。在这里，Kerkvliet 的"贫富"分层使用了一个韦伯框架，其中阶级与地位密切相关(但分析上与地位并不同)。类似的，James Eder(1982，1999)考察了巴拉望各种家庭的"生活水平"。在上述两种情况中，土地的占有是这种差异化形成的重要基础，但它是生活标准，而不是界定这种方法的生产关系。还应该指出的是，在研究的菲律宾乡村中，这两个例子都没有观察到移民过程在阶级构成中的主导影响(在 Eder 的研究中，村民实际上都是移民，所以在这一点上没有差异)。

3.2.2 过程维度

地位强调一个人在不平等的阶级排序中的单一位置，但这种分类方案也不可避免地揭示了不同阶层之间关系的本质。马克思主义方案明确地关注广泛阶级群体之间关系的动态过程，将阶级视为在劳动过程中构成的关系，而这种关系只是在消费水平上偶然形成。因此，广义的资产阶级、无产阶级、农民、地主等阶级，和群体之间的经济关系本质有关。

Julie Graham，Kathy Gibson 及其同事们的研究，力图重申阶级的过程概念，这种过程概念不取决于整合的阶层之间的广泛关系。相反，他们侧重于一个人的劳动受另一个人支配的关系，从而压榨"剩余劳动"(而不一定是在雇佣关系中)。然后，这种剩余劳动通过不平等的财富分享和集中的社会结构分配。因此，阶级成为"生产，占用和分配剩余劳动的过程"(Gibson-Graham 等，2000：2)，这样，Gibson-Graham 等人强调了马克思主义理论中阶级过程理论比资本主义整体更重要(Gibson-Graham 等，2001b)。

阶级的过程维度有几个含义。第一，它不必分析阶级的聚合，然后在此基础上假设利益、过程和结果的共性。第二，一个人可以同时参与几个阶级过程，在生活的不同领域或空间中拥有多重和矛盾的阶级利益(Gibson 等，2001)。第三，强调阶级的过程意味着阶级关系可以被看作是通过其他形式的社会差异或认同而形成的。例如，一个特定族裔群体的个人发现自己在剥削的就业关系中被不公平地对待,那么阶级过程会以另一种不同的形式形成,这也可能与性别有关。那么,阶级,如Gibson-Graham所说,就是通过其他形式的差异进行"过度评估"(Gibson-Graham等,2000)。最后,由于阶级过程涉及劳动过程中关系的本质,它不一定限于资本主义的过程。允许阶级在非资本主义关系中出现,例如在家庭中(Gibson-Graham等,2001a)。

阶级作为过程的概念在菲律宾村落研究中具有悠久的传统。如上所述,Kerkvliet(1990:62)具有里程碑意义的研究,将阶级定义为"家庭与生产和劳动手段的关系"。也在中央吕宋作研究的Wolters(1983:7)将阶级定义为"在经济过程中占不同位置的相互依存的人群"。Ofreneo(1980)在菲律宾农村阶级的概况研究中也使用了类似的概念,Rivera(1994)也将此定义用于工业背景。Gibson-Graham(Gibson等,2001,2010)在对维萨亚斯的行动研究中,将对阶级更加分层的概念应用于菲律宾。比如,在那里,这个概念使得一个菲律宾海外劳工的阶级形成过程被认为是多样化的,跨越了地域而不同。因此,虽然在中国香港,一个菲佣的雇主家中存在半封建关系,但她在自己的家乡,却可能是一个重要的地主或业主。

3.2.3 表现维度

阶级不只是一个抽象的地位或过程;不同设定中的人们也在表现这个概念。确实,学者最感兴趣的是,处于不同阶级地位、过程中的人,其抽象和客观的个人认同,但阶级也可以用与抽象不一致的主观的方式去理解。我们可以找出阶级表现的两大形式:一种是阶级消费,一种是阶级体现,一个人可以用阶级概念从表现中来了解自己的和他人的身份认同。

阶级消费可能只是在生产领域用于对人进行阶级划分的消费形式(例如,一个CEO开的是什么类型的汽车)。但消费也在很大程度上标志着一个人属于哪一个特定阶级。这和消费的"水平"(标志着阶级地位的概念)不同,在这里指的是消费的"类型"。知道一个人的酒单、交响乐节目、昂贵的服装精品店或高尔夫球场,不只是代表一个人的地位——在许多情况下,它们是获得地位的前提。这里,Pierre Bourdieu(1984)对品位的研究非常重要,因为它证实了与特定的阶级地位(他主要根据职业类别来定义)相联系的文化资本如何通过家庭和教育环境形成新的阶级地位。

虽然消费是形成阶级认同并界定某一阶级地位(或过程)界限的一种方式,但阶级还可以通过物质特征来体现,例如性别和种族在阶级地位中的影响。实际上,随着消费行为的产生,能否进入某个阶级地位常常取决于一个人所展现出的个人认同(例如,参见 Miles,1987)。因此,在世界各地菲律宾妇女和低等服务工作,如家庭佣工、女佣、保姆或护理人员等之间的联系,植根于性别和种族文化中,并对地位阶层有直接影响(Kelly 等,2009)。不仅种族和性别代表阶级地位的不同指标,其他身体特征也影响阶级,包括口音、行为举止、姿态、化妆、装扮等。

阶级表现在菲律宾无处不在。海外工作得到财富和文化资本,而这种用消费对财富和文化资本进行划分很容易被理解和接受。在乡村,从住房有时就能直接看出家庭的区别——比如,水手新家墙上航海的标志,以及在意大利工作的移民建造的罗马别墅(Aguilar,2009)。在路上,吉普车和其他车辆上的标志都显示着买车的钱的来源,从"沙特男孩"到"加拿大"。身体表现的区别也很常见,包括着装、语言、饮食口味、海外工人和移民(Kelly & Lusis,2006)的行为举止。这些表现是很重要的,因为它们往往代表了他人认可的阶级向上流动。

3.2.4 政治维度

阶级的第四个维度涉及个体建立普遍认同、团结,甚至政治流动的方式,而政治流动又回应并揭示了阶级,包括阶级地位、过程以及表现。这也许起初是阶级其他维度的衍生——比如,当那些具有共同的阶级地位的人形成共同阶级利益的意识时——但阶级政治也可能会出现在那些没有共同经历的人群中。例如,为糊口的工资、公平贸易或工人的权利斗争的积极分子,可能本身并不是受益者。但是他们一致的目标也是一种阶级政治。

事实上,阶级的地位维度、过程维度和表现维度,可能导致不同的政治方向。阶级地位意味着,政治从集体阶级意识中脱离出来(通常是以一种功能性的方式)——阶级意识"反映"了阶级地位(Devine & Savage,2005)。因此,政治被理解为一个大的共同群体,比如"工人阶级",也许代表着某一政治党派。另外一方面,阶级的过程维度,意味着在"大"的阶级分类之外存在政治机会,专注于具体的阶级关系(Gibson-Graham,2006)。阶级的表现维度可能并不意味着任何阶级政治——帮助一些人进入不匹配的阶级地位分层。这样的政治在呼吁所有人获得各阶级层次的平等机会的同时,也导致了不平等。在另一方面,阶级的表现维度(例如,"打工仔"或"农民"的共同文化认同)可能对集体阶级政治的出现有重要影响,因为这是在文化领域,每天阶级地位和过程都能在这个领域得到阐述和体现。

许多研究已追溯到菲律宾村落中的阶级政治和革命运动。根据历史，中央吕宋的租约条款引发了20世纪早期农民运动（Kerkvliet，1977，1990），而农村叛乱在菲律宾某些地区仍在上演（Jones，1989；Ferrer，2007）。

讨论到这一点已渐渐明确，阶级的这四个维度——地位、过程、表现和政治——有时来自不同的政治和理论保证的交叉、重叠和连接，而且肯定不是相互排斥的。本章的其余部分会根据这四个维度，探讨在某个菲律宾村落中移民是如何重塑阶级的。

3.3 跨国的菲律宾村落

该村地处甲米地省，是菲律宾最富有和发展最迅速的地区之一。在甲米地，近几十年来人口在菲律宾各省份中增长最为快速。在1990到2000年间的人口普查中，甲米地的人口几乎增加了一倍，从115万增长到206万（国家统计局，2003）。到2007年，人口已经达到280万。从1991年到2002年的农业普查中，该省耕地总面积下降约20%，约11,000公顷——几乎是当地所有种植水稻的土地（国家统计局，2004）。这些土地中许多被改成工业用地或新的住房用地。

作为外国直接投资的目的地，甲米地一直是全国最大的国际移民的来源之一。2006年，甲米地成为菲律宾最大的海外合同工人（包括陆地工人和海上工人）来源省份。这也吸引了大批国内移民，特别是那些希望在工业部门和相关服务业工作，以及那些希望从事当地人不愿干的农业工作的人们。

我研究的这个村落反映了这个大趋势，它地处城郊边缘，距离马尼拉南部边缘大约35公里，1995到2006年间（在此期间我在这个村落进行调查研究），这里的人口翻了一番。1995年，这个村落里只有9%的人出生在甲米地省之外。到2006年，这一数字变为35%。1995年，全村50%的劳动力从事着农业生产，而11年后，比例已经下降到14%。2006年，这些雇佣劳动力的四分之一（即已工作或正在找工作的），在附近的工厂就业或找工作——这些工厂都是在甲米地经济区这一全国最大的工业区。工业区位于村落大约5公里开外的地方。因此工业就业已成为该村经济（虽然，受2008年的全球经济危机影响，经济下降）的重要组成部分。在2006年，该村落中约四分之一的家庭都至少有一个正在或曾经在海外工作过的家庭成员。

这是改变的一个关键点——国外投资资金进入附近的工业区，国际移民离开，输入汇款，国内移民到来，输出汇款。认为村落在这些流动变化之前是静态不变的是一种错误的假设——这个村落本来就只是几代人的居住地这个事实就是最好的证明。然而，在过去的15—20年这里发生过剧烈的变化，我在接下来的两节会通过之前概述的理解阶级的多维框架，来研究这些变化。

3.4 跨国村落的概况

移民、阶级、认同，同时在一个村落中出现，这种交叉是很复杂的。的确，在真实生活中越放大，这些问题就会越复杂、越偶然。尽管如此，要想明白社会改变是如何形成的，就必须直接参与到这复杂性中去，并试图识别个人经历中显示出来的更广义的过程。在这里，我们将通过一个人的经历，试着去了解别人的经历和他个人经历的阶级意义。

我在1995年第一次见到Kuya Chito（当时他37岁），我当时正在这个村落做博士论文的研究。Chito当时接受了采访，还参加了村里的家庭调查和更详细的农户调查。自1995年以来我已经多次来回这个村落，特别是在2006年，再次进行家庭调查时，和一些关键受访者做了一系列访问，Chito也参与了。2010年5月，我短暂回到村落，对Chito进行更进一步的采访。作为一个善于表达和进取积极，但又一直从事农业的人，Chito在许多方面来说都是一个例外（后面会具体阐述）。但是他以及他与村里其他人之间的联系，很好地突出了近年来社会经济等级如何变化及其如何与村落中移民过程、新的认同形式、新差异之间交叉。

该村在全市相对偏僻的角落，在20世纪初才有六户人家开始在此居住，其中之一就是Chito家。他的父亲1931年在此村落出生，没有受过正式教育，后来在市中心的一个地主手下做佃农。Chito的母亲来自邻镇，只读到了三年级，她和她的丈夫从20世纪50年代初到90年代末一直在农场上工作，这样的生活（部分原因是这样一个大家庭能够提供劳力）为Chito和他的八个兄弟姐妹完成不同程度的学业打下了经济基础——有的上到四年级，有的大学毕业。Chito自己在20世纪70年代末高中毕业——那时在村落中并不常见，因为市中心高中离村落十分遥远。Chito这一代人从而代表了从基于农业工作、缺少正式教育的农村生活，向一个充满更多元的活动范围（和地域）转型的关键。

Chito 继承了 1.5 公顷土地的租用权,但在 1981 年,在他 20 岁出头的时候,却到沙特阿拉伯在建筑行业做钢铁制造工作。他在那里从 1981 年待到 1985 年,赚了(用他的话说)"大钱",他会定期汇款给他的妻子。在 1990 至 1991 年,他再次来到海外当建筑工人,这次是去塞班(位于西太平洋的美国北马里亚纳群岛中的一个小岛)。在此之后,Chito 和他的妻子开始投资农业生产活动。1994 年,他们买了打谷机用于自己的农田并将其出租给其他农民(收取承租人 20% 的收成)。后来,他们又买了两台打谷机。

Chito 以两种不同的方式扩大土地资产。首先,他将 1.5 公顷土地使用权最终扩大到 6 公顷(尽管他不是地主)。其次,他开始把钱借给其他佃农使其放弃土地使用权,直到贷款还清。到 2010 年,Chito 以这种方式控制约 20 公顷土地使用权,这些贷款往往被借款人用于支付紧急医疗费,或申请海外工作或支付孩子的学费或大学费用。不像其他贷款,Chito 声称,他不会设置还款的期限来占借款人的便宜,因为如果设定的最后期限前债务人的欠款没还清,土地使用权的变更就变永久性的了。相反,他设置灵活的条款,在佃户债务还清后,归还其土地。

Chito 持有的土地(或者,更准确地说,他以各种方式获得的土地使用权)跨越 11 个不同的区域,被他充分利用。Chito 在土地上种上一年两熟的水稻(灌溉条件允许的情况下),而在旱季种各种蔬菜和水果作物。Chito 在该村落已经以一个注重科技创新的又有技术又能创新的农民而闻名。他目前是农民合作社的主席,合作社主要销售各种农业投入品,例如化肥和农药,并经营一种新的(2010 年)种子干燥机。Chito 现在还拥有村里唯一的碾米厂。作为全市三个持证种子经销商之一,他种植和销售由研究机构,如国际水稻研究所(IRRI)开发的杂交种子——这项副业每年能给他带来约一百万比索(约合 25,000 美元)的营业额。

Chito 负责监督各种农事操作,而动手种植工作由雇佣工人来完成。他雇用了 11 名男性工人——所有(只有一个不是)都是从维萨亚斯群岛移民过来的(萨马岛、宿雾岛和其他地方),现在住在田间的窝棚中。在每年收割的季节,他都会从邻省八打雁雇用 15 名流动收割人员补充劳动力。这些人之间形成了雇佣关系——其中两个维萨亚斯工人有收割收入提成(收割 1.5 公顷的工作者,通常是 15 袋大米,每袋 50 公斤),其他人分别在需要的时候负责浇水、除草、喷洒农药和其他活动,并每日领取工资。另一方面,一个收割团队彼此之间会分享他们收获的 10% 的大米。

这两种劳动资源之间——从维萨亚斯群岛来的永久移民和从邻省来的季节性移

民劳工——使 Chito 不缺劳动力,尽管当地村落的居民在向非农业转型,Chito 自己的家庭也在经历这种转型。在 Chito 的八个兄弟姐妹中,只有他和他的兄弟以农业作为主要生活来源(虽然他的兄弟也曾经在沙特阿拉伯的建筑行业工作过,并且还在村里经营过硫化厂,或者轮胎维修店、杂货店)。根据我们 2006 年的调查显示,其他的兄弟姐妹当中,两人在意大利担任家庭佣工,一个在村里经营一家小杂货店,一个是"家庭主妇",还有两个人失业——没有人是农民。Chito 的其中一个姐妹自 20 世纪 80 年代初就已经在意大利,并在村里建了一栋豪华的房子,她有时回来度假住,退休之后也会住那里。

也许更能体现向非农业转型以及相应的阶级关系的是下一代人的经历。Chito 和妻子育有四个孩子。长女教育学大学毕业,在马耳他做家庭佣工。我们于 2006 年进行的采访,在此之前的 12 个月,家人收到她汇来的 280,000 比索(约 7,000 美元),并用它来支付各项贷款。其中一个儿子,学习海洋工程,现在是一名菲律宾海军士兵。另一个女儿还在上大学,学习护理——她选择的这个专业,以后几乎肯定要出国。最小的孩子还在当地的私立高中读书。年轻一代人中还有 Chito 的六个侄子和侄女,所有的人要么是高中毕业要么是大学毕业。其中四人在当地工厂工作,一个还在上大学,另一个也跟着她姑姑在意大利做家庭佣工。

Chito 的经历似乎讲述了一个靠海外工作积累经济资本,从而造成向上层阶级流动的故事。就其本身而言,这是一个重要的过程。Chito 的家庭代表着 20 世纪后期从扎根农业的当地生活向制造业投资、石油美元、临时国外劳工等多元化的国际流动的过渡。但通过应用前面列出的多个阶级概念维度,我们现在可以探究 Chito 的故事如何说明了,在跨国主导的社会流动背景下,阶级和认同交织的方式。

3.5 理解阶级、移民和身份

3.5.1 地位维度

从阶级的第一个维度——地位来讲,移民带来的影响似乎是相当清晰的。在财富分配体制中,那些海外工作者的阶级地位有着显著的提升。然而,Chito 的例子确实需要更进一步研究。尤其值得一提的是,什么样的人才能得到海外工作的机会,以及身份的不同维度如何创造了机会的不平等。有几点和这个问题相关。第一个是注意那些在国外工作的人的性别身份。Chito（和他的兄弟）在沙特阿拉伯从事石油燃料工作，作为20世纪70年代开始的当红产业，这是一个给男性的机会。同时，在意大利和马耳他从事家庭佣工工作的显然是女性，这些都是性别化的劳动分工，这在菲律宾海外工作人员的大数据中显而易见。因为海外工作机会的涨跌取决于全球经济增长的地点和领域，因此反过来，村里的男性和女性（以及菲律宾的其他村落）去海外工作的机会差异会变化。

第二点是，现有的阶级地位会影响谁能有机会通过海外工作来提升自己的地位。移民通常需要一定程度的教育，这也是一个昂贵的过程，所以首先有一个阶级过滤器，决定了谁能移民出去。例如，Chito来自一个拥有足够资源（以租赁权和哥哥姐姐的形式）的家庭，让他上学，并为初步申请在海外工作提供资金，这不是巧合。一旦家庭获得海外收益，那么其他人的申请就可以得到资助——因此，Chito在海外的工作使得他的姐妹们很快能去意大利工作，接着又会带动另外一些人，包括下一代。然而，在其他家庭中，想要去海外工作必须要借钱，而Chito收购土地使用权能成功的部分原因是因为其他农民准备放弃租赁权利，以便有机会成功到海外工作。

第三点是，一代人的移民并不妨碍下一代人出国的需要。尽管Chito收入积累的财富最终促成了他的一个孩子已经在国外，另一个孩子也有可能跟着出国。这不仅意味着海外工作的金钱需求持续增长，而且还深刻体现了出国的愿望已经深入文化之中。正如一些评论家所指出的（Asis, 2006；Aguilar, 1999），菲律宾不仅仅有对人力出口的经济依赖，而且也有一种文化意识，即要"前进"就必须"走出去"。事实上，无论在海外从事哪种工作类型，这种机会都带有一定程度的文化资本（Kelly & Lusis, 2006）。因此，Chito那在马耳他担任家庭佣工的女儿，经济必要性（考虑到她的家庭情况）的原因不多，更多的是她的父亲、叔叔、两个姑姑和一个堂兄弟都有在海外工作的经历而带来的文化标准。

在"阶级地位"层次的另一端，我们看到文化认同与阶级以其他方式相交叉。越来越多的其他社会因素与村落的财富分层相交叉。特别是大量来自维萨亚斯和菲律宾其他地方的半永久性移民，造成了一个下层阶级，这是由当地村民通过种族地域差异定义的。虽然他们可能在制造业、建筑业、农业或家庭中工作，但他们的地位似乎是统一的低人一等——正如Chito的工人都是维萨亚斯人一样。甚至，这种上下级关系由于他们相对于当地村民的社会边缘化得到加强。这个"外人"的地位明显而悲剧地在

2009年的洪灾中得到体现，当时几名移民工人的家园——位于河边的公共土地上的棚屋——被冲走，一名小孩被淹死（Payton，2010）。

3.5.2 过程维度

阶级作为一个人或团体累积另一个人或群体的剩余劳动力的过程，明显的一点是，在海外的合约工人所经历的阶级关系往往与他们回到村落后经历的阶级关系非常不同。Chito在海外居住的家庭成员几乎都是家庭佣工（女性）或从事建筑行业（男性）。虽然如上所述，这些机会都是由性别来区分的，但它们的共同之处在于它们始终位于阶级过程的底端。在Chito的情况中显而易见的是，他回村后遇到的阶级过程变得截然不同。在这里他是雇主、放租者和贷款人。然而，应该指出的是，Chito在村里阶级地位上的改变并不是以与土地关系发生变化为基础的。他不拥有农场的任何一片土地，他只是租户，或者说代表租户打理田地。因此，即使村民们经历了多样化的更广泛的阶级关系，这些阶级关系在很大程度上保持不变。

最近几年，阶级过程最戏剧化的转型也许是越来越多当地的男女以及本村的移民在当地工业部门工作。这种广泛参与资本主义雇佣劳动关系，特别是在工厂环境中，是村落一个相当新的发展，在今天，如前所述，已经变得普遍。然而，这只是一个着重开放给村里特定的一些人的选择。年轻女性很受欢迎，一般不雇用超过25岁的（雇主可以避免工人的生育成本，父母通常都把孩子带在身边，以及两代劳动力间的生育成本，就因为妇女可能考虑要生孩子，她们很容易被解雇）。例如，在Chito的大家庭中，在当地工厂找到工作的只有他那四个侄子。就业合同通常也限于6个月的"试用期"工作，这样雇主就可以避免法律规定的正规员工的最低工资和福利。过去两年来，随着全球经济衰退导致几家工厂关闭，以及劳动力供应过剩使得雇主非常挑剔，这两个趋势都有所加剧。结果是，经济区只提供一个暂时的机会赚取一些现金。它很少提供长期就业前景，收入仅仅勉强糊口，不足以支撑一个家庭——实际上支付的工资太少，只能通过其他来源来承担生育费和日常开销。简而言之，工业领域的工作已经是女儿们的领地了，而不是儿子、丈夫或妻子。

阶级过程进一步来说，和家庭中的劳动力有关。在某些情况下，阶级过程会被商品化，通过雇用佣人（通常来自该国其他地方的移民），但更常见的是经过协商的配偶分工，或涉及大家庭成员间的分配（例如，在儿童保育方面）。如果丈夫或妻子在国外工作，这些安排必须重新协商，并且必须对男性和女性角色的常规理解进行重新修改

(Pingol,2001)。这可能涉及退出从事劳动力工作,因为汇款满足了需求,或者因为育儿安排需要退出。当把汇款投资到当地企业时,也可能涉及更广泛的经济活动——例如购买更多的土地或建立小企业。在许多情况下,阶级过程中的性别和特定角色之间的关联(无论是资本主义还是家长制)都以这种方式进行了重新分配。例如,在 Chito 的大家庭中,一个姐妹由于她的一个女儿在意大利定期寄来汇款,可以留在家中当家庭主妇,而另外一个女儿如果不是因为在意大利的姐妹出钱雇用她当管家照看自己无人居住的房子,就会面临失业。

在本地招聘的农业工作者以及临时到 Chito 和其他人地里参与收割的移民队伍中,性别角色有着很有意思的对比。在村里,男女都参与收割工作已经成为一种习惯——他们通常来自家里没人在海外工作或不能在当地非农行业就业的家庭(因此,还仍然依靠收割工作,以确保他们解决温饱)。然而,邻近的八打雁省的流动移民队伍往往都是男性,并对妇女参与收割感到很惊讶。不同之处在于,他们的生活环境不够多元化,因此传统的性别分工仍然保持不变。

3.5.3 表现维度

尽管 Chito 有了一定的财富,无疑能与受过更多教育和"精致"的城市居民相媲美,但是他的阶级表现依然是农民。我们在道路旁边的一个用尼巴叶(一种草)和竹子搭的棚里见面,而不是在有空调的客厅或家庭办公室,Chito 赤脚盘腿坐着,正在讨论他的农作细节。在村里,他作为一个知识丰富的农民(当然也是因为他的财富)而受到尊重,但这是一种与富有的城市居民相比不同的(也是更常见的)尊重方式。毕竟,Chito 生活在众多的近亲和远亲中,与他们的关系是从童年而不是从现在所持有的阶级地位定义的。

然而,Chito 和他的家人用了一些方式来履行在当地环境中的特定身份。这有几个维度。首先,如上所述,阶级表现可能首先是通过出国获得的文化资本提升的形式。国际移民在菲律宾是一个根深蒂固的区别形式,也是 Chito 的孩子之一履行的。从某种意义上说,有孩子在国外可以看作是他阶级成就的一部分。

第二,海外移民以某些炫耀性的消费形式表现出来。例如,自 20 世纪 80 年代初以来一直在意大利的 Chito 的姐妹已经建造了一座新的房子,这是村里最招摇和最豪华的建筑之一。房子被高高的铁围栏围绕,其建筑参考意大利风格。在所有这些情况下,消费中的阶级差异几乎与实际上在海外进行的总是处于从属地位的劳工关系完全无关。因此,阶级过程难以与阶级表现在这些实例中进行协调。

阶级表现的第三种形式来自身体携带的阶级身份。在海外工人中,海外菲律宾人(回迁者)的穿着、语言、白皙的皮肤和态度是重要的阶级标记。当 Chito 的姐妹从意大利回来探亲时,她的英语能力、偶然冒出几句意大利语的倾向,以及她独特的欧洲手势都代表了菲律宾的阶级界限的标志。相反,移民农民工的破烂衣服及其不同的方言和晒黑的身体标记了阶级身份阶层的另一端。事实上,将一些标记"自然"地倾向于艰苦的农业劳动者是相对较小的一步。例如,Chito 将他的维萨亚斯劳工描述为勤奋、不懒惰,并且善于这种农业工作,不同于不愿意做这工作的当地人,都是自然体现了某些工作和某种阶级地位和过程的种族表现。

值得注意的是,海外获得的具体文化资本本身可以带来物质优势。在 Chito 一例中,他的英语水平(海外合约工作人员的要求)使他能够参加由农业推广办公室或种子/肥料公司定期组织的农业实践技术研讨会。当我们在 2010 年访谈时,他描述了他是如何刚刚在 75 天内收获了价值 200,000 比索的西瓜这一早季作物。Chito 的成本为 85,000 比索,净利润为 115,000 比索(约为 3,000 美元,大致相当于菲律宾的一名学校老师的年薪)。其他农民的利润未能接近这个水平——Chito 将这归功于他能够理解和充分实施在 East-West 种子公司主办的研讨会上所学到的知识。从这个意义上来说,移民资本不仅仅是象征性的,也被转化为经济优势。

3.5.4 政治维度

阶级的最后一个维度涉及人们对其阶级地位(或一系列阶级关系)的认同以及这种认同对政治意识和流动性的影响程度。为寻求村里这样的阶级政治,近年来出现的新兴工业无产阶级再合适不过了。然而,在那里似乎很少出现阶级政治,很大一部分原因在于移民过程以及阶级和各种形式的认同的交叉。

在甲米地外国投资驱动型工业发展的初期(并在一定程度上持续到现在),咄咄逼人的反工会政治环境(特别是省级政府层面上)确保了很少有有组织的阶级政治出现。但劳动力的本质以及劳动关系在当地其他权力结构中存在的方式也很重要。由于工业劳动力主要由流动的年轻妇女组成,对她们来说工业就业不是长期目标(没有任何可能),工业就业中的阶级关系不可避免地被纳入家庭和村落的性别和代际权力关系。在这种情况下,围绕阶级政治的认同和流动是极不可能的(Kelly, 2001)。对于许多人来说,工业就业是进一步接受教育以及(他们希望)海外就业的垫脚石。在这个意义上,更普遍也更公平地来说,国际移民的可能性会破坏对整个国家经济不景气的任何不满。

该地的国内移民对任何形式的阶级政治都有同样的抑制作用,只是出于不同的原因。国内移民在两方面要相对脆弱一些。首先,他们在村落生活的社会网络中被边缘化,而社会网能维系团结,并在艰难时期提供安全感。因此,他们承受不了失业。第二,他们经常在维萨亚斯有家人依赖于他们。由于这两个原因,他们将不愿意因为任何类型的阶级流动将他们的工作置于危险之中。无论是国内移民还是国际移民,似乎都反对阶级身份的发展和流动。

3.6 结论

本章的分析表明,移民改变了这个菲律宾村落里的阶级。但它用深远的方式制造了改变,而不仅仅是为一些家庭提供收入来源和向上(位置)的流动性。如果国际移民只是在村里注入了一些额外的资本,那就比较简单,但是通过在多个维度上对阶级进行研究,我们看到了移民过程如何重塑了阶级许多重要的方面。最后,我想提醒注意的是,在多重移民流动中,阶级具体通过什么方式与认同交织。在上面的讨论中,身份的三个方面对于了解移民如何影响阶级是很重要的。

性别身份以及男性和女性相关的文化和社会角色,对于了解移民的影响至关重要。从决定能否获得海外就业机会,到塑造工业工人阶级的特点,到确定村落里工作和家庭中的劳动分工,性别身份在移民背景下存在于阶级转型的各个方面。同时,男性气质和女性气质也在这个过程中被重新塑造。正如性别在很大程度上能决定是在沙特阿拉伯进行建筑工作还是在意大利进行家政工作一样,性别分工也在移民过程中发生了变化,男子在妻子不在家时越来越有可能承担妻子传统的角色,而妇女则从事农业活动等曾经是男性的传统角色。那么,男性或女性所占有的阶级地位、过程或表现不可避免地与性别紧密相关。

民族区域认同是第二个认同指标,它从根本上说明了在重新组建的阶级结构中,谁能得到什么。村里的低级职位几乎都被一群相对新来的人所占据,他们因为语言和区域特征被当地村民标记为不同。这种边缘化不一定只是基于文化差异或对文化资本认知的偏见的结果。它也反映出任何新来者在关系密切的村落环境中都会受到边缘化的影响,以及作为移民所固有的脆弱性。如果不能在工厂、农场和家庭就业,这些新来者又不能依赖当地社会网络,那么就不能供养在维萨亚斯的家人的生活。这个问题虽然在这里没有解决,但同样的边缘化还等待着更幸运的同胞去解决,这些同胞在世界各地有菲律宾合同工的地方做着手工工作和住家佣人。

认同的最后一个维度和村里正在进行的阶级转换有关,而阶级本身就是一种认同。换句话说,下层阶级的人对他们阶级的从属性的认同程度。在这里,尽管菲律宾这个地区和其他地区以阶级为基础的群众运动已经有年头了,但似乎基于阶级的认同是难以捉摸的,移民对阶级的消散起着一定的作用。海外移民为向上层阶级流动提供了巨大的希望,使得这个村落成为全球劳动力社会再生产的场所,而不再是其内部生产阶级关系的地点。随着低等阶级关系的低等工作流向世界其他地方,该村落的居民不再为无法得到当地就业机会而懊恼,因为他们可以通过移民有更好的生活前景,基于阶级的身份认同在这个村落明显不存在了。只要有低级的阶级地位存在于这个村落,那么通过移民就可以消散任何的不满,因为这些地位会被季节性或长久移民占据,这些移民往往不按阶级议程出牌。

简而言之,阶级已经通过移民被改变,但只有承认阶级(地位、过程、表现和政治)四个方面的所有交叉,才能充分认识到这一转型。此外,阶级和其他形式的认同一样受到移民带来的不断变化的社会角色的影响,所以阶级和其他形式的认同不相上下。

参考文献

Aguilar, F. V. (1999). Ritual passage and the reconstruction of selfhood in international labour migration. *Sojourn: Journal of Social Issues in Southeast Asia*, 14(1), 98–139.

Aguilar, F. V. (2009). *Maalwang Buhay: Family, overseas migration, and cultures of relatedness in Barangay Paraiso*. Manila: Ateneo University Press.

Asis, M. B. (2006). *The Philippines' culture of migration*. Migration information source: Country profiles. http://www.migrationinformation.org/USFocus/display.cfm?ID=364. Accessed June 29, 2010.

Bourdieu, P. (1984). *Distinction: A social critique of the judgement of taste* (R. Nice, Trans.). Cambridge, MA: Harvard University Press.

Breen, R. (2005). Foundations of a Neo-Weberian class analysis. In E. O. Wright (Ed.), *Approaches to class analysis* (pp. 31–50). Cambridge: Cambridge University Press.

Crompton, R. (1998). *Class and stratification: An introduction to current debates* (2nd ed.). Cambridge: Polity Press.

Devine, F., & Savage, M. (2005). The cultural turn, sociology and class analysis. In F.

Devine, M. Savage, J. Scott, & R. Crompton (Eds.), *Rethinking class: Culture, identities and lifestyle* (pp. 1-23). Basingstoke: Palgrave Macmillan.

Eder, J. (1982). *Who shall succeed? Agricultural development and social inequality on a Philippine frontier.* New York: Cambridge University Press.

Eder, J. (1999). *A generation later: Household strategies and economic change in the rural Philippines.* Honolulu: University of Hawai'i Press.

Ferrer, M. (2007). The communist insurgency in the Philippines. In A. Tan (Ed.), *A handbook of terrorism and insurgency in Southeast Asia* (pp. 405-434). Cheltenham: Edward Elgar.

Gibson, K., Law, L., & McKay, D. (2001). Beyond heroes and victims: Filipina contract migrants, economic activism and class transformations. *International Feminist Journal of Politics*, 3(3), 365-386.

Gibson, K., Cahill, A., & McKay, D. (2010). Rethinking the dynamics of rural transformation: Performing different development pathways in a Philippine municipality. *Transactions of the Institute of British Geographers*, 35(2), 237-255.

Gibson-Graham, J. K. (2006). *A postcapitalist politics.* Minneapolis: University of Minnesota Press.

Gibson-Graham, J. K., Resnick, S. A., & Wolff, R. D. (Eds.). (2000). *Class and its others.* Minneapolis: University of Minnesota Press.

Gibson-Graham, J. K., Resnick, S. A., & Wolff, R. D. (Eds.). (2001a). *Re/presenting class: Essays in postmodern marxism.* Durham: Duke University Press.

Gibson-Graham, J. K., Resnick, S. A., & Wolff, R. D. (2001b). Towards a poststructuralist political economy. In J. K. Gibson-Graham, S. Resnick, & R. Wolff (Eds.), *Re/presenting class: Essays in postmodern marxism* (pp. 1-22). Durham: Duke University Press.

Jones, G. (1989). *Red revolution: Inside the Philippine guerrilla movement.* Boulder: Westview Press.

Kelly, P. F. (2001). The local political economy of labour control in the Philippines. *Economic Geography*, 77(1), 1-22.

Kelly, P. F. (2007). *Filipino migration, transnationalism and class identity* (Working Paper Series No. 90). Singapore: Asia Research Institute, National University of Singapore.

Kelly, P. F., & Lusis, T. (2006). Migration and the transnational habitus: Evidence from Canada and the Philippines. *Environment and Planning A*, 38(5), 831-847.

Kelly, P. F., Astorga-Garcia, M., Esguerra, E. F., & The Community Alliance for Social Justice, Toronto. (2009). *Explaining the deprofessionalized filipino: Why filipino immigrants get low-paying jobs in Toronto* (CERIS Working Paper Series No. 75).

Kerkvliet, B. (1977). *The Huk rebellion: A study of peasant revolt in the Philippines.* Berkeley: University of California Press.

Kerkvliet, B. (1990). *Everyday politics in the Philippines: Class and status relations in a Central Luzon village.* Berkeléy: University of California Press.

Levitt, P. (2001). *The transnational villagers.* Berkeley: University of California Press.

Miles, R. (1987). *Capitalism and unfree labour: Anomaly or necessity?* London: Tavistock Publications.

NSO (National Statistics Office). (2003). *2000 census of population and housing.* (NSO 2-29D, Vol. 1). Manila: National Statistics Office.

NSO (National Statistics Office). (2004). *2002 census of agriculture: CALABARZON,* Vol. 1. Manila: National Statistics Office.

Ofreneo, R. (1980). *Capitalism in Philippine agriculture.* Quezon City: Foundation for Nationalist Studies.

Payton, J. (2010). *Migration, class and identity: Agricultural production in Manila's peri-urban periphery.* MA thesis, Graduate Program in Geography, York University, Toronto, Canada.

Pingol, A. (2001). *Remaking masculinities: Identity, power, and gender dynamics in families with migrant wives and househusbands.* Diliman, Quezon City: University Center for Women's Studies, University of the Philippines.

Rivera, T. (1994). *Landlords and capitalists: Class, family, and state in Philippine manufacturing.* Quezon City: University of the Philippines Press.

Weyland, P. (1993). *Inside the third world village.* London: Routledge.

Wolters, W. (1983). *Politics, patronage and class conflict in Central Luzon.* The Hague: Institute of Social Studies.

Wright, E. O. (Ed.). (2005). *Approaches to class analysis.* Cambridge: Cambridge University Press.

（谢雯，胡婧译）

第二部分

民族国家、社交网络和情感空间

第4章
香港回迁移民的社会压力以及适应性行为

Chan Kwok-bun 和 Chan Wai-wan[①]

[①] C. Wai-wan
陈氏社会研究所,屯门,香港,中国
e-mail: ckb@ci-ss.org

本章意在通过回迁的香港移民的行为模式，从理论上说明他们的适应性反应和跨国/地区、跨文化行为。本文坚持交叉性分析和 Bourdieu(1986)的资本形式的可转换性(convertibility of forms of capital)，即本书的主要分析的重点，以 Durkheim 的失范概念(concept of anomie)(1952)和 Merton 的社会压力理论(social strain theory)(1938,1968)来解释并讨论他们跨国/地区性行为和相对的适应性行为，在这个意义上讨论资本转化失败会导致压力，更糟糕的是会造成异化。更具体地来说，我们的研究主要是辨认、描述以及解释回迁的香港移民在适应中的多种行为模式以及情感表现模式，并以此来区分个人或者集体策略，帮助他们解决在调整和融合上的问题。

移民回归祖国是最近移民研究中出现的一个问题，尽管"返回祖国"现象自20世纪末到21世纪初已成为欧洲、北美和亚洲的一个社会和经济现象(Ley & Kobayashi, 2005)。移民回迁现象在20世纪下半叶达到了高潮，这个现象渐渐引起众多移民研究学者的关注(Gmelch, 1980)。在诸如印度、中国的第三世界国家中，随着两国成为亚洲发展速度最快的国家，移民回迁的步伐也随之加快。印度和中国在海外求学的留学生现在大多都返回其各自的国家谋求工作(Iredale 等, 2002)。

学者们笔下的回迁移民的生活并没有那么轻松，因为回国前他们通常一次次地回来了解情况，反复回来和汇款，同时回迁移民也面临着回国后调整过程中的焦虑和压力，以及反文化冲击。而且，对于这些移民来说，回国只是去往世界各个角落的漫长离散旅途中的一个起始站或者中转站。许多传记以及民族志叙述了移民和再移民，是"美国梦"和"美国梦破灭"历险的延续。在过去几十年中，痛苦的移民经历经多种语言被反复叙述，写入研究报告和移民小说中(Hayot, 2006)，但有一个问题始终不得解：为什么在过去几个世纪中有这么多移民来来往往不停息？

对于回迁移民问题的探讨常常以新古典主义方法为起始，讨论结果表明如果个体认为回国后期望寿命里经济回报比目前薪水更丰厚，那么他们会回国发展(Sjaastad, 1962)。回国的原因可能与搬去完全陌生国家的原因是相同的：寻求经济利益。但是 DaVanzo 与 Morrison(1981)表示，当移民出于改善经济的动机搬去新的国家时，他们对该国的了解常常是不全面的，有可能高估移民所带来的潜在收益。这种误判部分原因是某些文化或社会资本定位单一，且很难转移(Lee 等, 2001)。为了弥补之前的错误判断，一些移民回到了他们的祖国。根据此框架，移民时不时地将新的所在国家的经济和社会状况与祖国相比较。另一些学者认为移民通过搬去新的国家来积累新的文化和社会资本,亦或是为了获取其他国家免费的公共物品。DeVoretz 等(2003)进一步阐释了这个方法,研究表明移民在积累了更多资源后可选择待在新的国家、返回自己的祖国或是选择另一个国家。

Park(1928)关于"边缘人物"的古典概念表示回迁移民也许很难彻底融入其祖国,边缘人物就是那些"生活在两个世界中但是在任何一个世界都没有家的感觉"的人。这个概念与那些在两种完全不同的文化中生活的人的处境相似,恰如回迁移民经历着两种文化;这也许是他们回到祖国后寻求生活质量的起点。另一个与之相反的理论是同化模型(assimilation model),该模型认为随着时间推移,回迁移民会慢慢融入他们的祖国文化中。但是如果从跨国视角看该模型,回迁移民会始终与其曾迁入的国家相连,因此他们"边缘人物"的社会地位很难消除。在关于社会融合和生活质量的研究中常常有第三种替代方法。最近,许多研究用结构主义视角来解释移民在正常社会体系下面临的窘境。社会体系能够将个体融合其中,也能够将个体孤立在外,而且工作结构有可能导致分裂。许多关于移民和老年人的研究表明,家庭和友谊网在融合中是至关重要的社会资本(de Jong Giervel & Hagestad, 2006)。但是,社会网也有其依赖性,它会限制人们的行为,而不是促进人们的行为,因此会给融入社会的移民造成一系列问题。回迁移民在融入其祖国社会体系中牵涉这三个模型的程度目前尚不清楚。

4.1 香港

香港是一个典型实例,最近学者们研究香港移民历史的热度不断攀升(Ley & Kobayashi,2005;Sussman,2007;Sinn & Wang,2003;Fong 等,2007;Wong & Salaff,1998;Salaff 等,2010)。香港以亚太地区的金融和电信中心为世界所知,是一个极具跨国/地区观念的大都市。同样,香港也是一座移民城市。自 20 世纪 80 年代中期,大批富裕人士突然开始涌向西方主要国家,如加拿大、美国、澳大利亚、新西兰、英国以及一个亚洲国家——新加坡。20 世纪 90 年代到 21 世纪的十年中,加拿大成为香港人移民的首选国家,且大多数移民是中产阶级的专业人才和商人(Ley & Kobayashi,2005)。

香港人移民有诸多原因,主要是以下三点:经济、教育和生活环境。很难判断这三个动机哪一个更重要,哪一个更合理,但讽刺的是,经济原因在移民中可能只是一个幻觉。近几年学者们的研究表示自我服务因素对于大多数回迁的移民也是很重要的一个因素。这里的回迁移民指的是那些近十年中有两年以上在另一个国家生活,后返回到香港的人(Ley & Kobayashi, 2005)。经济动机(如对加拿大经济不满意)是回到香港的最主要的动机,相较于其他动机如晋升机会、薪资报酬、税收优惠和在找工作中的社会歧视,经济动机占据了最主要的地位。1997年7月,中国从英国手中收回香港的主权,向外迁移到世界各地的人数激增。但是根据Sussman(2007)的研究,香港人的移民经历并非一帆风顺。对于很多人来说,他们所担忧的中国的独裁主义并没有出现,但是作为移民对西方国家美好生活的乐观期盼也落了空。"许多专业性人才发现自己无法充分就业,甚至面临失业,同时也发现一些微妙的歧视行径,而且他们的英语语言水平也不够好。"(同上)Sussman用社会学的角度分析,这并不是一个典型的再迁移现象。"通常而言他们并不是举家迁回香港,丈夫会回到香港寻求谋生之道、发展事业,而妻儿们会仍然留在所移民的国家。"(同上)而从心理学上来说,Sussman称"这些人身上有了回归人士的身份。这些个体是谁? 他们的身份构成是什么? 他们回到香港后有回家的感觉吗? 亦或是身份的转换形成新的全球化跨国/地区身份?"在接下来的章节中,我们会进一步调查,回到香港的移民是否真的具有全新的全球化跨国/地区身份,且建立了如Sussman所说的新的行为模式。

4.2 研究方法

自2006到2007年间,40位返回香港的华人接受了采访。[①] 虽然每个采访都只涉及一位受访者,但是我们鼓励每个受访者都能将自己的移民经历与涉及全家作决定的动态变化结合在一起叙述出来。

最初受访者多经朋友介绍或通过我们在香港的社交和教育网络,比如校友、国际学校、西方国家大学的海外协会以及专业协会等等。我们酌情采用了滚雪球抽样方法,尽力让我们的样本能够多样化。我们采取开放式的采访安排,在受访者方便的地

---

① 本章中一系列数据以及数据收集方法与本书第2章相同,读者可以进行查阅。例如,受访者的个人特征等等。

点进行一个半小时到三个小时的面对面访问。我们主要用广东话来进行访问，用磁带录下受访者的话之后进行整理汇总转写。最开始的采访没有标准的程序，我们让受访者自由地叙述他们的个人观点、经历以及情感，继而给我们足够的空间来进一步对受访者进行采访。

所有的受访者都是成年人，其中16人是男性。大多数受访者是行业里的专业性人才，且都受过高等教育。他们中的大多数移民去了美国和加拿大，剩下的一小部分受访者则分布于澳大利亚、新西兰、法国、瑞典和英国。年纪最轻的受访者25岁，年纪最大的61岁。他们在海外生活的时间各不相同——大多数已经在海外生活超过5年，最久的已经在海外生活25年多。他们在香港生活的时间也不尽相同，时间最短的只停留了几个月，而时间最长的在香港生活了25年。大多数受访者自离开香港后都是首次回到香港，其中7人已经是第2次或者多次回到香港。

我们的数据包含了采访脚本和受访者在采访过程中身体和情感表现形式的详细记录。这些数据用于对主题、模式和洞察力进行严谨的分析。对思想、概念和理论的定性研究，则来自对压力、适应性和应对力方面的社会流动理论、移民和中国式移居社会学、家庭社会学、情感社会学和社会心理学的大量研究。

4.3 以 Merton 的压力理论阐释回到香港的移民的适应性回应

不管是自发迁移还是被迫离开，离开出生的国家或地方总是一件让人感到痛苦的事情，回国的迷思（myth）似乎始终笼罩着移民。回到香港的移民必须应对诸多的适应性困难，不仅有工作上的困难，也有情绪上的问题，而问题的解决结果也并不尽如人意。为了捕捉移民在调整中的生活经历，我们就香港移民跨国/地区行为（我们假设这些行为是他们跨国/地区性和应对行为下的社会产物）导致的结果进行讨论，以及用 Durkheim 的失范概念（1952）和 Merton（1938，1968）的社会压力理论来解释他们的相对适应性。在表 4.1 中，我们假设西方国家缺乏多元文化政策，限制了一些机会，这使香港移民将追求多元文化主义作为一项全球化的、社会空间/宇宙内的社会征途（社会征途与政治征途有所不同，尽管政治征途有可能是最后的结果），转而使普遍定义的社会成员代替了以国家为基础的公民身份。也就是说，他们作为中国的子孙——香港人的身份正慢慢为"世界公民"的身份所代替，拥有一个世界成员/公民身份的地位（理想情况就是能手持联合国护照)。然而,这样的社会性(或是政治性)转型过程充满了压力(同样也含有经济机会成本)。这种个人紧张常常伴随着结构性紧张,此种结构性紧张是由于宗教文化的束缚和个人主义的增强,带来了国家调节机制的弱化,这是后现代时代导致的移民异化的失范环境的特点。移民跨国/地区主义的兴起是在移民去异化基础上的适应性尝试,主要通过种族民族主义的复兴(尽管长期负面新闻不断,民族主义的复兴对跨文化的重新建立以及重新排序至关重要)以及超个人精神性的个体朝圣。据说,当世界主义者和世界主义统治了地球无边无垠(最好也没有了国家边界)的地方,就能达到最高阶段的人性。

适应性是指个体在适应身体和精神困难时所作出的一些生活上和自身的改变,将身体和精神分解开来——这是一个自我碎片化的过程。它也意味着移民渐渐学会处理生活中的逆境。适应过程包含三个阶段:第一,遇到并表达出生活中的困难;第二,评估那些困难的正面和反面,继而调整自己的身份来制定相应的策略;第三,听天由命,暂时放弃对生活的掌控权,对困难顺其自然,最后再次重新掌握生活。适应性行为不会只发生一次,而是会时不时地就发生,每当移民们经历着生活的变迁,他们的行为就要时时作出变化来适应。因此可以构想,在跨国性和跨国主义下,移民需要多种适应性策略来克服所移民国家的社会排斥或歧视,这也许会在世界性的和世界主义中创造出新纪元。从这个角度而言,我们根据 Merton 的社会压力理论大胆假设,回到香港的移民们对调整困难的行为反应和情感反应以及他们由此在跨国/地区主义背景下的适应性策略可以按照概念分为五个不同式例。这五个并列行为模式和情感状态都表明,它们没有一个清晰的关系,而是一系列宽泛但互相相依的普遍性。

我们的探索基于 Emile Durkheim(1952)提出的失范理论和失范社会(anomic society)理论以及 Robert Merton(1938,1968)提出的失范行为理论。Durkheim 引入失范性概念,表明在现代社会中,传统规范和标准已经瓦解,但是还没有为新的规范所代替。失范,指存在于没有严格标准来指导行为的特定社会生活中,从而导致一种无规范状态。在此环境下,人们感到迷惑、疏离和焦躁不安(Giddens,2006:207)。换个角度来看,我们利用 Merton 的失范行为理论来解释中国人跨国主义的源头以及随之而来的移民的行为模式,通过后现代的全球和世界网络框架来确定这种特别行为模式的来源,或者可以用 Appadurai(1996)的另一个词"种族景观"(ethnoscapes)来形容。Merton 和 Durkheim 的理论的启发价值在于将中国移民的反应根据其到达地国家(并非目的地)结构性上的不一致进行归类。

表 4.1 跨国/地区行为起源和去异化过程（来自 Merton 社会压力理论）

1	2	3	4	5	6	7
变化来源/原因	移民作为变化中介	变化促进因素 1	变化促进因素 2	应对策略 1	应对策略 2	应对策略 3
西方霸权主义同化意识形态的失败/多文化主义遭遇，伴有国家机遇，引起文化破裂，跨国/跨当地的紧张规模存在的紧张/摩擦，（或是全球化下的"文化冲突"，如果这种文化依然存在于全球化资本主义和资本主义之下而在矛盾人食人文化之下）	不得不作调整适应而渴望移民人群的压力	宗教文化制度常规不断被削弱，（后）现代社会正在逐渐消亡，新自由自主义、跨国自由资本主义（自贸区）、消费主义、表现主义和社会原子化正在逐步增长	文化危机加深过程中移民去异化的社会实践、后现代认同破碎、自我认同破碎，伴随着移民和去异化人和去异范的文明和再次移民的挑战对于移民的社会学假设（以成本一利润为前提的移民经济分析，可能是错的也可能是对的）	寻求跨国/地区移民适应性/创新性社会实践，通过融合人和自我重建基因合在再定义社会空间中构建文化认同中，形成新型社会居民身份（在众多兴起的族裔民族主义中），这是自我实现的法制基础（比如：人权和自然公平、义务）	移民们的移民去异化的一个过程，通过自我以及超越自我的精神朝圣自由的个体朝向过程来实现	世界主义者和世界主义诞生于一个没有国界之分，去领土化的新世界、新纪元中，伴有广泛全球社会成员的人文视野，伴有挟又上国家/法制市民身份

Merton 的社会压力理论是 Durkheim 失范和失范社会理论的延续和修正。该理论是指当所接受的规则与现实社会相悖时,强加在个体本应"规范"的行为上的结构应变(Merton,1938,1968)。因此我们认为,一些西方国家,诸如英国、澳大利亚和加拿大,普遍接受的文化价值把平等和多元文化摆在了熔炉同化之前。但是迁出移民—迁入移民—同化的概念以及迁入移民通过遵守所迁入国家主流价值以使自己融入这个国家的义务仍然盛行(Chan,2003a,b)。根据这些国家的移民政策,只要移民遵守一些特定规则,即使他们的种族或民族背景各不相同,都能融入这个国家。然而,这个想法行不通。事实证明,文化同化政策(或是"部分同化")、多元文化主义或是大移居都很难达到移民想要的结果。尽管我们承认,多元文化主义有多种形式,但在世界范围内对它的理解和运用也有所不同。对于大多数移民而言,同化是美国化或英国化的同义词(Chan & Tong,1993;Chan,2003a,b;Ang,2003a,b;Ong & Nonini,1997)。我们寻求另一体系结构来替代已不起作用的现有多元文化主义和同化概念[一些分析学者认为较为温和的文化多元化或者多元文化主义最终会演变为同化——就像美国大熔炉,或者其法国版本(Deutscher,2005),尽管加拿大现在正力图复兴多元文化主义]。随之兴起了众多理论结构,诸如跨国/地区主义、世界主义、后现代主义、杂糅化、以地方为本的家以及不断变更的家、第三空间、第三文化、第三种情况、第三种途径等等。但是所有的这些理论结构都有一个共同的缺陷:这些理论结构都定义不清、存在矛盾、"模棱两可",而且不管怎样,都不成理论,是概念上的雷区,因此急需理论的支持(Levitt,2003)。

西方国家产生的多元文化主义和同化以及大移居神话的失败,都增加了中国移民在侨居国内外参与身份政治以及构建新联盟的压力,包括在即时社区中寻求"本地化跨越"以及"全球化"——这引发世界上许多社会生活的前景和机会(Chan,2003a,b;Wallace 在 Hargrove 1989:315 引用)。因此我们设想,移民跨国/地区主义是多元文化主义和同化这些有弊病的政策的副产品,是对大移居迷思的强烈抨击(Ang,2003a,b)。我们认为,Merton 的失范行为理论重新阐释了多元文化主义和其社会影响的窘境。同样,通过 Merton 关于在美国社会所涌现出的失范行为(关于 Merton 理论是否能推广到其他社会情境还有待讨论,这也是值得讨论的一个话题)的想法方案,可以以此推测到,当个体处于充满压力和紧张的环境中,会很自然地产生失范行为。Merton(1938)就普遍认可的价值领域(目标方向)和受限的(法律认可的)机制总结出个体面对压力有可能产生 5 种反应。在这里,失范性行为属于适应性功能,甚至创新力量和活力,行为者个人或集体地利用其来制定行动计划,带来我们称之为宗教文化[或者用 Giddens(2006)的术语来说,"种族宗教"]运动的改革,比如说旨在改变文化的跨国/地区民族主义。中国移民的跨民族主义的作用可以视为彻底同化(不太好)和彻底异化(更糟糕)之间的缓冲地带(或者可以看作调停者的角色),亦或是在多元文化主义、全球一体化和最终无异化之间引领至最终目的的革命性行为,中国移民已经在全球人类社会或是中国大离散社区("大中华"社区)的异化中获取了相对自由——这与 Bunyan(1965)的《天路历程》中所描述的"天国"有异曲同工之处。从结构性上讲,跨国/地区实践是系统性紧张的特殊反应,这种紧张来自在西方占主导地位的多元文化价值观和薄弱的客观机制限制,跨国/地区实践能让移民在一体化和文化移入的进程中适应——正如 Merton 的社会压力理论中所展示的那样。从另一角度而言,这样的压力多来自迁入国政府,试图调和西方和东方道德思想上的差异,化解宗教文化多元化里对立的社会力量、习以为常的个人主义,以及日益增加的道德缺失。这些现象都越来越普遍,让人联想到由世俗化和再神圣化的双重运动造就的(后)现代的窘境,然而,通过我们对去异化进程的反思,从个体去异化角度出发,再神圣化是必经之路。

这就把我们带回到我们之前研究的问题上,即移民跨国/地区主义伴随着种种调整行为、文化遗产以及适应性、创造性行为模式——甚至一个新的(有可能是乌托邦式的)现实,就如同 Merton 的社会压力理论所阐释的,是对有社会价值的目标和合法实现这目标的方式间的不一致性而产生的反应,以及对多元文化主义和同化的竞争目标和达成这些目标所需要的(假)机遇而产生的反应。该命题将在后续进行呈现。

面对目标—方法间的分裂现象,有可能会出现 5 种反应。仅就中国移民的反应而言,我们在概念上并列总结出 5 种不同的行为模式和情绪表现形式,表示这些反应间并没有一个清晰的界限,而在概念上广泛相交。Weber 认为这是一个理想的样式,可以用作分析模型,从而理解这个世界。事实上,理想的样式从来不是以各种样式存在的,而是以各种特性。但是这些假设对我们是有帮助的,它帮助我们理解现实生活,把现实生活与理想样式相对比,将理想样式作为一个标准的参照物。但是,对于 Weber 而言,一个理想样式是价值中立概念,是一个纯粹的形式或者是对于一个特定现象的抽象形式,因此也适用于对现代官僚机构和没有先验个人判断的资本主义市场的研究中。Merton 受到了 Durkheim 和 Weber 思想的启发,对社会压力下产生的偏差行为进行了分类。在所有纯粹的偏差行为下,最核心的特质已被标注出来,作者希望能够探究出这些特质形成的真正原因。为了这个目的,Weber 格外关注不同的行为理想模式之间的差异。比如，Weber 对权利进行讨论，着眼于权威的理想样式间的差异——即传统的权威、魅力型权威和法理型权威（Giddens，2006：845）。根据标准来说，偏差行为有两个非常重要的社会功能。第一是适应性功能，给社会带来了新的思考方式，给决策人和老百姓带来了挑战；因此它成为一股创新力量，或是应变政策。第二，它有利于设置一个可接受行为的标准，该标准根据社会的不同时刻在改变（Giddens，2006：797）。

4.4　5种主要行为模式以及情感表现模式

4.4.1　移民顺从者

这些人支持多元文化主义，引申开来，他们同样支持同化，接受实现同化的体制化手段，全然不顾这有可能进入一个（后）现代的"风险社会"（Beck，1992）。广泛来说，绝大多数世界上的移民都可以归为这一类。他们拥有全球化的展望，正如我们（Chan & Tong，1999；Tong & Chan，2001）以前描绘的，因为具备跨国/地区性质，他们的身份和生活方式相对多样、流动、离散，缺乏身份的一致性——是一种"拥有一张脸，却有很多面具"的状态。对于这些人而言，遵从或者是墨守成规同样意味着不关心，甚至在一些极端事例中意味着冷漠，"漠不关心"的态度，这是一种矛盾，甚至是结构性的异化。主流社会由偏执自欺，身边围绕着自利的军事寡头和资本家的总统或首相掌控，或者是一位有调停能力或规避风险的领导人，人们对这种方式存在不满、不赞同或是疑惑。风险社会在"全球变暖"、"文明冲突"的概念下又增加了更多风险，许多国家至少在公共场合对这些情况并未表示严肃态度，因为文化（意识形态政治和企业）是与自然水火不容。根据 Huntington（1996）的研究成果，如果继续对我们现在的文明持容忍的态度，那么历史的文明终将会与其发生碰撞。目前，更为刻不容缓的是，这些文明都成为（或即将成为）濒危文化种类——伊斯兰文化、中国儒学、基督教文化、天主教文化、佛教文化、罗马帝国以及印加帝国（最后这两种文化留下了众多遗产，但已经消失）——就是在汹涌的全球化以及全球主义激流中消失。

正如移民顺从者所做的，过于从众就是极度地漠不关心，在社会中这就等于行为异常。然而这是处理现代化问题的众多社会心理策略（其他还有宗教、哲学、运气等等）之一，因此，Durkheim 在其失范研究中表明（Giddens，2006：797），适应性功能不仅仅适用于移民,对社会也是有效的。在较为普遍的例子中,尽管没有那么典型,移民顺从者仍代表了一种新型中产阶级道德规范,他们的核心价值观包括对家庭、事业、规范的承诺、对公司的忠诚、爱国主义、对多样性包容并且维护生命/反对堕胎。他们坚信道德力量,却不愿被当作卫道士。他们非常矛盾,是老式的保守主义和思想开放、温和的新自由主义的结合体。

我们采访过的许多回迁移民在适应工作和社会上的压力时,都会寻求一些适应性行为策略,比如作出妥协,保持沉默,压抑自己的情绪、意见和观点,保持宽容以及学会内化中国文化,并调整自己的行为来适应当地文化:

> 在与当地人会面时,我告诉自己这时候应该保持沉默,因为只有老板才有发言权。在中国,地位较低的人没有发言的机会。全程我会让老板讲,只有老板要我发表意见的时候我才说话。但与外国老板在一起的时候,我便不用等老板首先发言。在这种情况下,我能够提出自己的意见。外国老板很愿意听到下属的意见。在与没有海外生活经验的亲戚聊天时,我发现很难让他们完全理解。在这种情况下,我就会注意让自己的行为更符合中国的习惯。我会尽量避免表达自己的不同意见,并让他们来进行总结。毕竟这个世界上并没有绝对的对错,很多事情都有灰色地带。你觉得这样或那样都没关系,按你自己的喜好就行。(男,42岁,已婚,银行助理副总裁,在1987年和1995年2次从美国回到中国香港)

> 我会仔细审视情形。比如说,很多次我想表达自己的意见,却考虑到中国老板希望自己的下属尽量少说话。这样的事情常常发生。我已经认识到了有礼貌的重要性。我入乡随俗。当周围有很多中国人时,我会选择随大流,用另一种方法来表达内心所想。我从未想要在会议中抢老板的风头。不要挑战老板是我坚持的工作信条。但是,如果我有一个能让工作做得更好的主意,我会用一种委婉的方式提出来。(女,35岁,单身,高级平面设计师)

许多回迁的移民似乎都已被中国香港当地负面文化所同化:他们很少发声,格外重视办公室政治以及服从的重要性,他们深谙"擦鞋"[①]的智慧,尽量避免在中国工作环境中受罚,在这里每个人都有自己的位置,你必须学会什么时候能说话,什么时候闭

---

① 广东话中擦鞋指拍马屁。——译者注

嘴。对很多回迁移民来说这并不是一件幸事,因为他们必须摒弃他们在西方国家所学的东西,包括思想的独立性、坦率、坦诚以及真诚。同化对于个人来说是一件好事,但是长期而言,对机构或者社会并不是一件好事,因为回迁移民的创造性和创新精神会很快被磨灭。他们会成为顺从者,常常会去猜测他们老板的想法。同化对于机构或者社会来说都是要付出代价的。

4.4.2 移民革新者

这些移民始终支持多元文化主义以及多元化主义,通过模棱两可以及非常规的手段来为社会做一些改变,宣传跨国/地区主义和世界主义,他们寻求去制度化的方法或者替代法以及可实施的策略来与制度对抗。从社会而非政治法律角度而言,他们用跨国/地区主义来促进世界主义,以此来替代(后)现代性,在全球公民范围提出"社会公民身份"概念(仍然是以国家为基础但是并没有受到国家主义和本质主义的影响)。他们是社会革新者,热衷传播新的思想,并非抵制者或者诋毁者。他们传播跨国/地区主义,享受世界主义带来的自由。他们对种族关系和性的态度更加开明,这加固了工业社会中已有的中产阶级风俗,让社会风气和文化氛围更加包容、有想象力,也更加自由、创新。这类创造性的移民例子包括"移民宇航员"(我们称他们为"世界宇航员",如果他们认同世界主义)、"卫星家庭"、"降落伞孩子"、第"1.5代"或者愿意自我放逐的,一生过着流浪且隐秘的生活的。然而,世界也在向着适应虚拟世界的新环境、适应新的社会现实的方向转变着。遇到这类奇异转折的事情(或是思想)时,这样创新性的回应应该为东道主国家和避难者寻求的国家承担税收责任和民事责任。比如,让拥有多国籍的人避税,或者逃避民事责任如逃兵役(通常通过移民到另一个国家)。讽刺的是,逃兵役的人和军事野心家本身都是具有创新意识的人,过着自由自在的生活。而且这些四海为家的旅居者常常被公开驱逐(并/或者受到法律的制裁),他们被认为是不忠的公民,或是钻了社会福利的空子,而且经常作为"叛徒"被谴责或者扣留。比如在第二次世界大战时期,以及后来的冷战时期甚至今日都会遭到监视。

一位受访者骄傲地讲述了他的创新精神:

> 我做过最了不起的事情就是我接受改变,包括自我主动的改变,我很自豪能意识到这一点。迄今为止这是我生活中最明显的一项特质。我会主动并且不惧怕直面改变。(男,40多岁,已婚,保险公司经理)

回迁的结果之一就是回迁后这些回迁移民身上慢慢展现出混杂性的两面性。优点是他们身上的创造性和创新精神，因为在做同一件事时，本地人和回迁移民可能会有不同的解决方法。后者对事物的虚假性有充分的理解，知道可以揭穿，解析和重造这些事物。这种见解是他们的天赋，是他们的创造力，更是他们快乐的来源。而混杂性的缺点，甚至可以说是黑暗面，则在于不论是局内人（当地人）还是局外人（侨民）都不信任这种文化混杂性，因此迫使回迁移民中的一些人隐藏自己的混杂性，通过扮演另一个自己来获得认可，这常常让回迁移民在情感层面付出相当大的代价（Chan，本书第 2 章）。

4.4.3 固守仪式的移民

这个群体常对多元文化主义给予口头上的承诺，从而建立他们眼中被接受的新文化资本，但是在内心深处，他们已经渐渐遗忘这样做的初衷。他们害怕冒险，做任何事都力求稳妥。即使在某种程度上，根据 Tonnies［1996(1887)］和 Weber［1998(1905)］所支持的理论来看，他们的移民和跨国/地区行为就是挑战了既定的社会设想，即"渴望群体和联盟"。因为缺乏更为宽阔的眼界和良好的启蒙教育，他们对于多元文化主义的反应是被迫的、下意识的。固守仪式的移民代表了一种典型：这些人只是不停地到处跑，不知道自己要去哪里，也不知道自己的终点在哪里；他们是顺从的受害者也是自我疏离的同谋——如无人的土地上"游荡的人"、"流浪者"、"陌生人"和"局外人"，就如同 Schuetz 在文学作品中戏剧化描写的悲剧角色一样，描述了现代人的异化（Chan，2003a，b；Rapport & Dawson，1998；Pappenheim，1959）。尽管，遵从是人类的基本天性，这与亚里士多德"人是一种社会动物"的古老格言不谋而合，但过于遵从或者仪式主义都常常与仪式化的行为或者全然漠视联系在一起，与异化相似。

受访者中有一位中年女性，在香港一家人才中介公司做高层主管。她在一个单亲家庭中长大，1987 年移民至美国的时候内心很激动。之后在美国大学求学。毕业后首先找了份秘书工作。她努力适应当地文化，希望能够融入美国社会。为了达到这个目的，她做的一个努力就是避免与中国人接触。在她移民到美国之前，她对自己的身份认同非常矛盾。她从不认为自己是个纯正的香港人，因为她的妈妈总是提醒她，她的祖籍是上海，并不是香港，也不是广东省的某个城市。她的自我身份认同因为她在香港的法定身份而变得复杂化。如同其他许多香港人一样，她是香港大部分人口中"出生在香港的英国人"中的一员（即持有英国公民海外护照）。后来她移民去了美国，成了一名美国公民,她坦言,目前仍无法让自己相信,自己已经 100% 融入了美国社会。她不自然的行为和中国人的外形成了她最大的恐惧,她叙述了她如何在中国香港和美国之间仪式性地来回穿梭,来谋求一份职业和内心的平静:

> 1998 年,中国香港的经济低迷,因此我失去了工作。接着在之后 6 个月左右的时间里,我一直在寻找其他的工作。我并不想做秘书工作;那段时间我很迷茫,失去了方向,根本无法进行思考,于是我返回了美国……我不能简单地收拾好行李就走……但是我又没办法静下心仔细思考……我内心挣扎了很长一段时间,最后还是在 1999 年回到了美国。我在美国工作了一年,但是我的心依然在香港。所以我在 2000 年又回到了香港,因为我真心认为我在香港能有更好的机会。

对于另一名回迁移民 Jane 来说,移民身份既苦涩又甜蜜。她 15 岁移民去美国读高中,通过培训后现在是一名专业工程师,之前在美国工作,后来回到了中国香港。在美国时,她从小在民主、自由以及多元文化的社会氛围中长大,并喜欢上了这种氛围。工作环境的种族关系非常融洽。但是在上学时种族关系就没有那么和平。如今,Jane 依然认为自己是一个香港人,但是她也承认,移民去美国对自己最大的一个好处就是对中国文化有了更深刻的了解。她说她以自己是香港人为傲,她认为与新加坡华人或者内地人不同,香港人更加具有世界性、更加中立冷静,同时也更加脚踏实地。虽然香港的教育系统还是有待提高,因此她和父母移民去了美国,但是在她心里香港仍然是自己的故乡。这是她第二次回香港,之前的一次她只在香港待了一年,再次移民到美国证明是个错误,她叙述了自己在美国和中国香港这种四处奔波的生活中喜忧参半的感受:

> 比如从几个角度来讨论,从我的专业角度来说,我的确有很多机会来发展我的事业,因为我在学历上占有优势。从个人的、文化的角度就很难说了,我只能说还过得去。说到职业,严格来说我还未工作过。因此我只能讲讲我朋友们的经历。作为一名学工程的女性,我非常不占优势。不论你是一名中国人还是美国人,女性总是相对处于劣势。但是作为一个亚洲人,我发现种族差异并不是很大。不论在什么情况下,我的朋友总是比其他人工作得更加努力,不仅因为她是女性,更因为她是亚洲人。简而言之,工程学是一门以男性为主导的职业……我很高兴

我那时候离开了美国。我等待这一刻已久。我非常不适合在美国生活。事实上，为了适应美国生活我做了很多调整，但是在与朋友、亲人相处的时候我仍然感觉很不自在。在那里交朋友对我来说太难了。在最初的两年里，我居住在佛罗里达。接下来四年我住在纽约，两年后我去了加利福尼亚。在佛罗里达的时候我交了几个朋友。当我渐渐与他们交往亲密起来的时候，我搬去了纽约。我在纽约又交了几位好友，但不久我又搬去了加利福尼亚。我每搬一次家，一切又要重新开始。但是香港不同。

另外两位受访者也表达了相似的意见：

我感觉自己很矛盾。如果你问我是英国人还是中国人，当然我觉得我更像一个英国人。但是当我回到中国香港，我不觉得自己是白种人。在英国，我觉得我是黄种人。有时候我在街头散步，人们还是会把我当作外国人。在这里，在街上，我同样是一个香港人；这是不同的，有很大差异。所以，这会导致怎样的结果呢？就如同我所说的，在英国，人们常常鼓励我要更独立地进行思考；当我在完成某件事情时，我不会四处寻求意见。英国人都是这样做的。但是香港人却不同；哪怕他们选择某所学校时都要四处打听大家的意见。英国人是不会这么做的。我也不会这么做。（男性，40多岁，已婚，金融行业区域经理）

我问自己"我希望继续留在加拿大吗？"，如果我继续留在加拿大，我始终会感到很不安。在加拿大生活，交流对我来说不成问题，但是从文化层面来说，生活有些不同。我接触过一些中国香港移民、台湾移民以及加拿大本土居民。但是我很少去唐人街吃饭。我会像加拿大本土居民一样去看冰球比赛。在加拿大作为一名记者，我必须了解社会动态才能更好地生存。即使是这样，在一天结束之际，我仍会觉得加拿大并不是我的地盘；在某一刻我会觉得是时候放弃了。（男性，35岁，单身，大学兼职翻译）

4.4.4　移民退缩者

这类移民已经彻底放弃了多元文化主义理想，否认其价值，放弃利用制度途径来达到这一目的。这个思想尤为一些中国移民所接受，这群人大多生活优渥，属于精英阶层，具有非常高的流动性，渐渐形成了世界主义的价值观，在无国界、已浑然一体的世界经济中,他们不再像定义家庭、亲属、血缘那样把自己定义为某个国家(或是某个城市)的居民,除非哪里有机遇出现。而且,对于很多移民退缩者来说,多元文化主义仅仅将人们划分成了不同的文化群体。他们意识到在目前的国际化形势下,全球新自由主义日益盛行,多元文化主义在向多元全球主义演变——而不仅仅是向不同民族文化区域方向演变。他们决心走向全球,并且感受到他们已经有了必要的资源去实现它。但是尽管他们周围以国家为基础的体系正在资本化、全球化,他们仍能日益从主流社会中逃避出来,这样的做法与马克思在 200 年前描述的中产阶级非常相似——这一偶然角色在社会变化中渐渐成了一个有潜力、有改革能力的、具有先锋精神的团体。而后退或是前进的决定都随政治权利下财富的变化而改变。他们自称为"全球公民",这就预先决定了他们的生活会变得更加去政治化,超越国家层面——即他们的"超自我"社会意识。不可避免的是,在任何区域的权力斗争中,主流的和边缘的群体都会排斥他们。最终,他们可能会经历流放的生活。同时,他们又倾向于和世界其他地方相应的人群等同起来,他们从自己的国家或是民族中异化出来(由此也被自己的国家或民族异化),意味着他们认为自己只是"世界公民"(希腊犬儒学者 Diogenes 的格言,Nussbaum,1996:6-7 引用),他们对国家公民身份没有任何平常的义务,对自己的民族、国家、宗教信仰也没有忠诚度——他们对生活中的磨难始终保持完全冷静的态度(Lasch,1995;Beck,1998)。

移民退缩者是建设世界性乌托邦的首选,根据古希腊人反复思考得出的定义,世界性乌托邦就是"没有文化的多元文化主义",或是文化不认同(Plüss 第 6 章和第 12 章)。这个群体离开主流生活,退缩至一个超自然的、完全不同的"第三类型"中,这个概念在文学作品中有多种说法,比如"第三种空间/第三种文化/第三种场景/第三条路/阈值状态/间隙空间"。Struart Hall(1994:402)这样表达该概念"我经历的两难窘境,一方面我试图处于这样的场景,一方面又拒绝承认这是一个可知的地方"。换言之,移民退缩者陷入了一个存在主义问题中,因为他们继续坚持以多种方式来解读他们所在的世界,但是看起来世界并没有什么变化,并没有让移民者的生活变得更加美好。这个并不令人满意的场景既是疏远的,又是可分割的——是一个没有"可知地方"的窘境。根据 Merton 的观点,移民退缩者是"在这个社会中的,但不属于这个社会"。也就是说,这些移民没有过被周围人紧紧围绕着的经历,而且总是在自我疏离。这是后现代主义最出类拔萃的形而上学,是一种社会—宗教虚无主义。这些移民相信不同社会生活的世界具有"文化相对性",是相对的、自我参照的且互相拓展的(Bhabha,

1994：9，218；Hall，1994：402；Chan，2003a，b；Ang，2003a，b；Ong & Nonini，1997)。根据黑格尔对形而上学的研究，上述观点是正确的。黑格尔认为形而上学是"每个人都是有意识的，但是没有自我意识，因为这要求一个（相似的）他者"，或者说，"如果意识到个人是一个单位，意味着要分辨出自己以及将自己和他人区分开来的决定性的特质"，再或者是，"意识到自己是什么，也就意味着意识到自己不是什么"（Hegel，1967，Cronin，1999：38 引用；Hegel，1977，Cronin，1999：110 引用)。在黑格尔(1977)的观念中，移民退缩者甚至定义了社会异化的存在，社会退缩者在后现代的时代中，否定旧的生活世界，但是现在却乐于在诋毁者所说的"社会虚无主义"中异化。移民退缩者在未来的社会中能占有一席之地吗？

　　再回到我们的受访者，忽略他们的性别、年龄和职业，他们把家庭主义和参与宗教活动作为另一个主要的应对策略，来寻求社会关系和支持。他们倾向于被和他们相似的人吸引，渴望为互相援助和互惠的社会情感支持重新建立一片领地或是一个群体。他们更愿意与外国人，或是那些在香港之外生活工作过的人相融合：

> 在我回来的第一年，我的生活环境、娱乐活动和社交圈都严格遵循香港人的方式。我发觉去唱卡拉OK、去香港酒吧打发时间、与当地人聊天都非常有趣、令人激动。过了一段时间，我意识到我无法真正和别人交朋友。要形成亲密关系有许多阻碍。一般情况下别人会考虑留在香港，或是三四年后就离开。而我决定留在这里。自从我交了很多外国朋友后，我的社交圈愈来愈西方化。我现在的朋友都是外国人、像我这样的回迁移民，或者是在年幼时离开香港去海外求学，然后回到这里工作的人。尽管我们没有完全相同的生活背景，我们却有着相似的海外生活经历。这些朋友与当地人的思想观念有很大差异。(女性，35岁，单身，高级平面设计师)

与许多其他的人一样，在一家猎头公司的一位同事甚至说，在她遇到困难时她会找她加拿大华人同事和朋友给予情感上的支持——这是跨国/地区主义的一种形式，不仅具有工具性功能，同时具有表达性功能：

> 我会定期与我前加拿大同事们通过电话或者邮件保持联系；每年或者隔年我会去看他们。我与那些中国香港移民相处的时间最久。我与我的香港朋友和加

拿大朋友的交往方式完全不同。我直到来到这里工作才与香港的朋友渐渐熟络起来,而我与加拿大的朋友们却不存在任何竞争关系。我和他们的友谊更加纯粹。当我遇到任何困难,我会马上想到联系我的加拿大朋友们;我不会主动想到麻烦我的香港朋友们;在这里我并没有特别亲近的人。毕竟我们没有相同的感受。

"很难适应文化"的回迁移民也许会漂泊得更远,甚至再一次搬去国外——形成了"循环性移民"的情况。身体的、情感的和智力上的流动性已经在移民中存在。现在,回迁移民成了自己家乡的陌生人,或者更糟糕,他也成了自己的陌生人,常常遭受着自我疏远的打击。

在实现多元文化的过程中,必定会为情感适应而付出代价。如果我是个完完全全的香港人,我的日子会好过很多。如果我能够接受我的同事的价值观,我可能会感到自在很多,他们的做法很像《金枝欲孽》(2006年红遍香港的一部电视剧)里的人物的做法。正因为我无法接受我同事们的价值观,我需要与之相抗衡。我需要习惯这种挑战。有些人会走捷径,这样比较容易。对我来说,这需要我花更长的时间来实现目标。当我无法接受某些行为时,对我来说就是情感上的折磨,这会让我变得易怒……这种情况发生的时候我就会格外孤独,思念我在美国的亲人们。我希望我能和他们一起在美国。有时候我真的希望有更多的朋友能够和我有同样的观点。在这种情况下我把自己看作一个纽约人,因为大多数纽约人像我一样,移民在他国却没有一个清晰的身份。我们都已经边缘化了。

回迁移民们是"两头落空",他们都经历了社交圈中双重断裂和负面的交叉性,首先是在几年前离开香港的时候,然后是告别西方的时候;这样两次离家让他们在回迁后适应社会时压力重重。他们的生活线过去被切断了,同时未来又是未知的。

回迁移民们发现,他们在香港处于被异化的状态——不管是从客观上(结构层面)还是主观上(心理社会层面)都是如此;在群体中失去地位;产生一种"去群体"的感觉,很少或不再参与民间协会、专业/职业/行业组织或协会。因此,他们仅具有极少的文化和社会资本。自从离开香港以后,他们已经与老朋友们,小学、中学和大学的同学们鲜有联系,或者都已失去了联系;当地人都发生了变化,他们自己也变了,就是"你没办法两次踏入同一条河流"。他们的社会网络已经被撕裂。现在回到香港,回迁移民发现他们在社会上以及情感上都依赖仍在西方国家的人情网络。从积极的角度来看,这是跨国/地区主义的一个标志,他们是两条腿走路,一条腿在香港,而另一条腿还留在西方国家,这也是一种矛盾的存在。他们对之前海外生活的依赖阻碍了他们彻底融入香港社会中:

> 是的,我有时会觉得自己被边缘化了,觉得被社会孤立。有些时候,你很希望与一边建立关系,但是收效甚微;你希望与另一边联系,但是会觉得被异化。最后,你发现和两边的朋友都没办法交往了。之前我告诉你,我回到了加拿大;但是我没有在那待下来。最后我还是回到了中国香港。等我决定回加拿大时,我有种与别人失联的感觉。当我在加拿大的时候,我就在想我是否能重新与我的朋友们相处。我的失联之感就是来自我在香港的生活经历和那里的思想观念。异化很痛苦,也很难表述。
>
> 离开加拿大再回到香港就像是第二次移民。我不知道应该将自己称为"回迁移民"还是"二次移民"。当我将对香港目前或者四五年前的印象与我儿时的印象相比,我发现事情都发生了变化。比如,我与很多老朋友都失去了联系。我们之间有太多的差异!我已经离开香港有10年了。如果我与那些没有海外生活经验的人分享我这10年的海外生活经验,他们很难理解我。即使他们能够理解,他们也无法体会我的感觉。我们之间有一道鸿沟。而我的新朋友们,大多数没有移民国外或者长时间在别的地方居住的经历。他们中的很多人只是在国外学习短短几年;这样的经验与移民是不同的。真正的移民已经切断了在故乡的根。因此,我觉得在很多方面都很难进行交流。我感觉我到了一个新的地方。这种感觉很有趣,因为感知这个新的地方让我找寻回很多熟悉的回忆,而其他很多现实中的元素和过去的记忆已相差甚远。情况太模糊了。(女性,35岁左右,单身,会计)

移民同样也是情感产生剧变、重新建立的过程。从一种社会结构向另一种社会结构转变中,移民在最初阶段倍感痛苦,这痛苦常来源于失根之感,亦或是因为找不到归属感。与别人讲同一种语言、有相同的生活经历和文化背景,会给人带来一种兄弟般的情谊,让人倍感慰藉。纵观人类的历史,大多数移民都有过物以类聚、人以群分的体验,这预示着明确种族社会群体和团体的出现。在最初阶段的非

90 正式个人交流中,当个体分享他们的困境和痛苦时,他们开始意识到他们在新环境面对的问题也是他人所面对的,因为这都是社会构造导致的问题。当他们意识到个人的问题需要共同的行动,如互相帮助和互相关爱来解决时,制度化的机构和种族社群应运而生。

在许多的访问中,受访者都描述了可怕的场景。比如,1997年,一位香港移民为了躲避中国从英国统治下接手香港,和家人一起移民到加拿大。14年后,如今他35岁,又回到香港并在一所大学里任教。走之前,他觉得自己是一个香港人或者说是定居在香港的中国人。但是他立马解释:"中国"并不意味着中国大陆或是共产主义的中国,它意味着"华人"(中国人的子孙)。下文中他描述了他移民中的所见所想,对社会学家来说是难解的谜题:

> 总结我在西方的生活经历,我想我见识到了许多,就像是从镜子中窥视,对事物有了更多方位的理解,对我来说是一件好事。但让我感到不适的是在许多事情上我的状态是流动的,如同海绵般的心理状态,总是想退缩,感受不到自己到底属于哪里……对于那些像我一样游历了许多国家的人来说,社会异化是不可避免的。对我来说最担忧的事情就是我对一些日常生活规律的反应;我和许多中国朋友的行事风格大不相同。他们也许会抱怨:"见鬼!鬼仔(小鬼们)回加拿大去吧!"面对这样的咒骂,你能做什么呢?唯一的解决办法就是不要再与他们见面。以前在加拿大的时候,我因为种族而受到羞辱:"赶紧滚回中国!"我持的是加拿大护照,但是一些人会觉得中国人持加拿大护照很可笑。他们也许会问:"你是谁?"我自己也想知道我到底是谁;我也许会回答说我是一名中国香港人;我也有可能说我是一名加拿大人;但是最后,我最有可能说我是个人。

对于很多回迁移民来说,移民并不是一件寻常的事,但是对另一些人而言,移民胜过因为1997年香港主权回归而带来的诸多不确定性。但是一位回迁移民却因为另外的原因移民去美国。她的父母决定移民,这样她和她的兄弟姐妹就能够接受比在中国香港更好的教育。她到美国时只有12岁。现在她是香港一名成功的审计员。即使她在15年后回到了香港,她与美国的联系也没有彻底切断。她在美国还保有一份停薪留职的工作。她已经决定继续去探索世界,而香港是她长大的地方,值得她重新回归。获取新的兴奋点、寻求与众不同的东西是她的天性。她说,毕竟香港对她来说像是第

二个家:

> 我不认为自己(像是一个美国人),我能感受到距离感……放学后,我就自己管自己……文化是我们最大的不同。我的家庭属于较为传统的类型,我也是如此;我不属于那种思想开放的人,因此我没法真正融入美国社会。(在美国工作了三年之后)我突然决定换一个新的环境,做一些改变,做一些更刺激的事情、更与众不同的事情,因为在美国生活了十余年后我感到厌倦了。而且我认为中国香港就像是我的第二个家。我现在已经长大了,可以自己作主了,因此我回来了……但我的父母依然留在美国,所以最终美国还是我的家。

许多受访者的跨国/地区经历中有着我们再熟悉不过的故事。比如一位受访者表示:

> 我知道我的根并不在中国香港。我在英国长大,但我并不觉得我是一个英国人。我现在在香港工作了十余年,但是我也不觉得我是一个100%纯正的香港人。我对于自己有种陌生的感觉。我不知道自己到底属于哪里。所以如果你问我我是谁,我不知道该怎样回答你。

一位受访者是物流专员,他移民到澳大利亚6年时间,后来于2005年,在自己25岁时回到了中国香港。他对香港的工作环境作了以下评价,他说道:

> 我认为自己很有创造力,但是香港人并不欣赏这一点;他们太保守了。尽管我现在在一家美国公司就职,但是其公司文化还是中式的;依然是中国文化。中国人有一些坏习惯;他们认为,"多做多错,少做少错,不做不错"。如果我的老板认为我比他更聪明,他就会居高临下地和我说话;在晋升中故意忽略我。……我必须要低调,隐藏自我,保留自己的观点,事事都附和、随大流……我并不觉得很辛苦,但我感到很失望;我认为这个公司没有将来,我要离开这个公司,另寻出路。

4.4.5 移民叛逆者

这些持有不同意见的移民正决心展开一场浪漫的、华丽的反抗,这场反抗主要针对反文化的激进人士,反对各种派别的秩序和权威,同时拒绝为了维持聚居区心理,露骨的体系上的歧视和一种"和平共存"的思想(因此接受一切生活中的结果)而存在的多元文化主义。他们坚决否定制度化的途径,希望实施新社会政治和意识形态,就像跨国/地区主义或者后现代主义或者世界主义(有或者没有政治议程),亦或是乌托邦共产主义,或是其他救世主观念。但是他们的想法也并非没有名头的反抗,不是激烈的反应。不管在什么情况下,如果这是移民叛逆者想要的,用世界主义挑战任何全方位的定义,这是一个正在做的梦。现在,全球的大都市比以前更加具有世界性,因此特征也越来越不明显,彼此间越来越疏远,却更易交叉影响。然而,(后)现代大都市的无特征性非常适合移民叛逆者对于社会—政治改革的追求。断言(后)现代的前景马上要进入临界点未免有些夸张,但是将要改变的风暴已经在蓄势,不日将来临。

从这个角度而言,共产主义的东山再起将会创造出新的文明,以此来结束其他所有文明[因此"文明冲突"也将终结(Huntington,1996),也有可能是"历史的终结"]。但是,苏联的解体、德国的再统一都明确地显示了共产主义不管是作为一项社会理念还是政治理念都呈现出让人"缺乏信赖的景象"。但是这样的想法并不意味着共产主义在未来也难以实现,因为资本主义也时不时爆发经济动荡、环境灾害、两败俱伤的战争(伊拉克战争就是最近的例证),以及人们对于日渐拉大的贫富差异变得无动于衷。在这个并不让人乐观的情形下,全球范围内,目前的阶级斗争从未让"辩证唯物主义"发挥其最大的作用。

移民从旅居者到叛逆者这段艰苦旅途的最终目的地也是文化"混杂性"的一种,这也伴随着严重的社会和个人后果。两组母群都有可能出现合并或混杂(Chan,2003a,b,2012a,b;Ang,2003a,b)。通过跨国主义或其他全球性交流,种族之间的融合将会创造出带有混杂文化和精神的混杂人群,也会创造出一种能够解释为生物失常、带有社会烙印、被社会驱逐或是不可捉摸的身份,甚至是名流精英阶层,这取决于所研究社会的主流价值观。比如亚欧混血的后代,以及在越南战争中越南妇女与美国男人非婚生本土越南人。这与Ang(2003a,b)的结论相反,她写到混杂性无法产生一个"民族",这真是太可惜了。她可能表达的不仅是字面上的意思。

在殖民及后殖民社会中,在人们日常交流中,正如Bhabha(1986)所言,人们视混杂性为违法行为,这一行为挑战了殖民者的权威、价值观,以及等级低下的象征,如种族和民族身份,因此会形成自我授权和反抗的行为(Bhabha,1986;Young,1995)。混杂移民不可避免地生活在一个"临界生存环境"中（Bhabha，1994：218，Bromley，2000：7引用），并且都表露出"临界综合征"。Baker心理百科全书（Benner，1985：132-134）将"临界综合征"定义为一种性格特征，主要有4方面特征：（1）会有冲动性行为或是自残行为；（2）情绪易波动，非常不稳定，有极度抑郁或令人困惑的焦虑倾向；（3）身份认知出现干扰，表现在对自我形象、性别和工作问题的不确定性；（4）与亲近的人的关系总是很紧张、不稳定（Takenaka，1999；Tsuda，2002；Constable，1999；Gilroy，1993；Young，1995；Chan，2002，2003a，b；Park，1928）。至少相对富裕的一小部分中产阶级移民叛逆者（他们中的大部分人都是知识分子）都对他们的生存和生存问题有两方面的认识：他们既不是移民国家的局内人，也不是局外人，而是这两个角色的合体。在殖民和后殖民时期，他们是国家内部的敌人，也是外部的敌人，他们在全球范围内力求拯救处在崩溃边缘的道德。他们经常因为一些特殊原因生活在一种充满敌对、但富饶的环境中，比如政治、宗教、智力、文化、文学或艺术的因素，他们在保护某种文化遗产。他们在智力上互相影响，惯于抽象思维，很难预测，一方面很激进，另一方面又很有创新性。

一位受访者在18年前与家人一同移民到加拿大。他的家人之所以这样做是因为无法面对中国将从英国人手中接管香港。在他生活在加拿大的这12年中，他试图融入加拿大社会；他在电视上看冰球比赛，尽量不去唐人街，尽可能以加拿大人的方式来生活。尽管他很努力去做，但很快他便发现已经到达了自己容忍的极限，已经超出他的想象，超出了他能忍受的限度，最终他不得不承认加拿大并不是家乡。他回到香港来寻求另一条出路。他无法分辨回到香港是真正的回归了还是一次再移民。在香港他发现很多在他年幼时了解的东西已经发生了改变。这更像是回到了一个新的或重建的地方——这是很有趣的经历，因为在重建了的香港，当看到不断在眼前出现的新事物，一些过去的回忆会涌上心头。他认为一切不可思议；这是充满神秘的旅途，对他来说是各种文化朝拜。然而，他的一切都是为了改变：

我不知道多元文化主义到底是好是坏。加拿大鼓励人们保留自己的文化，但是我认为他们也宣扬团结一致……温哥华就是这样的城市。我很不喜欢这样的生活，因为如果你把自己隔离起来，拒绝与其他人相处，你就会觉得很累，非常无聊。如果你想与他人接触，他人又会将自己隐藏在舒适空间里。因此，我明白加拿大的多元文化主义有利有弊。我认为美国的文化政策更好，因为它迫使你与社会相融合。这样的话人人都有改变。你从我身上吸收一些新鲜事物,我也会从你身上学习。所以很难界定加拿大的多元文化主义是什么;也不会有人能作出界定。

另一位带有"重生的基督徒"形象的男性受访者承认他坚决支持理想主义;他的信仰是他毕生成就中他最珍视的东西。他在中国香港长大,后移民去澳大利亚并在那里生活了16年,之后回到香港。他在澳大利亚学习数学,用他的话来说"他像爱迪生一样有创新思想,也如一位希腊哲学家一般具有探索性思维"。但是他发现当许多人无法理解他时,他倍感受伤:

> 尽管我身上有些外国人的特性,但我一直认为我是一名中国人。我出生于马来西亚,在非常年幼的时候来到中国香港。后来去了西方,在过去的10年中学会了独立思考、去思考很多事情,我与这个世界的常态有些不同。所以我的生活变得很痛苦。在过去的10年中我成熟了许多。我并不希望赚很多钱,即使我知道如何能赚钱。我的目标不是为了赚很多钱,不是为了证明我的能力,我认为生活值得去拼搏,不管成功与否……在过去的10年生活经历中,西方生活中的苦难改变了我。

4.5 结论

在当地人眼里,返回香港的移民并不属于真正意义上的香港人,他们也常常这样看待自己,觉得自己"不真实"——可能是因为自我实现。回迁移民的自我认同感摇摆不定,感到自己不受欢迎,无法摆脱失根的感觉。他们在香港社会中属于"三明治"群体。有时候他们为主流社会所接纳,而有时候又被社会抛弃。他们陷入了进退两难的处境。用一个比喻来说,有时候他们拥有了两个世界里最好的事物,而其他时候他们似乎又成了各个世界的"替罪羊"。在失范的环境下,自我怀疑的情绪时时环绕着他们,这是后现代焦虑的警报,因为他们尝试在跨国/地区背景下转化资本却不能够定义转化率,即所要求的文化资本或合法能力的定义(Plüss & Chan,第1章)。当他们回想起在西方生活的美好回忆时,他们会设想生活的下一阶段有着开满玫瑰的花园——内心时刻充满挣扎、灵魂无处寻觅,甚至对生活中想要做的事情、究竟想成为怎样的人自欺欺人——但是,可能发生并不意味着将会发生。

另一方面，现代的回迁移民对于生活都具备世界主义的观念——古希腊对于成为一个自由的人的定义，是一个"游牧人"在无边无际的草原奔驰，就如同风一样自由。但是在现代世界就要一样承受这跨文化的过往的负担，现代社会与古希腊无垠的草原不同，是以国家为基础的，是由政府支配的，对主权高度敏感的，领土化的且领土不断重新分配的，就像目前发生在中东地区地缘政治一般。回到香港的移民的文化资本让他们能够更好地适应不同的环境，并知道如何选择性地使用当地文化实践来解决当地的问题。作为一个共同社会体，他们在严苛的社会选择实验中存活下来，沮丧地认识到当地的狭隘观念意味着回迁移民从国外学习的问题解决方法和他们不断重申的中国血统定会受到质疑。因此，他们常常寻求一个折中的解决方法来应对工作中的困难，从这个角度而言，人们可以发现，他们更具有创造力、适应性更强、恢复能力也更强——是香港精英的典型特质——即使这个程度的创造力还很难被他们的香港同事欣赏或者嘉奖。回迁移民在香港属于"格格不入"的一群人，而且也无法吸引香港政府的注意力，将他们考虑在社会发展的蓝图中。

重复移民势必已经扩大了回迁移民的文化眼界，增加了文化资本，包括他们对世界和当地的知识经验储备，他们想象力的提升，同时也增强了他们的认知能力。但是，这些不同形式且辛苦积累的文化资本很不幸地未能帮助他们适应香港的生活，即使香港是这些移民曾经居住过的地方。许多回迁移民发现，他们的创造力和才华并不被当地的公司或者香港政府看好，这迫使他们不停地跳槽。他们更愿意在雇用了很多和他们一样有海外生活背景员工的公司上班，在这种情况下他们就会形成固定的圈子，但会因此受到本地人的排斥。一些回迁移民身上具有社会混杂性，陷入讨厌的角色冲突的困境中，他们的角色面临着社会身份和个人身份的冲突，面临着自己的忠诚被西方移民国家和他们祖先生活的地方两边撕扯。许多移民对于跨文化的处境反应过度，经历了在适应外国环境过程中和调整文化冲击时遇到的最直接的困难。身负过去心理与文化负担以及眼前自我认知的重担，他们适应陌生环境的能力已经瓦解。他们常常感觉回到香港，这样一个兼并中西方文化的、通行两种语言的社会，他们的生活再次面临交叉路口。这是他们必须付出的情感代价。但是如果情况对他们来说过于困难，他们就会寻求一些方法——一些人开始隐藏（包括隐藏他们的创造性和创新性），通过自我孤立来躲避外界，将自己塑造为隐士或者另一个自己，即他们"避让"开来（见Chan，第2章）。

许多回迁移民都回到香港后又离开香港，这样往复数次。对于许多往返游历的移民来说,回到家乡既不是旅居的起点,也不是终点。大多数受访者坦言,经济需求是他们回来的关键性考虑,所以更准确地来说可以将他们定义为"经济移民"或者重生"回迁者"。所以香港移民为什么回迁呢?"吸引"他们回到香港的重要因素包括其繁荣的经济、较轻的赋税压力、松散的工会主义、自由主义以及工作机会(也许因为香港毗邻中国内地,而得到了中国内地意识形态和经济上的支持)。但是肯定不是因为香港的生活环境、社会保障或是文化氛围——这些都是"驱赶"他们的因素。而事实上——也不是香港的自然环境,如空气和噪声污染以及过于拥堵的交通,其自然环境是发达城市中最糟糕的之一。一旦香港丧失竞争优势,移民们就不会再回来。对于那些已经回来了的移民,他们会再一次选择离开。

我们总结出 5 种主要的行为模式以及情感表达模式,均可用 Merton 社会压力理论的社会失范构造来展现。包括:(1)移民顺从者,(2)移民革新者,(3)固守仪式的移民,(4)移民退缩者,以及(5)移民叛逆者。移民顺从者支持多元文化主义,接受实现多元文化主义的制度,而忽略成功的可能性。绝大多数香港移民都可划分入这个类别。他们对于生活持有全球化观念,他们的跨国/地区性使他们保持逍遥的离散的身份和生活方式,因为他们资本转化的努力部分成功了,但是他们缺乏一个连贯的自我认知。移民革新者继续支持多元文化主义和多元主义,同时通过模棱两可的态度和非传统的途径带来更多改变来促进跨文化主义和世界主义的形成,同时寻求去制度化的方法,或者利用替代性可操控的策略与制度"抗衡",在他处建立他们的资本。固守仪式的移民是过于顺从的一部分群体,他们盲目支持多元文化主义。多元文化主义的制度化规则遵循仪式、宗教。固守仪式的移民是那些坚持随意在世界各个角落穿梭的香港移民的缩影。相反,移民退缩者已经放弃了多元文化主义的理念,不仅反对其价值也反对实现这一理念所寻求的制度化途径。这个类别尤其适用于我们之前区分出的那些具有高度流动性和日益世界主义化的香港人——他们属于精英阶层,不再把自己的身份局限在某一固定国家或城市中。对国家的疏离意味着这些香港移民把自己看作"世界居民",他们之所以能够实现这样的想法是因为他们已经获取大量文化、社会以及经济资本(见 Plüss,第 6 章)。移民叛逆者的典型特征是他们的浪漫主义革命,反对主流文化,反对现状和一切权威,因为其有缺陷的目标和制度化的途径而拒绝多元文化主义。他们希望援用新的社会政治和意识形态方法,比如跨国/地区主义、后现代主义或者世界主义。可以推断这种社会变形是文化混杂性以及社会混杂性的产物,或是一种鲜明的社会抗议群体,作为对抗官僚主义压迫和全球化势力下社会不公的替代性适应性策略。

在香港发展得更好之前，这群人形成了一个庞大的集体，被称为"局外人"（这与"局内人"相对应，"局内人"通常指的是土生土长的本地人），在西方和香港他们的处境都限制了他们向上的流动性（见表4.1第1列），他们需要在应对、调整以及适应社会分裂和异化方面寻求策略（见第2、3列），在后现代处境下，移民异化是不断加深的文化危机和个人认同与文化碰撞下的必然结果（见第4列）。这些人通过与亲戚和其他熟人（像他们一样回到祖国的移民或外国人）的亲密关系来获取融合感，同时亲近他们真正的自我来重新获得文化认同感，这样做是为了在重新定义后的社会空间中得到一个新构思的较为灵活的居民身份（见第5列）。这是一个多变的去异化过程，通过与新兴的移民群体相联系而实现，移民群体在充满挫折和异化的社会中提供舒适和重视（见第6列）。与此同时，移民们期望一个世界主义的新纪元到来，这样的世界主义没有边界、无国界，是一个全新的世界——这个乌托邦能否实现在于人们对此持乐观还是悲观态度（见第7列）。如果在香港的回迁移民吸引他们的同类，形成他们自己的种族飞地，成为一名顺从者或是固守仪式者，丧失他的创造力，将自己隐藏起来，或是叛逆地面对现实。这是因为他们资本的负面交叉，不是因为他们想这样做，而是因为他们必须这样做——所有的一切都是为了照顾自己。如果这样的事情发生了，那么回迁移民和社会都将是输家。

如果情况是这样，人们很难把回迁移民看作中国人，顶多是半个中国人，甚至是一个假的中国人。他们从别国学习和获取的创造力会变成他们的累赘，甚至成为污点——负面的文化资本——最好赶紧清除掉。在事件、财富和身份认同的曲折中，回迁移民慢慢走向顺从，甚至过于顺从，成了固守仪式者。移民者离开香港去了西方国家，失去了自己的根，从西方国家回家时又一次失去了自己的根，他们在数年间承受着职业的和社交生活的失意的痛苦——这对彼此都造成了负面的影响。回迁移民具有交叉性和可改变性的人格。他们在慢慢变老，越来越不确定他们的"中国人本质"，越来越没有市场，越来越贫穷、孤单。熟悉的过去应该被忘记，但是眼下的日子除非他们努力尝试才能勉强支撑，未来对于他们来说又是未知的。移民的回迁更多的是一种表达对现状不满足的行为。

参考文献

Ang, I. (2003a). Together-in-difference: Beyond diaspora, into hybridity. *Asian Studies*

Review, 27(2),141-154.
Ang, I. (2003b). Representing social life in a conflictive global world: From diaspora to hybridity. *Hong Kong Journal of Sociology*, 4(1),1-12.
Appadurai, A. (1996). *Modernity at large: Cultural dimensions of globalization*. Minneapolis: University of Minnesota Press.
Beck, U. (1992). *The risk society: Toward a new modernity*. London: Sage.
Beck, U. (1998). The cosmopolitan manifesto. *New Statesman*, 127(4377),28-30.
Benner, D. G. (Ed.). (1985). *Baker encyclopedia of psychology*. Grand Rapids: Baker Book House Co.
Bhabha, H. K. (1986). Signs taken for wonders: Questions of ambivalence and authority under a tree outside Delhi, May 1817. In H. L. Gates Jr. (Ed.), *Race, writing and difference* (pp. 173-183). Chicago: University of Chicago Press.
Bhabha, H. K. (1994). *The location of culture*. London: Routledge.
Bourdieu, P. (1986). The forms of capital. In J. G. Richardson (Ed.), *Handbook of theory and research for the sociology of education* (pp. 241-258). New York: Greenwood Press.
Bromley, R. (2000). *Narratives for a new belonging: Diasporic cultural fictions*. Edinburgh: Edinburgh University Press Ltd.
Bunyan, J. (1965). In R. Sharrock (Ed.), *Pilgrim's progress*. Harmondsworth: Penguin.
Chan, K. B. (2002). Both sides, now: Culture contact, hybridization, and cosmopolitanism. In R. Cohen & S. Vertovec (Eds.), *Conceiving cosmopolitanism* (pp. 191-208). Oxford: Oxford University Press.
Chan, K. B. (2003a). Imaging/desiring cosmopolitanism. *Global Change, Peace & Security*, 15(2),139-155.
Chan, K. B. (2003b). Inner hybridity in the city: Toward a critique of multiculturalism. *Global Economic Review*, 32(2),91-105.
Chan, K. B. (Ed.) (2012a). *Hybrid Hong Kong*. London: Routledge.
Chan, K. B. (Ed.) (2012b). *Cultural Hybridity: Contradictions and Dilemmas*. London: Routledge.
Chan, K. B, & Tong, C. K. (1993). Rethinking assimilation and ethnicity: The Chinese in Thailand. *International Migration Review*, xxvii(1),140-168.
Chan, K. B, & Tong, C. K. (1999). The many faces of Chinese identity: The Singapore experience. *Ming Pao Monthly (Hong Kong)*,34(9),20-23(in Chinese).
Constable, N. (1999). At home but not at home: Filipina narratives of ambivalent returns. *Cultural Anthropology*, 14(2),203-228.
Cronin, B. (1999). *Community under anarchy*. New York: Columbia University Press.
Da Vanzo, J. S., & Morrison, P. A. (1981). Return and other sequences of migration in the United States. *Demography*, 18(1),85-101.
de Jong Gierveld, J., & Hagestad, G. O. (2006). Perspectives on the integration of older men and women. In J. de Jong Gierveld & G. O. Hagestad (Eds.), *Social integration in later life*. [Special issue]. *Research on Aging: A Bimonthly on Aging and the Life Course*, 28

(6),627-637.

Deutscher, I. (2005). *Preventing ethnic conflict: Successful cross-national strategies*. Lanham: Lexington Books.

DeVoretz, D. J., Ma, J., & Zhang, K. (2003). Triangular human capital flows: Some empirical evidence from Hong Kong. In J. G. Reitz (Ed.), *Host society and the reception of immigrants* (pp. 469-492). San Diego: Center for U. S. -Mexican Studies, University of California.

Durkheim, E. (1952). *Suicide: A study in sociology* (J. Spaulding & G. Simpson, Trans.). London: Routledge and Kegan Paul.

Fong, E., Cao, X., & Chen, W. (2007). *The transnational linkages of Chinese in Toronto*. Unpublished paper. Toronto, Canada: University of Toronto.

Giddens, A. (2006). *Sociology*. Oxford: Polity Press.

Gilroy, P. (1993). *The black Atlantic: Modernity and double consciousness*. Cambridge, MA: Harvard University Press.

Gmelch, G. (1980). Return migration. *Annual Review of Anthropology*, 9,135-159.

Hall, S. (1994). Cultural identity and diaspora. In P. Williams & L. Chrisman (Eds.), *Colonial discourse and post-colonial theory: A reader* (pp. 392-403). New York: Columbia University Press.

Hargrove, B. (1989). *The sociology of religion: Classical and contemporary approaches* (2nd ed.). Wheeling: Harlan Davidson, Inc.

Hayot, E. (2006). Immigrating fictions: Unfailing mediation in dictée and becoming Madame Mao. *Contemporary Literature*, 47(4),601-635.

Hegel, G. W. F. (1967). *Philosophy of right*. New York: Oxford University Press.

Hegel, G. W. F. (1977). *Phenomenology of spirit*. New York: Oxford University Press.

Huntington, S. P. (1996). *The clash of civilizations and the remaking of the world order*. New York: Simon and Schuster.

Iredale, R., Guo, F., & Rozario, S. (2002). Introduction. In *Return skilled and business migration and social transformation* (pp. 1-19). Wollongong: Centre for Asia Pacific Social Transformation Studies, University of Wollongong.

Lasch, C. (1995). *The revolt of the elites and the betrayal of democracy*. New York: W. W. Norton and Company.

Lee, C. C., Pang, Z., Chan, J. M., & So, C. Y. K. (2001). Through the eyes of U. S. media: Banging the democracy drum in Hong Kong. *The Journal of Communication*, 51(2), 345-365.

Levitt, P. (2003). Transnational migration: Taking stock and future directions. *Global Networks: A Journal of Transnational Affairs*, 1(3),195-216.

Ley, D., & Kobayashi, A. (2005). Back to Hong Kong: Return migration or transnational Sojourn? *Global Networks: A Journal of Transnational Affairs*, 5(2),111-127.

Merton, R. K. (1938). Social structure and anomie. *American Sociological Review*, 3(5), 672-682.

Merton, R. K. (1968). *Social theory and social structure*. New York: Free Press.

Nussbaum, M. C. (1996). *For love of country*. Boston: Beacon.

Ong, A., & Nonini, D. (Eds.). (1997). *Ungrounded empire: The cultural politics of modern Chinese transnationalism*. New York: Routledge.

Pappenheim, F. (1959). *The alienation of modern man: An interpretation based on Marx and Tonnies*. New York: Monthly Review Press.

Park, R. (1928). Human migration and the marginal man. *American Journal of Sociology, 33*(6), 881–892.

Rapport, N., & Dawson, A. (Eds.). (1998). *Migrants of identity: Perceptions of home in a world of movement*. Oxford/New York: Berg Publisher.

Salaff, J. W., Wong, S. L., & Greve, A. (2010). *Hong Kong movers and stayers: Narratives of family migration*. Urbana/Chicago: University of Illinois Press.

Sinn, E., & Wang, C. (2003). Moving continuum: Migration, remigration and the layering of identities. Unpublished paper. Hong Kong: Centre of Asian Studies, University of Hong Kong.

Sjaastad, L. A. (1962). The costs and returns of human migration. *Journal of Political Economy, 70*(5), 80–93.

Sussman, N. M. (2007). Identity shifts as a consequence of crossing cultures: Hong Kong Chinese migrants return home. In K. B. Chan, J. Walls, & D. Hayward (Eds.), *East-west identities: Globalization, localization and hybridization* (pp. 121–147). Leiden: Brill Academic Publishers.

Takenaka, A. (1999). Transnational community and its ethnic consequences: The return migration and the transformation of ethnicity of Japanese Peruvians. *The American Behavioral Scientist, 42*(9), 1459–1474.

Tong, C. K., & Chan, K. B. (2001). One face, many masks: The singularity and plurality of Chinese identity. *Diaspora, 10*(3), 361–389.

Tonnies, F. (1996) [1887]. *Community and society* (J. Samples, Trans.). New Brunswick: Transaction Publishers.

Tsuda, T. (2002). Acting Brazilian in Japan: Ethnic resistance among return migrants. *Ethnology, 39*(1), 55–71.

Weber, M. (1905). *The protestant ethic and the spirit of capitalism* (T. Parsons, Trans.) (1998), with a revised introduction by R. Collins. Los Angeles: Roxbury Publishers.

Wong, S. L., & Salaff, J. W. (1998). Network capital: Emigration from Hong Kong. *The British Journal of Sociology, 49*(3), 358–374.

Young, R. C. (1995). *Colonial desire: Hybridity in theory, culture and race*. London/New York: Routledge.

（张艺馨，胡婧译）

第5章
国家对于跨国移民身份形成的作用：
一次"独一无二的新加坡"经历？

Selina Lim[①]

[①] S. Lim
高级讲师，新加坡新跃大学教学中心
e-mail: selinalimsl@unisim.edu.sg

5.1 引言

本章着重探讨国家及其在跨国移民身份形成过程中起的作用。跨国移民研究发现，迄今为止国家的作用主要针对政策以及通过签证和国籍政策来控制国家边境。但是关于国家是否是移民决定中潜在的推动力的研究尚未达到同样的程度，本章将会尝试阐释该问题。

国家——通过其国家计划、政策、作为和不作为——不可避免地改变、调整、塑造、重塑个体的外在环境，使外部环境变得陌生，甚至产生异化。变化包括从国家衰亡导致的内战和政局动荡给个体生活带来极大的威胁；遥遥无期的经济危机；对激进分子的政治打压迫使他们中的一些人不得不流亡海外；或是实行多年的国家政策已经改变了社会，一些个体感觉不到归属感，因此自愿选择了移民。

我进一步研究国家对于跨国移民身份形成的作用是因为认识到"经济或劳动驱动型已经不足以描述移民"(Aleinikoff, 2002：270)。尤其近几年，学者在对跨国移民问题的跨学科研究中（Aleinikoff, 2002；Green, 2005；Hollifield, 2000；Lim, 2007；Waldinger & Fitzgerald, 2004；Zolberg, 1981）强烈呼吁"将国家因素考虑其中"(Skocpol, 1985)。

为了更有利地研究微观和宏观层面的交叉分析，尤其是国家对于跨国移民身份形成的作用，我打算从以下两点作为切入点：(1) Anthony Gidden 关于本体性安全 (ontological security) 的概念研究了宏观层面因素间交叉的影响（比如政治、社会和物质环境），以及个人身份或对自我感知 (Giddens, 1991) 的微观层面的交叉影响（比如人际关系，尤其是与重要人物的关系）；(2) Chan Kwok-bun 的工具性和表达性需求两分法（详见第 2 章）表明个体的移民决定可以归结于他/她在两种需求之间的权衡，分别是工具性需求（常常是务实的、经济的）以及表达性需求（或是情感需求）。我注意到当国家（通过其作为或是不作为的方式）对个体的外部环境造成不确定性时，个体日常习惯性的规律会被打乱,可以使得个体重新建立稳定的自我认同①(Giddens,1991；Mitzen,2006)。因此,个体对其获取"身份安全"(Mitzen,2006：342)②能力的认知和信仰,以及从工具性和表达性需求(Salaff 等,2010；Chan,本书第 2 章)的满足中获得自我满足的认知和信仰都会不可避免地受到影响。而且,根据个体对其自我认知中关联自我方面的强调程度,个体的工具性和表达性需求也会与其他重要人物相互关联。因此,个体的移民决定常常受到其周围重要的人,如配偶、孩子、搭档、亲戚等人的影响,这个决定也与这些人有紧密的关系。

本章中我将会着重关注宏观层面(如影响个体社会和物质环境经历的政治主动权因素)以及微观层面(如个体心理方面)这两个层面之间的交叉。我将会强调一些国家政策塑造和改变了个体社会和物质环境经历,研究出这些是如何与微观层面,即心理方面紧密相连,从而建立个体身份的。

5.2 移民还是留下来?

受外部环境中的不稳定性困扰,他/她也许会开始权衡留下、移民或是同时在两个地方生活通勤的花费和收益。最终他们决定移民他国,从熟悉的生活环境转变成完全陌生的环境,他们之所以这样做是因为他们相信陌生的社会比在熟悉的环境更有利于他们提升自我感知,更能够满足工具性的和表达性的需求(Mitzen,2006)。比如,个体看似盲目的信念和希冀,把希望寄托于陌生环境下的新生活,有可能来自个体认为目前的生活状况(也许涉及其他重要人物)和/或个人状况很难维持下去,因此,如果维持现状,他/她无法满足他/她的需求(工具性需求、表达性需求或者两者都无法满足)。此外,移居去一个崭新的、陌生的环境可能会更有吸引力,因为世界范围内信息交流更迅速,获取信息的方式更快捷,近些年技术的进步和全球化让不熟悉的环境也变得不那么陌生。因此,个体觉得有足够把握选择之前未知的生活环境,寻求与他们愿望和

---

① 自我基本有三个组成部分：(1)个体自我(individual self),这是个体独特的表现；(2)关联自我(relation self),与其他重要人物共同建立的成对关系；(3)集体自我(collective self),常常由个体所在的社会成员关系建立(Sedikides & Brewer,2002)。
② 本体性地保障个体"对他们是谁感到很安全,也就是对身份或自我感到安全"(Mitzen,2006：342),很大程度上因为他们相信现代制度的恒久性和稳定性(Giddens,1991)。

与自我认知更为符合的生活方式——这样的动机常常与"世界公民"意识或倾向密不可分(Chua,2004;Scholte,1996)。

　　需要强调的是,即使是移民,身体上与领土国家的分离也并非常常伴随着完全的感情或社会的分离和解脱。在新的环境中定居时,他/她会反射性地将自己在新的社会和物质环境的经历合并并融入之后不断形成的稳定自我认知中,这个自我认知被分为不同的程度,如个体自我、关联自我和集体自我(Sedikides & Brewer,2002)。此外,他/她继续选择性地回到之前居住国家的经历,意在弄明白之前形成其自尊和自我认知的事件,并创作一个持续的生平叙述,这对于保持一个人的自我认知以及维持关于自己的"持续进行的'故事'"至关重要(Giddens,1991:54)。

　　每年有超过4,000位新加坡人自愿离开新加坡定居澳大利亚、加拿大、英国和美国(Chia,2009)。但是,他们中的许多人并不符合严格意义上的经济移民,经济移民是因为经济上的生存或者物质生活这类工具性需求而离开祖国,比如薪资更高的工作和职业发展,所以他们会汇款回家来维持在新加坡的家庭成员的日常需求、生存需求以及幸福生活的需求(Chan,本书第2章)。然而那些离开新加坡的人这样做出于很多原因,一些拉力因素,如在国外大学进行硕士或本科学习,或被老板外派国外,或者在其他地方永久居住;亦或是一些推力因素,如为了孩子的成长寻找更合适的生长环境,或寻找更自由的政治环境,或是为了养老,或是一些自我实现的目标——大多数都可以归于Chan的表达性或第2类需求中。事实上,Greg Madison将后者迁居描述为"存在主义移民"(existential migration),在这种移民形式里,"自愿移民寻求更好的机会来实现自我,探索外国文化来评估自己的身份,最终努力克服世界中家和归属问题"(Madison,2007:238)。

5.3　本体性安全、工具性和表达性需求以及自我认同

　　Authony Giddens在《现代性和自我认同》一书中表示,自我是一个自我反思的过程,通过每天的日常工作、社会交往和我们恒久不变的社会、物质环境的规律性节奏进行重演。这样习惯性的日常生活带给我们本体性安全——"一种自我的安全性,即我是谁的主观感受,这促使人们行动起来,作出选择"(Mitzen,2006:344),本体性安全带来个体连续性和个体理性(Giddens,1991;Dupuis & Thorns,1998;Mitzen,

2006)。因此,个体的自我感知同时在微观的、个人的(或被称为个体自我)层面中构建并深陷其中,通过与其他人建立相互的、人际间的层面关系(尤其是重要他人,重要他人通过重要关系或关联自我帮助他们拥有稳定的自我感),或是从宏观层面出发,通过区分与特定社会身份(性别、族裔、社会阶层、年龄、移民地位)相关的更庞大社会群体来建构自我感知。特定社会群体可以归因于个体(或集体自我)(Sedikides & Brewer, 2002)和社会物质环境。事实上,在个体生活经历的交叉上,不管微观层面还是宏观层面,都同时塑造、再生、反映、肯定和再次肯定了自我。

同时,个体应当时时克服改变,并对改变做出反应。改变(尤其是外界环境的改变)的确时常发生,包括生活开销远高于收入,以及国家房屋政策的调整,这影响到个体在某社区购买房屋的决策;亦或是教育政策的改变,将会影响到个体子女入学选择;再或是突遇公司裁员,被其雇主解雇等等。

需要强调的是,外部环境的不确定性对于个体造成的焦虑和恐惧程度是不同的,因为个体在面对不确定性的适应程度时是有差异的,这源于他们对日常工作、与重要他人相互关系和外部生活环境稳定性的信任上的差异。因此,个体的经历都应视为一个固有的个人经历(Giddens, 1991; Mitzen, 2006; Yuval-Davis, 2006)。由于个体面对外部改变而产生的忍受度常常超出自己控制,因此个体对外部环境改变做出反应时常常伴随着焦虑。反之,个体面对改变的反应能力也会影响到他/她的自尊心、自我价值和自我认同。因此,个体身份都是由他们的生活经历构建起来的,并受到了生活经历的影响,不管是在微观层面还是在宏观层面都是如此。

当个体感受到外部事件威胁会打乱他们的日常,瓦解他们稳定的自我感知时,他们会自然而然地产生焦虑和恐惧心理,可能会开始重新检验、重新评估他们的两个主要需求——即工具性需求(或类型 1)和表达性需求(或类型 2)(Chan,本书第 2 章)——是否得到了满足。Chan 对于 Salaff 等的讨论表明移民必然会在工具性需求和表达性需求中做权衡。但是这种需求并不是一个零和游戏,因为一个人在满足工具性需求(反之表达性需求)的过程中势必会消耗满足表达性需求(反之工具性需求)的能力。当然也会出现两种需求都无法得到满足的情况,这引发个体继续寻找能满足两种需求的地方。因此,当一些潜在的移民找到理想的城市后,会自然而然地离开祖国,搬去新的国家并且不会感到良心不安。

当个体发觉两种需求严重失衡[如当他们成功满足工具性(或表达性)需求时,表达性(或工具性)需求得不到满足],或是当两种需求都得不到满足时,他们会有如下两种反应：(1) 得到激励去通过寻找一个新家，或是在其他地方寻找新的自我认同感来解决之前的失衡——这个决定是因为个体日益对灵活、多变的自我认同持更开放的态度 (Mitzen, 2006)；(2) 当无法满足需求时抑制内心焦虑，相反，他们坚持继续更严格坚持自己的习惯性的日常，因此他们也许能够重建并保持貌似熟悉的自我概念。换言之，个体也许会倾向于选择熟悉的日常，寻求稳定、第二佳的身份认同 (Mitzen, 2006)。

个体选择有所作为和不作为是为了达成维持其身份认同的目标。但是有趣的是，Mitzen (2006) 发现那些具有本体性安全的个体对于他们将要面对的外部环境的不确定性都抱有积极的期望。就其本身而言，他们更善于提早做好计划，并且会抢先制定可能的计划，这些计划与他们发展一致，且能够帮助他们维持其已选的身份认同。相反，不具有本体性安全的个体极易在短时间内消耗完他们的能量——只有通过满足即时需要，或者是严格遵循日常活动来确保熟悉、稳定的自我。同样的，这部分无本体性安全的人在面对不知如何应对的不确定性时，会失去勇气，表现出习得性无助及自暴自弃的现象。

具有讽刺意味的是，作出移民他国、离开熟悉的日常生活决定的移民常被视为是具有本体性安全的个体，他们坚信目前的变化是暂时的，相信随着在新的国家形成新的日常，外部环境将会恢复。这部分移民能够灵活处理环境中的变化，他们展示出更为灵活、多变的自我感知，因此，也具有更多变的身份认同。

5.4　新加坡案例：一次"独一无二的新加坡"经历？

新加坡移民展示了一个格外有趣的探究性研究，这项研究探索存在主义移民以及本体性安全、工具性和表达性需求、身份认同和家之间的关系。当我们探究他们移民的原因时，我们发现新加坡人大多出于非经济原因移民，多数移民越来越担忧某些国家政策会影响到他们对社会和物质环境的信任能力，这非常有趣。外部环境的改变不可避免地揭示了被迫的自我（在适应改变的过程中他们选择向外部环境屈服的自我）和他们渴望成为的独特的自我感知之间日益增长的不一致。

在我与一些定居在澳大利亚珀斯的新加坡移民的交谈中，很多人表示他们离开是因为他们无法忍受快节奏的生活、消费型生活方式以及新加坡提供的呆板的生活进程。在移民前，这些人在新加坡过着相对优渥的生活，享受丰厚的薪水，有的人甚至在跨国公司中担任高级管理人员的职位。这部分人对于其"工具性需求"较为满意——Chan(Chan,本书第2章)将工具性需求定义为"个体从工作、企业或投资中获取的经济、身体、物质需求,这些需求可以维持个体的日常生活,保证他/她的经济生存和幸福安康"。然而,他们放弃了稳定和安逸的经济环境,勇敢地迈向未知,移民去澳大利亚——这样的决定在规避风险的个体看来几近有勇无谋。

我采访过的许多年轻父母表示,他们决定移民首先考虑到了孩子未来的因素,这反映出家长眼中自我概念中的关联自我元素至关重要。在新加坡时,那些工作的母亲们因为工作与孩子疏离,缺乏交流,这让她们惋惜不已。对于这部分群体而言,他们无法满足Chan提到的"表达性需求"(或是"第2类需求"),这导致他们背负更多精神上的压力和"精神焦虑"。不仅如此,很多人指出,冷酷且激烈的竞争给家庭内部环境造成了很大压力,不管对于家长还是对于孩子都是如此。他们指责竞争激烈的学制剥夺了孩子们快乐的充满美好回忆的童年。他们对于工具性需求和情感性需求之间的断裂和不平衡触发了他们潜在的移民情绪,他们希望去别处寻求更好的生活来满足他们的表达性需求,同时,对"身体和精神上的满足"(Chan,本书第2章)的追求最终促使这些年轻父母移民海外,他们期待一种更好的生活,也许能以此来解决之前生活中的不平衡问题。

5.4.1 研究方法

2004年,我在三个多月中参访了40位新加坡移民,有已经移民到澳大利亚珀斯的和正在移民的,珀斯目前已经成了两万多新加坡人的新居所。为了让更多人愿意参与进来,我采取了滚雪球抽样的方法,邀请受访者介绍其他符合条件的人参与调查采访。这样的方法让我挖掘到了平时很难接触到的群体,因为他们在澳大利亚生活非常低调,如马来人移民和欧亚混血移民。同样,我格外注意依照新加坡的族裔划分和人口统计,受访者的样本能够密切符合新加坡现有的居住人口的情况(Stewart,1998)。

本研究的受访者的族裔划分大致反映了新加坡总体多种族的人口统计资料[①]。受访者包括25名华人、6名马来人、6名印度人和3名欧亚混血。其中3人为新加坡公民,他们有人在珀斯留学,有人在那里工作。在我进行访问时,其中10名受访者在

[①] 根据新加坡统计局显示,2009年6月新加坡居住人口族裔分布如下:74%为华人、13.4%为马来人、9.2%为印度人、3.4%为欧亚混血以及其他。

获取澳大利亚公民身份后放弃了新加坡公民身份,而15名持有澳大利亚永久居留权的受访者打算在获取澳大利亚公民身份后放弃他们的新加坡公民身份。剩下的12名持有澳大利亚永久居留权的受访者并不打算获取澳大利亚公民身份。大多数受访者都在珀斯经营小生意,其中4名跨国移民因工作时常在新加坡和珀斯之间穿梭。

新加坡对于想移民的普通市民并没有太苛刻的限制,而且许多受访者表示申请澳大利亚永久居留权的程序相对比较简单。同时,澳大利亚的移民政策也相对透明。一些受访者解释说,他们通过一般技术移民计分制度获得了澳大利亚永久居留权,这个制度会重点考察申请者是否符合澳大利亚国内需求的技术工种、年龄群以及受教育情况。此外申请者还要出具相应材料证明自己有经济能力负担移民去澳大利亚后的生活开支。当时商务签证的申请者只需证明他们有超过25万澳币的商业投资资金和经商经验,通过后可得到4年的签证。如果想续签,这些企业主移民必须证明他们生意的营业额在头4年中达到至少20万澳币。许多接受采访的投资移民都表示,他们会首先购买一个已有的连锁店,这样是让他们商业迅速发展起来最简单也是最快的方式。驱使移民申请澳大利亚永久居留权的拉动因素之一就是身份带来的福利,比如免费或者带有补贴的教育、法律和卫生服务、最终获得医疗和社会保险福利以及在新西兰生活、工作和学习的权利。

5.4.2 移民以及对本体性安全的追求

不论是在澳大利亚还是新加坡,在我对新加坡移民的访谈中,这些移民都表示自己移民最常见的一些理由是他们都非常担心新加坡教育体系竞争激烈,自己的孩子是否能很好地适应其中;由于一些特殊政策,他们无法购置公共住房,但是又没有经济实力购买私人住房,因此他们很难安置一个家;不管是家长还是孩子每天都生活在巨大的压力下;以及缺少家庭生活。有趣的是,尽管大部分原因都与Chan提到的第2类需求,即温和的、情绪上的需求相关,其中两个原因——教育和住房——都表明,国家政策是促使这些受访者移民的重要推动因素。国家政策和个人效能的交叉加重了受访者的焦虑情绪以及他们对"可能的生存风险的担忧"(Giddens,1991:53)。因此无法避免的是,个体创造中的期望的理想自我与国家介入他们私人领域后迫使他们成为的自我无法协调一致,这总是威胁着个体的自我感知。这就导致这些受访者自发地选择逃离他们认为正在恶化的环境,因为他们无法掌控导致情况恶化的国家政策,他们只有逃去一个他们认为他们能有安全感和归属感的地方(Mitzen,2006)。许多受访者表示,如果他们认为能够限制国家政策对他们个人生活的影响,他们不会选择移民。以下均直接摘自我研究中受访者的言论。

Beng Choo① 表示:

> 选择移民并不是一时兴起的决定,这是一个很艰难的抉择。当你万不得已的时候才会这样选择。

Jerry 50 多岁,是第一代欧亚混血移民,移民前他曾经是一家知名连锁酒店的高级主管,他的想法与 Beng Choo 一致。

> 我离开新加坡的时候失去了一切。这是我花费 17 年的心血打造的事业!我没有文凭;我做到当时这个职位纯粹是靠努力工作。我并不想搬去珀斯……(但是)我的祖国无法满足我的基本需求。
>
> 迫使我离开的主要因素是住房和教育。
>
> 住房么,是因为那时我与丈人丈母娘住一起。与在新加坡的其他人一样,我们夫妻二人无力承担一套住房。房子实在是太贵了!
>
> 我们不够格申请政府组屋(HDB flat)②,因为我们夫妻月总收入超过了 1,000 美元,这是申请组屋的最高限度。我们也无法购买住房和城市发展公司的中等入息公寓③,因为我妻子的名字登记在她父亲的房产本上——也就是我们现在住的这一套房子。租房并非一个好的选择——和其他人一样我期望有自己的房子。

在儿子升入小学后不久,Jerry 决定搬去澳大利亚珀斯。

> 我看到我的儿子在教育体制里受了 4 年苦。他必须要学习中文,仅仅因为我

---

① 请注意,为了保护受访者的身份,本文出现的所有姓名均为化名。
② HDB 是新加坡建屋发展局(Housing Development Board)的缩写,是一个政府机构,为 90% 以上的新加坡居民建造公共住房,提供住所。该机构于 1972 年成立,致力于让每个新加坡人都买得起房,买的到房,以此来保证他们都留在祖国。
③ HUDC 是住房和城市发展公司(Housing and Urban Development Corporation)的缩写。于 1974 年成立,为那些收入不符合购买政府组屋条件,但也无法承担商品房的人提供住房。

的中国姓氏。我是第一代纯种的亚欧混血！我的父亲是华人，母亲是欧洲人！我在学校学习马来语，根本没学过一个汉字。我是土生华人，我的母语是英语。

我的妻子是葡萄牙人，我们都不说中文。因此，我聘请了一名中文家教辅导我儿子学习中文。每当这位中文家教取消补课的时候，我儿子都会哭。我问我自己：我怎么能让孩子未来都靠着拐杖生活呢？我不能这样！因为如果有一天把他的拐杖拿走了，他就会跌倒！我的妻子也是一名老师，她曾经对教育制度抱有坚定的信念……她曾认为学习第二语言是必要的……直到她目睹我们的儿子学习起来有多痛苦。

我选择详细叙述Jerry的故事是因为他的经历在我采访的新加坡移民中是非常典型的。从他的叙述中我们明显发现，教育和住房的国家政策对他的移民决定起到了至关重要的作用。而且，随着国家不断蚕食他的个人空间，Jerry越发焦虑且满腹牢骚。在那时，对于外界因素给他施加的影响，以及无法满足表达性需求而带来的情感上的抑郁，他总感觉很无助，因为他将自我认同的关联自我看得很重要。此外，Jerry也感受到，他的愿望、信仰和目标与新加坡所给予他的之间有很大的断层，不相匹配，这些都塑造了社会期待，同时也看似被社会支撑着。即使Jerry生活较为优越，家庭的日常开销也不成问题，但是他无法给自己的家庭购买房子给他们一个家，他无法轻松承担房价，这让他越来越没有安全感、越发沮丧，对新加坡的生活也日益不满起来。他买不起属于自己的房子，这让他对自己是否是一个称职的父亲、合格的丈夫产生了怀疑——在那时自我认同的关联自我方面格外突出。Jerry认为政府购买公屋的限制条例对他来说带有歧视性，且非常不公平，因为根据条例他没有资格购买他能负担得起的公屋。通过Jerry的事例可以看出，商品房价格昂贵，他根本无力承担。因此Jerry感到自己购置房屋的权力被剥夺了——用他的话来说构建一个家的权力被剥夺了。他的工具性需求和表达性需求都得不到满足，这让他感到信心不足、无所适从，并开始质疑自我感知，质疑他是谁，导致了他的存在性焦虑。

新加坡的双语政策要求所有学龄儿童在校园生活的前12年必须学习英语和一门第二母语①，当Jerry看到自己的儿子苦学中文，目睹他因为这项政策而遭受心理创伤

---

① 按要求华人后代的孩子必须学习中文；那些马来人后代必须学习马来语，印度人的后代必须学习泰米尔语。新加坡教育体制中的"母语"是按照父亲的族裔来决定的。

的时候,他感受到了移民的推动力。如果新加坡人不需要参加国家考试,这项政策就不会造成太大影响,新加坡的学生要在规定的年纪参加国家考试——包括小学离校考试(PSLE)①、普通教育文凭(GCE)"普通"水准会考②以及普通教育文凭"高级"水准考试③。如果想考取当时唯一一所当地大学——新加坡国立大学(NUS),Jerry 的儿子必须以全 A 的成绩通过"高级"水准考试的所有科目,且通过第二外语的考试——就 Jerry 儿子的语文水平来看,Jerry 觉得这越来越不可能。Jerry 的前瞻意识让他意识到他目前在新加坡所取得的一切并不是他渴望得到的最终结果;相反,他现有的成就(有一份不错的事业,婚姻美满,还育有两子)也许能够让他在另一个国家获得他最终想要的生活(按照自己的意愿有属于自己的家,在良好自我感知下抚养两个孩子快乐成长)。因此,Jerry 对于彻底离开新加坡,移民去一个完全陌生的环境来寻求新的家庭生活并同时拥有一致的身份认同的决定并没有太多愧疚。

新加坡注重精英教育,这一理念根植在其国家理念中,因此,个人受教育程度是其未来职业成功的通行证,与生活成功同等重要。即使他们没有从事学术类工作的天资或者意愿,新加坡学龄儿童的课业压力也都非常大。加之如果想进入当地大学学习,就必须要通过第二语言考试,学生的压力就更大了。Jerry 担心他的孩子无法应对高强度的教育体制以及双语政策,与 Jerry 有相同感受的父母感到自己除了离开新加坡外别无选择,只有这样才能保证孩子的未来。

由于新加坡竞争激烈的教育体制而对孩子未来的担忧,在最近移民们的叙述中也很突出。

Nora 是一位有两个孩子的年轻的穆斯林妈妈,曾在新加坡一所小学任教,她说:

> 我的大女儿在学校属于中等学生,小学三年级的时候,成绩下降了,她的自尊心也在慢慢丧失。我开始焦虑起来:"她到六年级的时候会发生什么呢?"在澳大利亚,即使她学习不好,至少还有工作可做。

---

① 新加坡的学龄儿童在 12 岁参加这种考试。小学离校考试属于筛选体制,其总分决定了学生进入某些特定初中的资格。
② 新加坡学生在 16 岁参加普通教育文凭"普通"水准会考。这个考试决定了学生进入某些特定大专学校或大学预科的资格。
③ 这个可以看作是新加坡的大学入学考试,大多数新加坡人 18 岁参加这项考试。

Samy 是一位最近刚移民的新加坡籍印度人，他之前是一位资深媒体人，受到多种因素的驱使，他于 2004 年决定移民：即，新加坡越来越看重族裔，让他觉得已经压倒了原本的多元文化认同的观念；他的孩子失去了童年；而且 Samy 夫妇二人有"许多亲戚都在悉尼"。Samy 和他的家人一起移民去了澳大利亚，表达性需求得到了极大的满足，而这些需求在新加坡都很难得到满足。

许多受访者作出移民决定时都已为人父母，每天从事繁忙的管理工作，他们重新衡量自己在新加坡的快节奏生活，问自己，这是否是自己真正想要的生活。以 Carl 为例，他是一名亚欧混血，在证券行业工作：

> 回想在新加坡生活的日子，我妻子每天都要工作到晚上 11 点。我的儿子还小……只有六七岁。把他送去托班，5:30 到 6:00 下课。他还要在晚上 7 点去上中文辅导课。晚上 10 点到 11 点，他做完作业后上床睡觉。他没有玩耍的时间，也没有获得成长的时间。孩子身上背负很大的压力……我也时常不在家人身边。有时我要去海外完成项目。我问自己，这样的生活是我和家人所渴望的吗？

Alan 已经 70 多岁了，是一位亚欧混血，于 1981 年定居珀斯，对于移民澳大利亚的决定从没有过疑虑。当时他是亚太地区的销售经理，他说道：

> 我很多时间都浪费在俱乐部里……很少能见到我的孩子们。当我回到家的时候，他们都已经睡了。我开始问自己："这算什么生活？工作、工作、工作……追逐着万能的金钱。"就算不用去俱乐部社交，也是在购物。
>
> 搬到这里以后，我能陪伴着我的孩子成长。而在新加坡的时候，我都很难见到他们。

Carl 和 Alan 都强烈感觉到自己在新加坡的家庭生活是不完整的，因为工作关系，他们无法与孩子建立一段亲密的关系，而且他们的家庭都没有共同的回忆。因为自己繁忙的工作，Alan 越发觉得自己没有履行自己做父亲的责任，而且新加坡社会崇尚物质的文化剥夺了他和孩子们相处的宝贵时间。所以生活在新加坡时，即使 Carl 和 Alan 的工具性需求得到了满足，但与他们自我认同的关联自我相关的表达性需求未能得到满足。因此，在众多亲戚都已移民珀斯的情况下，Carl 和 Alan 也都决定迁居珀斯,选择一种与自己自我认同相符的生活方式。

对于 Benjamin 来说,他在 2000 年被裁员,而且因为岁数较大无法找到一个全职工作,在这种情况下他决定移民。他在接受采访时已经 49 岁,是一位搞录像技术的华人。他坦言,他想尽办法想找到一份长久的工作,但是都因为他年纪太大而遭拒。Benjamin 的双胞胎兄弟已经成功移民到布里斯班,他鼓励 Benjamin 申请澳大利亚的永久居留权,并愿意给他担保。对于 Benjamin 来说这无疑是一个转折点,他马上看到了一线希望。

> 我为了我的家庭和孩子的未来离开。如果不是佼佼者,根本无法生存下去。
> 我离开也是为了获得尊重。我在这里根本找不到工作!我需要找到一个地方,能让我找到工作(原文如此),活下去。所做的每件事都是为了生活下去。而问题是:我每天是怎么生存下去的呢?我们在新加坡很难生存下去。为什么人要工作得这么辛苦?

对于 Benjamin 而言,当他在新加坡丢了工作,无法支付房子的按揭贷款时,他也丧失了自尊心。反过来,这会让他对房屋拥有者这一身份认同产生怀疑,并会将外界世界的不安(经济萧条或是裁员)带入家庭的私生活和安定之中。Benjamin 因年龄而无法找到工作不仅加重了他的压力,也挫伤了他的自信心。在一个以职业来判定个人身份的国家中,裁员让 Benjamin 丧失了自我感知,让他体会到了存在性焦虑。除此之外,Benjamin 也为孩子们的未来担忧,因为他们并不喜欢学术——这也是其他移民考量的一个方面。对于 Benjamin 来说,既无法满足工具性需求,也无法满足表达性需求,这促使他作出移民的决定。

5.4.3 紧密相连的纽带

搬去另一个国家,这种改变生活的决定仍需要付出沉重代价:这会颠覆一个人原本舒适、安全的生活,撼动一个人原有的身份基础,挫伤其自尊心。Anne 谈道:

> 搬到这里不是一件易事……搬来这里的第二个月,我站在厨房做家务,突然泪流满面。"是不是从此我的生活就是这样?"我感受到一丝失落感。为了来到这里我放弃了很多东西……一份成功的职业、我的房子以及我的朋友……但是我能

看到我的孩子们，他们在这里也很开心。所以一切都是值得的。

Anne 的故事代表了许多职业母亲的经历。和我聊的最多的一位女性来自中等收入家庭，雇用了外籍家庭佣工来打理家务，而他们夫妇负责经营成功的事业。许多人和孩子的关系都非常紧张，他们过分溺爱孩子，让孩子活在自己的庇佑之下。对于一些人来说，搬到澳大利亚帮助他们和孩子建立亲密关系，他们能更好地满足表达性需求；但对另一些人来说，收效甚微，因为太晚了。

从就业方面而言，移民发现即使自身能力足以应对所申请的职位且在相关领域有丰富经验，但还是处处碰壁。几个月后，他们的积蓄很快花完，他们别无选择，只要付钱给他们的工作他们都愿意做，哪怕工作再卑微。

Jerry 曾是一家国际大酒店的高级管理人员，于 20 世纪 80 年代移民，他回忆自己的经历：

> 当我搬到珀斯之后，一切都要从头来。首先，我在 Hungry Jack（在澳大利亚相当于汉堡王）打工直到我成为店长。之后我去做超市经理，成了 Woolworths① 的代班店经理。

今日，在澳大利亚就业时，新加坡移民仍然面临着相同的问题。Anne 才 40 岁出头，是一位很有魅力的注册会计师，曾在跨国公司任区域经理，她放弃成功的事业，在珀斯做家庭主妇。当我见到 Anne，她正在学习会计师资格证课程，澳大利亚雇佣法规定要执业必须有这个证书。

为了应对适应新国家、新文化所带来的压力，许多移民向他们在澳大利亚和新加坡的亲友求助。他们发现昔日的情谊给他们力量去面对澳大利亚的不确定性。因此，他们与新加坡的亲人和好友始终保持联系，将自己和家人在珀斯的生活分享给他们，并时时关注新加坡的新闻和八卦。尽管他们跨越国境，在另一片陌生的土地安家，这些移民仍将过去和现在联系起来，依靠过去的社会关系来支持他们在新国家获取的个人和社会身份，因此，他们能够建立一个持续的自传性叙述和一个稳固的自我认同。

那些在澳大利亚没有亲戚的移民也在新加坡人的友情中找到了合适的替代，他们

---

① Woolworths 是澳大利亚的主要连锁商场。

有着相同的宗教信仰,给予彼此渴望的情感支持。他们通常在一些社交活动,例如基督徒小组会议、百乐餐聚会或是两三个关系甚好的家庭间聚会(比如,互相在某一个家庭中一起享用平日晚餐或午餐)中培养出这种友情。这些聚会的话题总离不开新加坡的最新的新闻和政府政策、新加坡哪些地方做什么最好之类、一些共同的朋友对移民的犹豫不决以及他们想念的食物,等等。(Richard 说道,"当新加坡人聚在一起总会谈论食物。谈到他们有多想念炒粿条、加东叻沙等等。但衡量标准总是新加坡,没什么能比得上家乡的味道"。)

这些移民常常期待与其他新加坡朋友相聚。这就像他们回到了新加坡,重新创造典型的新加坡生活方式,自由地用新加坡英语交流、讨论新加坡政治和政策、分享新加坡食物。在这些活动中,他们感到了归属感、家庭关系和家的感觉,从而为他们创造了更深刻的社会纽带。

食物也让在珀斯的新加坡马来穆斯林团体聚在了一起。这些移民来自关系紧密的社会群体中,尤其是与其他差不多时间移民到澳大利亚的马来穆斯林关系更紧密。他们常常愿意住在同一个区域,想要重新建立在新加坡早已不存在的甘榜①生活方式。通常情况下,这些人在新加坡生活时就是朋友或者互相认识。他们共同迁居去另一个全新的国家的决定让他们加深友谊纽带,让他们更像家人。通常情况下,这些家庭能够帮助彼此走出困境,有需要的时候女性可以互相帮助照顾孩子——比如,家族企业需要长时间工作的时候。Nora 是一位马来穆斯林,刚刚 30 岁出头,平日都围着头巾②,她这样描述她的生活方式:

> 我们像一家人。经常一起吃饭(makan)③和互动。我们时不时聚在一起……聊天……聊起食物,比如 datlah。这让我觉得很放松……而且也有时间。在新加坡生活节奏很快,压力很大。在这里,我们像村落生活一样。6点到7点我们都陪伴着家人。我们有很多时间陪伴家人。

Sharif 是一位马来人,40 岁出头,他这样形容他的感觉:

---

① 甘榜(Kampung)是马来语中村落的意思。常指昔日悠闲的、田园生活方式。
② 头巾(Tudung)是穆斯林女性佩戴的传统穆斯林头巾,为了表达她们坚定的信仰。头巾包裹住她们的头发,一直遮挡到肩膀,只留出面颊。
③ makan 是马来语,表示"食物"和"吃"。

在澳大利亚的朋友就像是亲戚。这种亲密感与在新加坡不同,有更多家的感觉。

周末的时候,男人们会聚在一起踢球,有些时候一些热爱运动的男孩子也会加入其中。女人们会准备外出的食物,她们常常进行交流,分享彼此的生活,孩子们和家长都很快成为朋友。

对于马来移民来说,通过与住在附近的其他马来人之间建立紧密联系,他们在珀斯寻找到归属感。在共同生活空间里的日常互动中,他们的关系越发紧密,因此他们也成功地在陌生的土地上建立了甘榜(kampung)和甘榜精神、甘榜群体——这是他们在新加坡都已经无法找到的。

5.4.4 把新加坡看作家

最近几年,新加坡领导人们试图在新加坡重建甘榜精神,意在让流动性越来越强的新加坡人对这个城邦国家产生情绪上的依恋,因此他们会把新加坡当作家一样看待。自这个城邦国家建国以来,因为其移民历史,新加坡人的移民问题一直困扰着新加坡领导人。1965 年新加坡获得独立时,其自然资源有限,以及新加坡居民大多是移民,在他们眼里新加坡只是一个暂时居住和工作的地方——是工具性空间,这两个原因使新加坡的领导人对这个城邦国家的经济生存能力和持续生存能力非常担忧。

为了缓冲国家的合法性以及对市民行使权力,新加坡的第一任总理李光耀及其部长们争取给新加坡居民提供对于新加坡的有形依赖,通过提供可负担的公屋鼓励他们购买房产。多年以来,这项房屋政策成功地让 90% 的新加坡人有了自己的房屋,也很好地证明了执政党人民行动党(PAP)[1]成功履行了对人民的承诺,因此,这也稳固了执政党和其领导人的合法性(Chua, 1995;Mutalib, 1992;Perry 等,1997;Quah, 1990)[2]。

新加坡政府强调购房是每个新加坡人生活中的自然发展,这成了社会期望必不可少的一部分,也成了居民衡量自我认同的一个标准。不幸且讽刺的是,这种期望造成

---

[1] 人民行动党是新加坡执政党,自 1965 年新加坡独立之后一直执政。
[2] 具有讽刺意味的是,尽管这项政策非常成功,国家媒体还是将移民描绘成弃新加坡而在他处寻求更大的房子的形象。组屋 99 年租赁期是一个因素,对为子孙留下遗产产生影响,削弱了组屋主安全感,这是专家研究房屋租赁对本体性安全的影响时的发现(Hulse, 2008;Saunders, 1990)。

了意料之外的副作用,从 Jerry 的案例中我们就可以发现。由于新加坡人无力购买一套房屋,导致他们越发沮丧,产生存在性焦虑。即使他们有能力买房,国家也始终影响着居民日常生活和决定,即使是在个人层面上也是如此——如人们在购买和出售公屋时必须符合居民种族比例政策①;或者必须选择住房 2 公里内的学校就近让孩子上学——这让个体感受到自己的个体自理性受到了限制,他们无法做真正的自己。此外,除了给构建个体的个人和社会认同提供空间,家(在新加坡)也是宏观意义上的国家建设和微观意义上的个体渴望的争论点和交叉点。

以此看来,我们可以发现购房是一把双刃剑。购房不仅是一种经济资源,能够满足个体工具性需求,它也能在日常生活中带给个体更需要的安全感,尤其是面对世界极速变化,人们会产生更多焦虑,这样的焦虑会让人们感到生活动荡不安(Saunders,1984,1986;摘自 Dupuis & Thorns,1998)。购房体现出创建家庭——或养家糊口,能体会到随之而来的舒适感、安全感和连续感,可以躲掉窥视的目光,生活在私人的房屋里(Dupuis & Thorns,1998),并满足自己的表达性需求(Chan,本书第 2 章)。个体能够很舒适、很放松;能够做他们自己;而且在这个熟悉的、他们称之为"家"的地方,他们能够为稳定的个人和社会身份打下基础,并且去体验和建立稳定的个人和社会身份(Noble,2002)。

一些学者表示,家是现代生活中本体性安全的地方,在这里人们能够躲避世界的变迁,他们可以完全相信人和事物的可靠性、可预见性和稳定性。在 Dupuis 和 Thorns 的文章中,他们深入讨论了当人们把家看作以下几种情况时,家可以维持本体性安全:(1)与永久性和持续性紧密相关的建筑环境;(2)一个满足日常生活和重要家庭生活的地方,在这里可以感到熟悉感;(3)"逃离外部世界的避难所",为我们提供在其他环境中很难找到的私密感和自主感;(4)一个让我们可以做自己的地方,可以了解我们自己以及我们的身份(见 Dupuis & Thorns,1998:29-38)。家不仅仅只是一个物质建筑,更是让人感受到在这里人们可以讨论、争辩、稳定自己的身份,可以形成、培养良好的家庭关系,同时能够满足个体表达性需求。不管时间和空间怎样变化,家都是永恒的,见证着个体的发展、生命中的里程碑、希望以及梦想;在这里一个人的过去、现在和将

---

① 为了促进种族和谐,保障公屋中社会融合,同时防止种族飞地的形成,新加坡政府实行了一项种族融合政策,要求所有房产中都要有均衡的种族分布,这种分布要大致反映出新加坡居民人口种族比例。结果,希望出售房屋的业主需要保证购房者的种族不会改变公屋的种族构成。

来都可以在一个时间轴上缓缓划过。同时，在这里个体可以"重新整合"，计划如何解决广阔社会中日常交互所带来的挑战。

新加坡领导人将新加坡定义为"家"而非"旅馆"，当他们提到新加坡和"家"时用着相同的语气，是因为他们一直希望再创造一种舒适、熟悉、持续性、稳定性和可依赖性的感受，这就是表达性需求部分。移民人数不断攀升，领导人对此投入更多关注时本能地发现通过"富裕和繁荣不是将人民团结在一起的唯一方法"（Goh，1997），强调满足个人工具性需求已远远不够，进而总理吴作栋于 1997 年颁布了新加坡 21（S21）远景，意图在 21 世纪培养新加坡人民更大的归属感。

有趣的是，新加坡政府近日的这项举措强调了购房的表达性需求，触动了新加坡人民的心弦，也许是认识到政府先前政策是在建国初期大多数新加坡人都能买得起房，这些政策是非常成功并且有效地满足了许多新加坡人的工具性需求，但讽刺的是，这些政策促使新加坡人国际流动性更强。在最近几年，不动产的兴起带动了房价的上涨，这更促使新加坡移民能更容易地负担起移民海外的费用，并将新加坡购房作为达到最终目的的手段——即移民。

5.4.5　显而易见的民族国家如同家

在过去的 10 年中，新加坡政府为了阻止移民流，试图将新加坡建设为满足新加坡人表达性需求的空间，政府在个人、个体层面上，扩大与家相关的本体性安全，更大规模地将"民族国家"打造成"家"。在这里，"家"是一个比喻，而"新加坡如同家"表达出新加坡对于世界各地的新加坡人来说是一个安全的地方，可以躲避全球化世界带来的应接不暇的事物。

令人无法否认的是，移民和移民带来的经历使移民们更加注重本体性安全和稳定的自我感知的需求。对于移民来说，跨越国境意味着他们个人生平的连续性会突然中断；移民也威胁到了个人和社会身份以及"虚拟自我"（as-if selves）①的完整性，个体必须克服并且理解这种情况，即使他们尽力克服进入新社会所带来的文化冲击进而培养适应新主体文化的能力（Gudykunst ＆ Kim，2003）。

---

① 这种"虚拟自我"相当于稳定性，因为正是通过这种"虚拟自我"我们才能"表现出我们'好像'保持持久的身份"（Kinnvall，2004：748），而在实际情况中这些自我是"从实际对话中建立的"（Kinnvall，2004：748；Giddens，1991）。

在这种情况下,对移民来说民族国家显而易见就如同家——即更大规模的家的具象——带给他们连续感、安全感和稳定感,让他们能够自信地与他人交流。实际上,民族国家构建了移民身份,不论他们是生活在这个国家,还是移民他国。一旦移民离开祖国移民去另一个国家,放弃他们的工作和社会地位,他们的身份也就回归到最原始的状态,基本只能从他们的性别、族裔和民族血统来认定。在一个陌生的国家,民族血统成为带给个体身份稳定性的最初的构成以及主要特征。

因此我们发现,即使这些新加坡人在珀斯建立了新家——其中的一些人甚至已经成为澳大利亚人——然而他们依然视自己为新加坡人,沿袭新加坡的生活习惯。

一个经常重复的用词是:"'哎呀'(Aiyah),你知道他们说的'啦'(lah)……'你能让一个新加坡人离开新加坡,但你无法抹去新加坡在新加坡人心中的位置'。"一位受访者 Alan 用这种新加坡方式表示新加坡人身份认同:

> 当我看到周围有《海峡时报》,我会拿过来读一读新加坡的最新新闻。我定期上网看新加坡的新闻,我有一些朋友也会从新加坡写邮件给我告诉我新加坡的新闻。国歌《前进吧,新加坡》①响起时我总会仔细倾听。我生长在新加坡,这是无法回避的事情。这一生都打上了这样的烙印。我始终依恋着新加坡,我为新加坡的成就感到骄傲。现在,我看到许多新加坡人在澳大利亚产生了影响,有自己的房产。同样,澳都斯②也是属于新加坡电信的。

新加坡以及就民族话语进行的激烈讨论始终是这些移民生活中的一部分,这一点从人民通过国家媒体和各种博客上的热烈讨论中可以明显看出,移民就一些新加坡政客给他们贴上的"留下的人/离开的人"标签进行争论,近来围绕内阁资政李光耀评论"他早些年坚持双语制度是错误的"(Wong & Hoe, 2009)也展开了讨论。通过这些事件我们能够发现,即使这些受访者选择了离开,但他们和新加坡的联系始终很强烈,因此他们会继续关注祖国的发展,甚至会表达他们的意见,参与到国家辩论中(Lim, 2007; Hirschman, 1970)。

对于这些新加坡移民来说,他们的民族血统始终对他们一生产生着深远影响,是

---

① 《前进吧,新加坡》(Majulah Singapura)是新加坡国歌。
② 澳都斯(Optus)是澳大利亚第二大电信运营商,新加坡电信(SingTel)于 2001 年 8 月 31 日将其收购。

他们个人身份的稳定构成部分，给他们提供安全基础，让他们感受到与过去是连贯的，自此他们形成了新的自我感知。

正如马来移民所述："新加坡还是你谈论的祖国。我们在这里出生，这里塑造了我们。我们始终为自己是新加坡人感到骄傲。"

5.5 结论

从前述讨论中我们发现，国家在移民身份形成中扮演了不可或缺的角色，从宏观角度来说国家政策影响、构建了他们的身份形成，从微观角度来说个体在定义身份时产生了个人、心理挣扎。新加坡通过其巨大影响力和软独裁方法，在私人空间和公共空间都对决定产生了影响。在澳大利亚珀斯对新加坡移民的实地考察和访问都显示国家政策——尤其是教育和住房方面——以及这些政策导致的间接结果常常是这些受访者选择带着孩子离开熟悉的环境而搬去另一个地方的原因之一，在那里他们以及子女的需求都能得到更好地满足——不管是表达性需求、工具性需求或者是两个需求都能得到满足。根据本体性安全和工具—表达性需求概念的二分法，我阐释了个体对于国家政策侵犯个人生活的担忧不经意地揭露出个体工具性需求和表达性需求之间很难平衡的关系。他们很难控制国家政策带给他们私生活的影响，这也会对他们稳定的自我感知造成不利影响。

Jerry 和 Benjamin 的叙述很好地阐明了宏观层面上国家关于房屋和教育的政策与微观层面上在建立个体一致性中个人的、内心的斗争之间的交叉。从他们的叙述中我们发现，外部环境的不确定性会激发个体从他们拥有的诸多选择中挑选另一种生活方式（Giddens，1991），或者改变他们的生活计划——例如，作出移民的决定。私生活突然的分裂会改变他们的生活经历，每个个体都会被迫建立相应自我的进程和自我认同，这样才能创造出一个连续性的生平叙述。

因此，我们认为交叉点——尤其是宏观层面和微观层面之间的交叉点——是为了创造新加坡移民身份。

首先，新加坡民族国家在新加坡移民身份构建中发挥着不可或缺的作用，为个体继续总结和定义其身份提供了坚实基础。从他们的叙述中我们可以明显发现，这些移民仍然将自己定义为新加坡人，尽管他们已经迁居珀斯，他们仍会将新加坡作为标尺，衡量自身和文化实践的真实性。他们在情感上依旧与新加坡密不可分,会通过网络持续关注新加坡的发展以及在那里发生的新闻,同时会时不时地与新加坡的朋友或者其他家庭成员保持联系。上述稳定的关系对稳定的个体自我感知大有帮助,且让他们更自信在珀斯面对的外界不确定性和混乱是暂时的。不仅如此,新加坡政府近来对在海外居住和工作的新加坡人的提案让这些移民对新加坡更有认同感,即使国家提案只是针对那些还没有在他国申请永久居留权和公民身份的个体①。因此,我们可以发现国家政策(从宏观层面来看)和个体情感、个人反应的交叉点始终构成、构建了移民身份,即使他/她早已不在这个国家生活。

第二,尽管新加坡政府提倡购房,认为这是给新加坡居民提供安全感和拥有权的途径(满足个体工具性需求),而且在新加坡也是一种情感投资(因此满足了个体表达性需求),但是因为个体购买公屋需要满足的条件非常严苛,Jerry这类人在不知不觉中被社会边缘化。由于国家购房政策的特殊规定,Jerry负担不起商品房又不够资格购买公屋,他越发沮丧、没有安全感,对新加坡的生活不满意。无法拥有住房同样也引起了关于自己是否是合格的丈夫、父亲的质疑(也就是自我认同的关联自我方面)。通过Jerry的经历,我们了解到宏观层面,即关于住房的国家政策和微观层面,即个体心理反应的交叉如何牵绊、组成和建构个体的身份认同。

第三,新加坡政府的教育政策(宏观层面)对年轻家庭的私人生活(微观层面)产生了直接影响,因为这一系列政策不可避免地加重了家长对孩子的担忧,担心其孩子是否有能力应对新加坡教育体制,以及严苛的考试对孩子自尊心和自我认同所产生的影响,上述因素让家长对孩子的未来充满了忧虑。从Jerry、Benjamin和Nora的叙述中我们可以发现,国家教育政策让他们对自己家长的身份产生疑问(因此威胁到身份认同的关联自我方面),因为他们都无力保护孩子远离竞争激烈教育体制的残酷现实。

最后,这些受访者之所以作出移民珀斯的决定,主要是由于他们感觉其工具—表达性需求失衡。许多职业父母,如Anne、Carl和Alan感受到,虽然他们在新加坡快节奏的管理者生活足以负担日常开销(即他们的工具性需求),但他们却无法满足自己的表达性需求,因为忙碌的工作让他们很难和孩子们形成亲密的关系②。但是,并不是

---

① 与政府代表进行私人对话。
② 在这里我们再次发现,与重要他人的成对关系会加强人们对自我认同中关联自我的关注,这对个体移民决定产生重大影响。

每个新加坡移民的离开都主要是为了寻求工具性需求和表达性需求平衡。就 Benjamin 的经历来说,他移民主要是因为他领悟到新加坡无法满足他基本的工具性和表达性需求。因此,与第 2 章 Chan 所讨论的香港移民案例不同(Chan,本书第 2 章),新加坡移民在作出移民决定时可能并非出于平衡工具性需求和表达性需求,他们也许是为了同时满足这两种需求——即工具性需求和表达性需求。

有趣的是,个体在选择移民之后能够获得更多本体性安全,这极具讽刺。因为本体性安全的个体——也就是那些对于自己是谁有着坚定信念的人——他们看起来对不确定性和改变时期的容忍度更高,相信这段时期是暂时的,是生活和自我发展过程中不可缺少的一部分。因此,这些个体能够并且愿意脱离死板的常规,寻找新的生活规律(也许可以从其他地方寻得),他们乐于将新的经历与正在进行的身份形成合为一体(Mitzen,2006)。也许,这能够解释为什么移民比那些留在本国的人显示出更流动的、灵活的身份,以及为什么新加坡移民渐渐从社会关系中,而不是固定的某一地方,如新加坡或澳大利亚找到了归属感和身份认同。

参考文献

Aleinikoff, T. A. (2002). Policing boundaries: Migration, citizenship, and the state. In G. Gerstle & J. Mollenkopf (Eds.), *E pluribus unum? Contemporary and historical perspectives on immigrant political incorporation* (pp. 267 – 291). New York: Russell Sage Foundation.

Chia, S. A. (2009, November 13). Slowing the flow of foreign workers to s'pore: *The Straits Times*, A30 – A31.

Chua, B. H. (1995). *Communitarian ideology and democracy in Singapore*. New York: Routledge.

Chua, B. H. (2004). Political history: In arrested state. In A. Mahizhnan (Ed.), *Singapore perspectives 2004: At the dawn of a new era* (pp. 124 – 132). Singapore: Marshall Cavendish (Singapore) Private Limited.

Dupuis, A., & Thorns, D. C. (1998). Home, home ownership and the search for ontological security. *The Sociological Review*, 26(1), 24 – 47.

Giddens, A. (1991). *Modernity and self-identity: Self and society in the late modern age*. Cambridge: Polity.

Goh, C. T. (1997). *Singapore 21—A new vision for a new era*. Parliamentary address on June 5, archived on http://www.singapore21.org.sg/menu_speeches.html. Accessed May 13, 2005.

Green, N. L. (2005). The politics of exit: Reversing the immigration paradigm. *The Journal of Modern History*, 77(2), 263 – 289.

Gudykunst, W. B., & Kim, Y. Y. (2003). *Communication with strangers: An approach to intercultural communication*. New York: McGraw-Hill/Irwin.

Hirschman, A. O. (1970). *Exit, voice, and loyalty: Responses to decline in firms, organizations, and states*. Cambridge, MA: Harvard University Press.

Hollifield, J. F. (2000). The politics of international migration: How do we 'bring the state back in'? In C. B. Brettell & J. F. Hollifield (Eds.), *Migration theory: Talking across disciplines* (pp. 137–186). New York: Routledge.

Hulse, K. (2008). Shaky foundations: Moving beyond 'housing tenure'. *Housing, Theory, and Society*, 25(3), 202–219.

Kinnvall, C. (2004). Globalization and religious nationalism: Self, identity, and the search for ontological security. *Political Psychology*, 25(5), 741–767.

Lim, S. (2007). *Rethinking Albert O. Hirschman's 'exit, voice, and loyalty': The case of Singapore*. Ph. D. dissertation, The Ohio State University, Columbus, Ohio, USA.

Madison, G. (2007). Unsettling thought: An alternative to sedentary concepts and a defence of Frodo. *Existential Analysis*, 18(2), 220–229.

Mitzen, J. (2006). Ontological security in world politics: State identity and the security dilemma. *European Journal of International Relations*, 12(3), 341–370.

Mutalib, H. (1992). Singapore's quest for a national identity. In K. C. Ban, A. Pakir, & C. K. Tong (Eds.), *Imagining Singapore* (pp. 69–96). Singapore: Times Academic Press.

Noble, G. (2002). Comfortable and relaxed: Furnishing the home and nation. *Continuum: Journal of Media & Cultural Studies*, 16(1), 53–66.

Perry, M., Kong, L., & Yeoh, B. (1997). *Singapore: A developmental city state*. New York: Wiley. Quah, J. S. T. (1990). Government policies and nation-building. In J. Quah (Ed.), *In search of Singapore's national values* (pp. 45–65). Singapore: Institute of Policy Studies.

Salaff, J. W., Wong, S. L., & Greve, A. (2010). *Hong Kong movers and stayers: Narratives of family migration*. Chicago: University of Illinois Press.

Saunders, P. (1984). Beyond the housing classes: The sociological significance of private property rights in means of consumption. *International Journal of Urban and Regional Research*, 8(2), 202–222.

Saunders, P. (1986). *Social theory and the urban question*. London: Hutchinson.

Saunders, P. (1990). *A nation of home owners*. London: Unwin Hyman.

Scholte, J. A. (1996). The geography of collective identities in a globalizing world. *Review of International Political Economy*, 3(4), 565–607.

Sedikides, C., & Brewer, M. (2002). Individual, relational and collective self: Partners, opponents, or strangers? In C. Sedikides & M. Brewer (Eds.), *Individual self, relational self, collective self* (pp. 1–4). Philadelphia: Psychology Press.

Skocpol, T. (1985). Bringing the state back in: Strategies of analysis in current research. In P. B. Evans, D. Reuschemeyer, & T. Skocpol (Eds.), *Bringing the state back* (pp. 3–43). New York: Cambridge University Press.

Stewart, A. (1998). *The ethnographer's method* (Qualitative research methods series, Vol. 46). Thousand Oaks: Sage Publications, Inc.

Waldinger, R., & Fitzgerald, D. (2004). Transnationalism in question. *The American Journal of Sociology, 109*(5), 1177–1195.

Wong, A., & Hoe, Y. N. (2009, November 18). Wrong start and how to put it right. *Today*.

Yuval-Davis, N. (2006). Intersectionality and feminist politics. *European Journal of Women's Studies, 13*(3), 193–209.

Zolberg, A. R. (1981). International migration in political perspective. In M. M. Kritz, C. B. Keely, & S. M. Tomasi (Eds.), *Global trends in migration: Theory and research on international population movements* (pp. 3–27). New York: Center for Migration Studies.

(张艺馨, 胡婧译)

第三部分
跨国定位和文化资本

第 6 章
重复移民的新加坡华人女性：
跨国处境和社会不平等

Caroline Plüss

6.1 研究框架

本章主要研究了 15 名新加坡重复移民华人女性的跨国个人经历。重复移民（Borjas，2000：9）是指那些多次跨过国界，搬迁住所，以获得期望的新资源的人群。本文对一些重复移民的新加坡男性和女性华人进行访谈，他们遍布新加坡、伦敦、香港、纽约等地，访谈的结果推动了此研究项目的进行。研究结果发现：在西方社会中，女性比男性更容易与非新加坡裔建立牢固的关系，女性也比男性更喜欢和适应西方社会。我对这一发现产生了兴趣，并想进一步研究女性是如何在跨国空间里转化她们已有的文化、社会和经济资本（Plüss & Chan 第 1 章；Plüss 第 12 章）。Chan 也发现这样一个事实：中国女性在处理西方社会的人际关系和生活问题上比男性态度更加积极（Chan，第 2 章）。他进一步解释说，曾在加拿大居住过的中国香港女性和儿童，搬回香港后反而更喜欢之前在加拿大的生活。这是因为在香港居住面积狭小，而在加拿大，丈夫有更多的时间陪伴家庭，婚姻生活也更加美满。但是另一方面，香港男性却想要留在香港，因为在香港他们可以获得更高的收入。

本章的资料重新整理了 15 名中产阶级新加坡华人女性跨国个人经历，她们是重复移民的高技术人才。这些女性是新加坡居民，访谈也在新加坡进行。再次回到新加坡让这些女性感受到，这里缺少她们喜欢的西方社会的某些特征，也让她们对什么能帮助女性融入新加坡社会有独到的见解。

本章有四个目标：第一，解释新加坡华人女性在不同社会生活的经历是否以及如何改变她们的身份认同（这些身份认同是她们在所生活的不同社会里构建的人际关系和社会关系的回顾说明）；第二，分析女性的跨国处境是否以及如何（通过解释她们在不同社会中的各种关系来定位跨国空间的身份）反映和表现女性通过跨越国界，尝试获取期望的文化、社会和经济资源的结果；第三，要具体化女性跨国处境的含义，尤其是关于由重复移民所造成的跨国空间的社会不平等；第四，对这些女性和新加坡社会以及西方社会的关系进行评论。

正如 Anthias（2001：619）所说，移民的身份认同表现并反映出某些条件和情况，她们在一定的条件和情况下，在跨国空间协商获得期望的资源。本章沿用了以上观点，且基于如下的假设：当重复移民女性积极地谈论她们在某一地区的人际和工作关系，并说喜欢在那里经历的变化时，这种叙述表明女性在拥有或建立必需的文化和社会资本，从而获得全新的、期望的资源这方面是成功的。移民通常在移民之后需要改变自身的文化特质，因为他们和那个国家的人民以及机构在文化、社会和经济上有许多差异，而这些人和机构掌握着移民想要获得的资源。这常常会导致移民多样化的贬值，因为这些人民和机构希望保护自己特有的获取资源的渠道（Iglicka，1998；Constable，1999；Christou & King，2006）。当和"本地人"相比，移民在种族、族裔、国籍、性别、年龄、社会阶层和技能方面的差异，可以被称为"消极的文化资本"（Ong，1999），这些差异阻碍了移民获得期望的资源。

为了克服这种排斥和贬值，移民可以通过改变某些文化特性以及身份认同，来努力构建新的文化资本（Plüss，2005，2011）。这种变化往往需要接受当地人的特征，因为这些人控制了获得期望资源的渠道。把文化认同和移民后努力获得期望资源的结果相联系，可以解释移民如何以及为什么会形成混杂的或者世界性的文化身份（Chan，2005；Weenink，2008）。为了增加必要的文化资本而"适应"或者构建文化混杂性，这个过程可能需要一定程度的文化区分，即更加强烈地肯定某些文化特征，这些特征不同于那些控制期望资源获得渠道的人和机构所具有的特征。如果这些人和机构重视这些特性但又缺乏这些特性，这种区分可以成为文化资本（Lan，2003）。

本章把 Bourdieu 的资本转换理论（1984，1986）和交叉性分析法相结合（Kivisto & Hartung，2007；Dill & Zambrana，2008；Lutz 等，2011），以研究重复移民女性在不同居住地点①获得期望资源时经历的社会不平等。地点以及这些地点所特有的文化、社会、经济和政治特性，对期望资源的获取显然有重要的影响（Kloosterman & Rath，2001）。新加坡华人女性希望通过多次跨国获得以下资源：海外大学的教育学历（通常是位于西方社会的大学）；海外工作经验；更广泛的就业机会；不同的生活方式；结交新朋友，包括那些她们认为不同于新加坡人的朋友；更高程度的自我实现，例如学习不同的处世方式；在养育子女方面获得家庭的帮助；照顾在新加坡的父母，从而感到满足；在新加坡过着舒适便捷的中产阶层生活；有能力在新加坡为孩子提供双语教育；或在新加坡"较为保守"的文化氛围下培养孩子。Yeoh、Willis（2005）以及 Ho（2008）调

---

① 地点指的是居住地的特性。

查了居住在中国或伦敦的高技术新加坡人才,发现他们仍然热爱着祖国,不仅是因为新加坡国力强盛,人民生活舒适,而且还因为他们的家人定居在那里。

本章得出结论,通过数次跨越国界,女性是否或在多大程度上实现了自身的目标,暗示了人们对新加坡高素质人才外流的关注。李光耀对新加坡每年有大约 1,000 名高端人才外流并变更国籍深表遗憾(Oon,2008)。例如在 2008 年,433 名新加坡人成为美国公民(新加坡国土安全局,2008)。这里应该指出的是,新加坡只允许本国 18 岁以上的公民持有一本护照。

学术研究表明,高技术的新加坡公民流动性很大(Kong,1999;Yeoh & Willis,2005;Ho,2008)。2008 年,约 18 万新加坡公民和永久居民居住在国外(新加坡统计局,2009)①,他们占 2008 年新加坡总人数 3,642,700(公民和永久居民)的 4.95%(新加坡统计局,2008)。新加坡的双语教育政策(英语和"母语",母语即普通话、马来语、泰米尔语——英语是三个民族或种族群体的通用语言)、"多元民族主义"(多元文化主义)和社会繁荣给许多新加坡人提供了文化和经济资本,他们可以利用这些资本在其他地方学习、工作和生活。政府和其他公开言论也鼓励新加坡人到国外生活一段时间,获得"海外接触"(熟悉不同国家和文化)。这种言论提出这样的做法可以增加城市国家新加坡与全球的联系(Yap,1994),即文化、社会和经济资源的全球性交换(Kor,2010;Li & Chew,2010)。

尽管已有这些观察结论,但我们对新加坡人跨国移民轨迹的研究仍然不足(Plüss,2009)。对海外新加坡人的研究主要集中在他们和国外居住地的关系,以及他们和新加坡的关系上(Kong,1999;Yeoh & Willis,2005;Ho,2008)。研究的对象包括归国的海外新加坡人,但没有特指曾经生活在两个国家以上的人(Chan,2009)。

6.2　样本以及跨国移民轨迹

中产阶级的新加坡华人女性高技术人才曾多次移民,这一点在观察中有详细记录:15 名女性样本中,3 名曾居住过 3 个国家,5 名居住过 4 个国家,2 名居住过 5 个国

---

① 数据来源于新加坡出入境记录,数据统计的是在统计之前离开新加坡累积 6 个月及以上的人。感谢新加坡统计局的说明。

家,2 名居住过 6 个国家,2 名居住过 8 个国家,1 名居住过 9 个国家和地区。统计资料中包括女性随后居住的国家,这还包括多次居住在同一个国家的情况,例如新加坡。除新加坡外,女性最常居住的国家包括英国、美国和澳大利亚。她们还在中国内地、中国香港、日本、菲律宾、加拿大,其他欧洲国家和阿拉伯联合酋长国等地居住。

　　本次访谈于 2008 年在新加坡完成,其内容探索了这些女性在她们曾居住的不同社会中的文化、社会、经济上的经历,还探索了这些女性如何评价她们跨越国界/地区时,自身的文化、社会、经济特性对她们实现目标是否有帮助。如果这些女性没有明确提到她们经历了种族主义、贬值和排斥,她们会被问及这些问题。另外,采访是非结构化的,即让女性识别她们认为最相关的主题和话题。

　　受访者跨国/地区个人经历的回顾性叙述会受自己当前观点的影响,因为人们会从现在的观点来构建这些叙述。访谈获得了关于这些女性和新加坡关系的宝贵信息。可以说这些回顾描述被女性当前的经历所"感染"——然而身份始终是流动变化的,根据 Butler(1990)所说,身份有模糊的特质,意味着尽管很快就定义了某个身份,这种定义却是不完全的,因为它强调身份的某些方面,而不利于其他方面。这也是使用术语身份认同的原因,因为它意味着可变性和易适应性。采访资料由相关访谈整理而成,这一点也获得了认可(Diaz, 2002)。访谈者和受访者有些共同点,一名 30 多岁的新加坡华人女性,曾到访过多个其他国家或地区。尽管访谈的非结构化本质可能会让受访者对采访者的特点产生自己的判断,并对此产生反应。但如果这位女性由其他人来进行访谈,这些判断是否一定会产生不同的记录,让人产生疑问(Gmelch, 1992:311-318)。

　　每次面谈持续 1 至 3 小时。我们对 12 名女性采访了 1 次,3 名女性 2 次。我们通过不同的网络,包括海外归国新加坡人组织、个人人脉和推荐受访者(滚雪球抽样),找到了 15 名女性。这种三角测量法可减少受访者的相似性。我的目标是要采访来自各行各业的女性,然而接受采访的女性都是受过良好教育的中产阶级,其中有 1 名公司管理人员,1 名分析师,1 名目前暂时是服务员,2 名经理,2 名学者,2 名家庭主妇,3 名企业家,还有 3 名银行从业人员。在接受采访期间,12 名女性再次回到新加坡居住,2 名女性住在英国的某个大城市(1 名回新加坡探访,1 名女性在分娩后为了获得家人的照顾已回到新加坡几个月),1 名女性往返于新加坡和欧洲某国。受访者年龄在 26 岁到 51 岁之间,其中绝大多数在 26 至 29 岁之间以及 35 至 39 岁之间。

　　表 6.1 中的信息包括:女性跨国/地区移民路径、移民原因以及和谁一起移民。

　　样本中的所有女性都出生在新加坡,父母也是新加坡人。激励着这些女性重复移

表 6.1 跨国/地区迁移轨迹

受访者	性别	年龄	职业	婚姻状况	曾定居国家或地区	曾定居国/地区数量	曾定居不同国家/地区数量	移民年份	移民年龄	陪同移民者	移民国家或地区	移民原因
1	女	27	学生	未婚	新加坡-中国香港-新加坡-中国香港-中国-泰国-中国香港-中国-澳大利亚-中国香港-新加坡	9	4	1981	2个月	家属	中国香港	随同家属
								1984	3	家属	新加坡	随同家属
								1987	6	家属	中国香港	随同家属
								1990	9	家属	泰国	随同家属
								1994	13	家属	中国香港	随同家属
								2000	19	独自	澳大利亚	进行幼儿教育本科学习
								2004	23	独自	中国香港	放弃本科学习和家人团聚
								2004	23	独自	新加坡	在幼儿园工作；获得学前教育证书
2	女	33	学者	未婚	新加坡-日本-新加坡-英国-新加坡-英国-新加坡-英国	8	3	1981	6	家属	日本	随同家属
								1985	10	家属	新加坡	随同家属
								1994	19	独自	英国	接受音乐本科教育
								1997	22	独自	新加坡	在媒体行业工作
								1999	24	独自	英国	进行研究生学习
								2000	25	独自	新加坡	在媒体行业工作
								2004	29	独自	英国	攻读音乐博士

续表

受访者	性别	年龄	职业	婚姻状况	曾定居国家或地区	曾定居国/地区数量	曾定居不同国家/地区数量	移民年份	移民年龄	陪同移民者	移民国家或地区	移民原因
3	女	28	分析师	未婚	新加坡-美国-新加坡-比利时-新加坡	5	3	2003	23	独自	美国	参加学生交流项目
								2003	23	独自	新加坡	完成商务管理本科学习
								2006	26	独自	比利时	公司派驻
								2008	28	独自	新加坡	公司派驻
4	女	35	银行从业人员	已婚	新加坡-美国-日本-新加坡	4	3	1992	19	独自	美国	完成工程专业本科学习
								1996	23	独自	日本	在日本公司实习
								2007	34	独自	新加坡	公司派驻
5	女	26	私人合规专员	未婚	新加坡-美国-新加坡-英国-西班牙-新加坡	6	4	2003	21	大学同学	美国	参加学生交流项目
								2004	22	独自	新加坡	完成机械工程专业本科学习
								2005	23	独自	英国	在广播公司工作
								2006	24	男友	西班牙	和男友团聚；英语老师
								2008	26	男友	新加坡	和家人团聚；找工作

续 表

受访者	性别	年龄	职业	婚姻状况	曾定居国家或地区	曾定居国/地区数量	曾定居不同国家/地区数量	移民年份	移民年龄	陪同移民者	移民国家或地区	移民原因
6	女	26	营销人员	未婚	新加坡－瑞士－中国－英国－美国－英国－瑞士－新加坡	8	5	1995	13	母亲	瑞士	母亲再嫁英国籍丈夫并定居瑞士，和母亲团聚
								2000	18	独自	中国	参加学生交流项目
								2001	19	独自	英国	进行艺术专业本科学习
								2002	20	独自	美国	学生交流项目
								2003	21	独自	英国	完成本科学业
								2004	22	独自	瑞士	在国际组织中工作
								2005	23	独自	新加坡	家庭原因；做招聘顾问工作
7	女	26	学者	未婚	新加坡－菲律宾－美国－新加坡－美国－新加坡	6	3	1988	6	家人	菲律宾	和家人团聚
								2000	18	独自	美国	进行工程专业本科学习
								2005	23	独自	新加坡	进行研究实习
								2006	24	独自	美国	完成本科学业
								2008	26	独自	新加坡	和家人团聚；成为研究人员

续表

受访者	性别	年龄	职业	婚姻状况	曾定居国家或地区	曾定居国/地区数量	曾定居不同国家/地区数量	移民年份	移民年龄	陪同移民者	移民国家或地区	移民原因
8	女	38	银行从业人员	已婚	新加坡-美国-新加坡	3	3	1993 2008	23 38	独自 女儿和丈夫	美国 新加坡	攻读工商管理硕士;生了第二个孩子;重新定居新加坡
9	女	51	家庭主妇	已婚	新加坡-阿联酋-新加坡-德国	4	3	1995 2006 2006	38 49 49	丈夫和孩子 孩子 丈夫	阿联酋 新加坡 新加坡-德国	和被外派到阿联酋的丈夫团聚(离婚);为孩子提供更好的教育(国际学校);在儿子服兵役期间陪伴儿子(再婚);在新加坡和德国轮流居住
10	女	30	营销活动经理	离异	新加坡-加拿大-新加坡-澳大利亚-新加坡	5	3	1999 2002 2003 2008	21 24 25 30	独自 独自 独自 独自	加拿大 新加坡 澳大利亚 新加坡	进行法语本科学习和想在新加坡找工作的男友团聚;和男友团聚;成为活动调研经理;成为营销活动经理

续表

受访者	性别	年龄	职业	婚姻状况	曾定居国家或地区	曾定居国/地区数量	曾定居不同国家/地区数量	移民年份	移民年龄	陪同移民者	移民国家或地区	移民原因
11	女	35	经理	未婚	新加坡－英国－新加坡－美国－新加坡	5	3	1980	15	独自	英国	到寄宿学校接受中学教育
								1995	30	独自	新加坡	解决由父亲突然去世引起的家庭纠纷
								2004	39	独自	美国	攻读工商管理硕士
								2005	40	独自	新加坡	在一家船运公司工作
12	女	29	银行从业人员	已婚	新加坡－英国－新加坡－英国	4	2	2004	25	独自	英国	在银行业工作
								2008	29	独自	新加坡	生孩子
								2009	30	儿子和丈夫	英国	在银行业工作
13	女	21	人力资源专员	未婚	新加坡－美国－新加坡	3	2	2004	17	独自	美国	进行英国文学本科学习
								2008	21	独自	新加坡	家庭原因；成为人力资源专员
14	女	29	服务员	未婚	新加坡－澳大利亚－新加坡	3	2	1999	20	独自	澳大利亚	进行艺术专业本科学习
								2008	29	独自	新加坡	找工作；和家人团聚

续 表

受访者	性别	年龄	职业	婚姻状况	曾定居国家或地区	曾定居国/地区数量	曾定居不同国家/地区数量	移民年份	移民年龄	陪同移民者	移民国家或地区	移民原因
15	女	38	家庭主妇	已婚	新加坡－美国－英国－新加坡	4	3	1997	27	独自	美国	在银行业工作
								1998	28	独自	英国	在同一家公司工作
								2008	38	女儿和丈夫	新加坡	和被外派到新加坡的丈夫团聚

民的理由也解释了这些女性为什么愿意到异国他乡去生活。有4名女性在不到10岁时搬到了另一个国家或地区(其中3名女性和她们的家人一起出国,1名独自去了寄宿学校)。这4名女性在西方国家接受大学教育,也在新加坡以外的多个国家或地区居住过。有7名女性第一次出国是为了到西方国家接受大学教育。11名女性当中只有1名申请并获得了新加坡政府提供的奖学金,以资助她在西方大学的学习,这也显示出了这些女性中产阶级的背景。

观察结果显而易见,女性在西方社会获得积极认同:10名在西方大学求学的女性中,3名继续在这些西方国家工作了一些时间,另有1名女性继续在其他西方国家工作。其他4名女性在西方国家完成大学学业后,通常在新加坡工作了一段时间,之后不仅在求学的国家就业,也在其他西方国家工作。只有3名女性在西方大学毕业后返回并留在新加坡。此次访谈在她们完成国外学业回到新加坡后不久,所以她们也有可能再次移居国外。未出国留学的5名女性中,有3名首次出国是因为工作,然后在1—2个国家工作。另外2人和她们的配偶一起出国。13名受访时居住在新加坡的受访者中有近一半或多或少有再次迁往国外的具体计划。

女性通常(并不总是)在西方社会的大城市里学习、工作和生活。离开新加坡的女性更倾向于到西方国家居住而不是亚洲,这反映了她们对西方社会的好感。

6.3 在海外构建新文化资本

许多女性说,在新加坡获得的世界性文化资本(Weenink,2008)——即对不同文化的某种程度的开放和了解(包括使用英语沟通,阅读和观看西方传媒信息因而变得"部分西化")——为她们提供了文化知识,她们以这些知识为基础,展示出自己的合法能力,以获得全新的、期望的西方文化、社会和经济资源。然而为了获得这些资源,女性还需要改变一些自身的新加坡文化特征。为了在使用英语的西方社会中将她们的英语技能转换为新文化资本,她们需要改变发音。她们不能再用新加坡式英语,即混合了汉语方言和马来语的英语口语发音。这些观察表明,在新加坡获得的文化资本可以通过"跨文化融合"转化为西方社会的文化资本(Nederveen Pieterse,1997:60),这意味着在已有的类似文化元素的基础上,采用"新"的文化元素,即讲英文和熟悉"西方文化"。4名女性将移民前的文化资本转换成西方文化资本的能力很强,因为她们在接受西方的大学教育之前,曾在新加坡之外(英国、中国香港、日本和菲律宾)的国际学校留学。其中一名甚至说,在澳大利亚上大学,比起和其他人种的交往来说,她更适应和白人交往。

新加坡女性能在较高文化趋同的基础上构建新文化资本,一名在伦敦求学的受访者的解释为此观点提供了更多证明。她回忆说,有一次,她用新加坡式英语和来自新加坡的朋友交流时,她感觉很奇怪。她继续说,当父母来看她时,她觉得自己也不会说中国话了。在文化变迁中对文化的敏感就是证据,这个学生觉得不同地区的文化元素间没有很大矛盾或者文化冲击。学生明显转向对"英国文化"认同,以至于只有当她再次接触"新加坡文化"时,她才需要考虑新加坡文化中哪些元素需要保留,哪些需要舍弃。在文化变迁中对文化的敏感也表明,她在构建新的文化资本时没有遇到过太多的困难,而新的文化资本可以在伦敦获得期望的新文化和社会资源(教育证书和友谊)。如果她不能获得期望的资源,她将不会默许文化的变迁,她的文化认同也可能会以不同的方式改变。这就是说,获得期望资源有助于该学生在跨国空间中来定位文化认同,而不再是仅仅在某一个地方。

很多受访者表示,她们喜欢在西方社会获取必需的新文化资本,如了解新的谈话话题和学习不同的做事方式。这种变化是她们希望达到更高程度的自我实现的一部分。一名女性这样谈论她在英国的学习:

> 我感觉像自己选择了一条路,而不是人云亦云……我觉得我知道发生了什么,我创造了自己的生活方式(博士生,33岁)。

然而,为了展现在西方社会学习、社交和工作的合规能力,她们中的许多人不得不变得更加坚定直率,这与她们从小在新加坡耳濡目染的价值观——谦逊顺从——相悖。然而,大多数女性最终会喜欢自己不断提高的表达能力。这使她们在跨国空间中获得认同,即更接近西方社会。

重要的是,样本中大多数女性经历的几个(不同)处境可以解释她们和居住过的社会的关系。她们发现大多数地方有利也有弊,并用生活在不同社会的经验来进行判断。例如,大多数西方高校的新加坡学生强调,学习的成功和"新加坡文化"相关。她们与其他新加坡学生一起学习,以获得好成绩。希望有新的生活方式的女性则更愿意结交西方学生并建立友谊。

很多西方国家有文化多元化的特点，因此女性种族和族裔的差异易于被接受，这意味着这些特点本身并不一定是负面的文化资本。例如，纽约不仅是一个支持多元化和文化多样性的地方；它还美化了这些特征（Foner，2007：1004）。正如上述这名女性解释说，她在英国的一个大城市里感到最像在家般轻松自在，这是因为：

[……]这是个让我成为我自己而无需以任何方式证明自己的地方。就像，你不需要证明你是……你不需要证明你是中国人，你不需要证明你是新加坡人……如果你选择否认，也不是什么重要的事，因为没人在乎。

若把种族与族裔差异作为白人社会中的文化资本，那么中国女性的被接受度比中国男性高。几名女性发现她们的种族和族裔是被欣赏的文化和社会资本，因为白种人觉得她们充满异国情调、有吸引力、有趣或神秘。

资料并未证实，女性在新加坡获得的大部分文化特征可以在中国和日本转换成新的文化和社会资本。一名女性在中国大学学习了一年，她发现，自己不精通普通话，也缺乏"中国文化"的知识来避免被中国人视为"其他（次等）人"。她不得不提高她的中文水平（普通话），变得"不客套"，让人感觉和她在一起更舒服。然而，她仍然惊讶于巨大的文化差异。她在中国被认为是西化的，也没有在中国获得积极认同。一名在日本生活和工作的女性也在亚洲国家获得负面的认同。她的丈夫是日本人，因此她搬到了一个日本大城市，和丈夫一起工作生活。他们在美国常春藤大学学习时结婚，这所大学给她提供了在日本就业的机会。她解释说，在日本，她必须变得不那么直接，并表现出自己更温柔的一面。她发现自己很难与日本人建立关系，甚至与家庭成员亦是如此，她的工作也很乏味。她总结了经验并说，日本的生活让她产生了一种"不能表达真实自我感受"的倾向，她很高兴回到新加坡居住，因为新加坡的社会关系更容易，生活也方便得多。

6.4　协商获得国外就业

许多女性认为她们在西方社会获得高技术人才就业机会是由于西方人对新加坡人有正面的定型观念，如"高效"、"可靠"、"守纪"、"细致"、"有组织"以及"勤奋"。讲英语或普通话,可能还有汉语方言都是女性拥有的文化资本,可以帮助她们获得和亚洲有业务往来的公司工作的机会。她们因成为"文化中介人"的身份而得到认可(Savage & Bennet, 2005:3),即那些能够与不同文化背景的人进行适当互动并能够翻译不同文化内容的人。一位受访者解释了她如何在澳大利亚某个城市的银行获得就业机会:

> 我一直以为,我因为是华人才被雇用。这是个定型观念……华人很刻苦,而且我认为我讲的英语已经足够好了……我可以用两种语言有效地沟通……我认为我的一个优势在于我不会自吹自擂(的形象)……他们正在寻找有那种额外特点……还有(对华人的)定型观念,这其实是我的优势……我没有感受到任何的排挤(临时服务员,29岁)。

这位女性适应西方社会的积极定型观念,但这并不能够让她影响定义必要文化资本的内容。而这些文化资本能够让她协商工作的条款和条件。也就是说她们对界定合法能力几乎没有任何影响力。例如,虽然很多女性没有谈到这点,但如果积极定型观念缺失,女性的种族和民族特征则被认为是消极的文化资本。一名在英国某城市的船运公司工作的女性初级职员提出种族、性别和社会阶层的经典三方消极交叉(Higginbotham,2009)来解释歧视。她说她所在的"很传统"的公司告诉她:

> 在这个公司里,我不会有所成就,因为我不是白人、不是男性和毕业学校不好(经理,35岁)。

由于明显不被"英国文化"认同,这名女性选择了在新加坡就业。另一方面,几名女性认为,成为中产阶层以及在高技术行业工作,可以在很大程度上防止自己的种族、性别和民族在西方社会被低估。几名曾在不同城市的国际银行工作过的女性解释说,她们的同事不得不遵守有关种族主义和性别歧视的指南。在西方大都市,就业机会深深地影响了积极的文化认同。一名在纽约工作的女性说:

> 那里的氛围令人兴奋……你只要尽你所能……也许文化是有点过于进取的,但这也是有好处的,因为你已经得到了很多机会……能否抓住全凭自己。如果你很乐意并且足够进取,大门便会向你敞开。但我想……在新加坡则有更多的等级

观念(银行从业人员,38 岁)。

虽然女性在国外工作和学习需要签证,但她们都没有提到她们决定离开西方国家最终是由于未能获得必要的许可。

6.5　协商获得国外社会资本

样本中只有少数女性觉得在西方被贬低了,这主要是因为她们遇到的西方人不熟悉新加坡的地理位置,也不了解新加坡人讲英语的事实。这些女性对此感到不快,这让她们不乐意也懒得和西方人之间建立新的文化和社会资本。一方面,如上文所述,几位女性发现她们的种族和族裔——尤其是因为她们是女性——是文化资本,可以转换为友谊。此外,一名女性说,种族帮助她避免被贬低,因为种族使她的社会阶层神秘化。她声称,因为英国的白种人对她的社会背景不是很肯定,所以他们对她很礼貌。

为了在西方建立新的文化和社会资本,移民可采纳的策略还包括将自己变得不同于一些西方人眼中的新加坡人,即不同于那些定型观念。一名在英国某个大城市求学的女性(很多新加坡人也在那里留学)解释说,要和英国学生交朋友,她首先把自己和西方人对新加坡学生的定型观念——chao muggers,即过度学习和背诵的人——区别开来,来建立新的文化资本。她也适应了英国的酒吧文化。这种适应积极地影响了她对她偏爱的居住地——这个英国城市的认同,并增加了对新加坡的负面看法,这些负面看法在她搬到英国之前就已经产生了。

为了避免潜在的贬低和伤害,样本中的几位女性用策略在西方社会选择跟她们建立社会关系的朋友。一名女性在一个德州小镇里的大学求学,她解释说:

> 德克萨斯州人真的十分好客……我以前从未见过如此开放的人……每个人都让你感到宾至如归……没有发生那些[社会排斥和种族主义]事情的唯一原因是我知道如何避免……我从未急着结交新朋友……所有和我一起出去玩的人都不信仰宗教……我为自己划定行为界限(银行从业人员,38 岁)。

2 名受访者为了避免被贬低(维持在西方社会的部分积极认同),采用另一个策略,即通过宣称她们比那些贬低她们的人有更高的社会地位,来"辩解并消除"那些人对她们的特征的排斥。在她们眼里,那些人"无知"且"缺乏教养"。

受访者如果在西方成功地建立新友谊,可以明显促进她们对这些社会的积极认同,并使这些女性的身份认同处于跨国空间中。一位受访者反思:

> 伦敦是一个非常好的大熔炉。有很多来自不同国家的人,每一个人都愿意融合进去。每个人来到伦敦工作,然后遇见不同的人。他们没有家庭需要照顾,所以每个人都愿意融合并结交新朋友……从人际关系和友谊方面来说,比新加坡要容易得多,不是每个人都像新加坡人一样内敛。[新加坡]30或40岁的人已经不想结交更多的新朋友……而在国外,有这么多人,街上的每个人都愿意和你交谈(银行从业人员,29岁)。

在年轻女性的叙述当中,尤其明显地表现出新加坡华人女性欣赏白种人的性别本质,她们喜欢"西方男人",因为西方男性能够"为她们做更多的事情"。例如,在德克萨斯州求学的女性说喜欢她的男朋友能够为她"开枪"。样本中的许多女性指出,相较于在新加坡受到的非西方男性的态度,她们在西方被西方男性更加礼貌地对待,这增加了她们对这些社会的积极认同:

> 在英国,我还没有碰到过男性很粗鲁地对待女性的情况……我觉得,相比在新加坡,女性在英国可以获得更好的待遇……在这里,男性只是径直走到你前面插队……而在那里,男性会克制自己,让女性优先。我认为最主要的区别在于走出电梯时,英国男性都会等待女性先出去(银行从业人员,29岁)。

更多女性发现,相对于在英国,她们更容易在美国建立新的社会资本,因为在美国她们很快就被视为亚裔美国人。生活在英国大城市里的女性中,谈到与英国白人公民关系密切的不多。除了新加坡人,她们通常和有亚洲血统的人以及来自其他欧洲国家的人交朋友。只有有年幼子女的女性发现她们通过孩子的学校活动容易结交英国白种人。

尽管有这些普遍趋势,有类似特征的女性在类似特征的地方做类似事情,这些女

140　性和这些地方多大程度上产生认同在样本中还是呈现出明显的多样性，也就是说，她们在跨国空间里如何定位自己。例如，2名女性在亚洲（中国香港和菲律宾）的国际学校读大学预科，然后在两个不同的西方社会（澳大利亚和美国）读大学，对其大学有非常不同的认同。在香港接受过教育的女性发现她与其他在澳大利亚的新加坡学生共同点很少。她解释为缺乏共同的成长背景。她结交了不少澳大利亚白人学生。然而另一个在加利福尼亚州留学的女性发现这期间对她生活影响最强烈的是新加坡人。她解释说：

> ［……大学］有一个很大的新加坡人……团体。感觉真的……如此热情……他们会说：你是新加坡人吗？……他们向我介绍很好吃的餐馆……他们总是会努力教我新加坡式的英语……那时可能是我一生中，受到了最多来自新加坡影响的一段时光（研究员，26岁）。

这个有趣的比较表明，主观的特征，不仅影响了在一个有特征的指定地点女性可转换的资本的量，也影响了在跨国/地区空间里她们如何定位她们的身份认同。这一发现很重要，它表明，由于女性的主体性不同，性别、社会阶层、技能、国籍、种族、年龄和在有很多相似点地方生活的共享，以及参与相似的活动，可以发展出非常多不同形式的文化杂糅。

6.6　在新加坡重新协商成为新加坡公民

样本里的15位女性中，4位在接受采访时已再次住回新加坡几年，9位再次住回新加坡几个月，1位在新加坡和欧洲国家之间来回奔波，还有1位定居在英国并到新加坡短期停留。女性搬回新加坡的两个最常见原因是家庭和工作。正如前文所述，原因包括：照顾逐渐变老的父母和亲戚、迫切需要获得家人帮助照顾年幼子女、找份更高薪的工作、在"更加保守的文化"中抚养孩子、给孩子提供双语教育、丈夫或自己被派驻到新加坡。这些女性对在新加坡社会获得的福利的评价中，从女性性别本质来看，从家庭或住家保姆处获得帮助（在西方社会她们负担不起）是这些女性回到新加坡最大的影响因素。能够有一份事业和养育孩子，也是西方女性在亚洲不愿返回西方工作生活的原因之一(Krieg, 2006: 193)。许多女性因为获得了所需的社会和经济资源，积极表达她们与新加坡的关系。此外，她们还把这种积极认同和新加坡的效率、洁净和舒适的中产阶级生活方式联系起来。

女性对新加坡最强烈的身份认同，与她们在新加坡获得情感上的高度安全感（社会资本）有关。一位女性这样解释：

> 我感觉在很多地方如在家般自在，但我知道，如果我在国外遇到任何麻烦，我总是能再回到新加坡，因为我的家在这里（经理，30 岁）。

Giddens(1991)称这类安全感为"本体安全"(ontological security)——就是对未来的安全感。家庭是受青睐的社会资本，以至于 1—2 位女性声称，她们的认同并不真的是跨国，而是强烈归属新加坡。一个例子是一名住在英国大城市的女性，刚刚生下孩子又回到新加坡几个月，就是为了获得父母的帮助带孩子。她现在打算返回英国，她说：

> [英国这个城市]……是可以居住的家，却不是那个可以让我今后 10 到 20 年生活的家……新加坡是家，绝对是我可以长期居住的地方……[英国城市]只是居住的地方……我的根不在那里……[新加坡]可以说是我的庇护所……感觉就像我可以在这里日复一日地生活……新加坡是家，[因为]家人和在这里的舒适感（银行从业人员，29 岁）。

同时，移民了解不同社会的生活，构建新的文化资本，获得新的资源，改变文化认同，导致了他们在很大程度上对新加坡的不认同。移民一直最多抱怨的是新加坡竞争激烈和强调物质主义（金钱的重要性）。"竞争力"口语化的说法是"kiasu"，即"害怕失去"。女性常抱怨工作和生活不平衡。一名女性说：

> 在英国，人们的生活不仅仅只有工作……工作是一种维持生活方式的手段，而不是反过来，像我们这里[新加坡]这样……所以工作在他们的生活中并不是一个那么重要的因素。家庭、假期和工作之外投身的事反而重要得多……在这里，人们的生活和身份是基于他们的工作和所做的事情，而不是他们是谁。在新加

坡……我的社会地位是基于我在这家公司工作且有特定职位……其他人……和我说话只是因为我现在这个职位……现在你和他们有相同的地位,他们想要把你纳入他们的圈子(经理,35 岁)。

几名女性对新加坡的较长工作时间和分等级的工作关系持保留意见。一名曾在纽约从事银行业的女性认为,在新加坡,家庭和工作难以平衡。她解释说:

我只是了解一些新加坡之外的人情世故……我生活的重心已经……改变了……[现在]最重要的是全家幸福……在过去,我可能更在乎挣钱……觉得我必须要做第一,要做得比别人好(家庭主妇,38 岁)。

几名女性不希望子女在新加坡受教育,因为她们都对新加坡"害怕失败(kiasuness)"的风气保持迟疑的态度。一名女性说:

我认为我[经历过西方生活后]最大的改变是如何培养孩子……我更偏向于用批判的态度看待新加坡的教育体系,他们努力让孩子从很小就开始阅读……当你看着这里的儿童杂志,它像浓缩的课堂,小学一年级倒计时……在新加坡我们逼着孩子……因为还有这种压力:如果你不让你的孩子准备好……他就会失败……如果我的孩子去当地的学校,我也会有这种恐惧……每个人感觉"我必须跟上","如果我不给她这个,那么可能她不会做得和别人一样好"。当有人做得不好时,[新加坡的]学校并不是很宽容(家庭主妇,38 岁)。

但样本中其他的女性观点正好相反:她们赞赏新加坡的双语教育制度和(或)想让孩子在新加坡"更保守"的文化中成长。

一位女性提出一个有趣的说法:(由于在海外生活过)她在新加坡缺乏社会资本,这会迫使她再次离开新加坡。她宣称:

新加坡是我心灵的归属地,但因为这里的工作文化,我将来不会住在这里。在新加坡人脉很重要……你必须认识对的人才能获得成功(临时服务员,29 岁)。

显然，她认为，在澳大利亚学习和工作时获得的文化资本不足以让她在新加坡获得期望的工作。令人惊讶的是，资料也几乎无法证明，女性在西方的学习和工作对在新加坡获得的工作能提供多大帮助。在新加坡，许多女性在定义文化资本来获得期望资源中处于从属地位，是因为她们采纳西方文化中的元素，把身份认同定位在跨国空间里。今年35岁的经理甚至说她找不到结婚对象：

> 我在这里还没有找到此生的伴侣……我认为作为一名女性，身居我这样的职位，很多男人会被吓倒，尤其是亚洲男性。他们不是很热衷和独立自主，敢于说出自己的想法，性格大胆，[已经]有世界眼光，挣钱能力和男人相差无几的女性出去（经理，35岁）。

几位女性解释道，因为自己日益西化，她们不得不改变在新加坡的社交网络。一位女性说，她在新加坡过着"双重生活"：她既和"当地人"（出生于本地的新加坡人）交朋友，也和更西化的新加坡人或在新加坡的西方人建立友谊。然而，由于新加坡的国际化特征，包括大量的外籍居民（Yeoh, 2007, Chan, 2009：68 引用），使新加坡社会在一定程度上接受了其他女性的文化和社会特征的改变。3名在亚洲其他社会中居住过（中国内地、中国香港以及日本）的女性发现，由于新加坡的世界性特征，她们在亚洲其他社会的经历增加了她们对新加坡的积极认同。

然而，样本中有近一半的女性或多或少有再搬到国外的具体计划，并说这样做主要是为了获得西方的文化和社会资源。一位女性计划一旦她在新加坡的亲戚去世，就会永远离开新加坡，她说道：

> 当我第一次离开新加坡时，我已经快窒息了。只有工作、工作，没有生活可言。生活没有什么意义，人人都在谈论买房、买车……（他们说）我的孩子得了两个A，我的丈夫给我买了颗钻石……[在国外]我和我认为思想有深度的人在一起，在这里我发现自己很难重新融入这里……在这里人们努力超过你，这里有高压锅综合征（家庭主妇，51岁）。

有趣的是，在15个样本中，她也是在新加坡重新定义文化资本中最成功的。她说，家人开始欣赏她的某些方面，比如变得更加西化，变得更善于表达、思想独立，因为他们喜欢她精心准备的晚餐聚会。本节资料表明，当新加坡缺乏女性期望的社会资本时，这是激励她们考虑移居国外或再次出国的重要原因。

6.7 结论

本章表明，用文化资本的理论，以及文化、社会和经济资本相互转换的理论进行研究，可以让我们评估，创造出女性社会不平等的因素（她们的种族、族裔、国籍、性别、年龄、社会阶层、技术和女性生活和/或工作地点的特征）是否、为何以及如何在另一个跨国空间里构成。这三种资本形式的抽象性质，使这项研究成为可能：这些因素以多方位的方式交叉（尤其是创建新的和必要的文化资本），这意味着这些因素未必只是简单增加或减少社会的不平等。

本章应用的理论框架，帮助我们进行交叉性分析，关于这个理论的研究不多，传统而言，它还涉及解释劣势的进一步恶化（Kivisto & Hartung, 2007; Dill & Zambrana, 2008）。本章的一个例子展现了，创造出社会不平等现象有关的几个因素可以在多个方向同时交叉来创造出优缺点，为女性们构建所需的新文化资本来获取期望的资源。通过观察这个例子发现，高技术女性喜欢在多元文化和讲英语的西方社会中轻松地建立新的社会资本，这种情况主要是因为女性的种族与族裔差异在这些社会中会得到一定程度的欣赏。本章表明，获取期望的新资源取决于女性的目标及她们的地理位置、年龄和种族的特性，这些特征既可以增加也可以减少文化资本对获取期望的新资源的作用。在这样一个框架下研究是适合跨国背景和全球化分析的，因为这种情况增加了定义文化资本的手段（Girard & Bauder, 2007; Held, 2004）。

分析和论证这种共时性意味着理解Bourdieu资本转换理论如何帮助理解在跨国背景下社会不平等的再现。女性的文化、社会和经济资本允不允许她们获取期望资源，调查的数据显示出多方向性。例如，样本中许多女性发现，当生活在西方社会中，由于她们缺乏社会资本（来自家庭的帮助），有时是经济资本（支付保姆工资的能力），母亲（身份）和职业的结合受到了阻碍。因为这些原因，几名女性利用其文化和社会资本，即她们在新加坡的家庭，通过搬回新加坡来实现她们的事业和母亲（身份）结合的愿望。

本章表明，重复移民女性的身份认同几乎总是存在于跨国空间中，因为她们对曾经居住的社会不同文化既认同又不认同。女性的文化杂糅反映其跨国处境，并且这种处境已经和女性的成功和/或失败，以及通过移民构建所需的新文化资本来获得所需的资源紧密联系。资料还显示，尽管女性在跨国认同上有共同趋势，如赞赏西方社会对多样性的包容，在新加坡财务和情感上的安全感，但并不是样本中所有的女性都有这种认同，尽管事实上这些女性有相同的种族、国籍、技术水平、性别、高度城市化和重复移民经历。正如本章表明，不同项目和不同的主体性等因素影响了女性的定位，即她们在跨国空间里如何定位认同。

本章中运用的分析框架，使我们能够看出这些女性有高度的文化多样性，也使文化和地方特征的本质主义理念变得毫无价值。关于重复移民鲜有研究，Onwumechili 等人（2003）和 Ossman（2004）的研究发现，重复移民认同（经常）在多个方向上改变。此外，我的资料也显示出这一事实：重复移民导致她们多样、多方位的文化变化，使得女性形成更国际化的身份，往往也导致不同程度的文化不认同。在样本中，一名女性在陈述中也明显提到了这样的经历，如"从很久以前开始，家对我来说就不再是一个地方"，有些女性称她们不会对任何一种文化特别忠诚，或者说，她们经常改变文化认同。因此这些资料表明，世界主义伴随着一定程度的反世界主义。

然而这种文化不认同的增多也表达了在跨国空间中，中产阶级新加坡重复移民华人女性高技术人才较高层次的、获取期望资源的需求[Chapman 给出了关于什么导致文化不认同的另一个观点（第9章）]。一方面，女性可以利用她们的语言技能、教育、重复移民和中产阶级地位，以及她们的种族和族裔，来获得所需的文化特征，并显示出合法能力来获取期望资源。另一方面，资料表明，几乎所有重复移民女性不得不适应已有的其他人和机构制定的关于文化资本的定义；除了再次跨越国界，女性自身的资本对协商这种定义的影响力有限。协商文化资本定义（合法能力获得期望资源的定义）唯一成功的女性，能在她新加坡的家庭成员中做到，因为在家庭中她已经有强大的社会资本。以上的事实是很明显的，缺乏强大社会资本，影响重复移民女性定义合法能力或获得期望资源的条款条件能力。一名女性认为，她不能用她在海外的工作经验作为在新加坡的文化资本，因为她缺乏在新加坡的社会资本，这个例子证实了这一发现。

上述调查结果对 Bourdieu（1984，1986）资本转换理论有重大贡献。相较于跨国背景下，在国家背景下研究资本转换缺乏定义文化资本的多种参与者和机构。他认为，文化和社会资本在历史上就植根于经济资本。虽然本章中的资料都与高技术人才和中产阶级的女性有关,她们也指出拥有或者缺乏社会资本可能会对跨国空间中社会不平等的再现产生重要影响。

致谢 这项研究由新加坡南洋理工大学学术研究基金的一级研究基金提供支持。感谢抽空参与这项研究的所有人。感谢 Vivien Won 进行了专业的访谈,感谢南洋理工大学社会学专业的学生记录访谈,感谢 Sithi Hawwa 整理跨国移民轨迹的资料。感谢 Chan Kwok-bun 和 Philip Kelly 对本章早期版本给出的评价。

参考文献

Anthias, F. (2001). New hybridities, old concepts: The limits of 'culture'. *Ethnic and Racial Studies*, 24(4), 619-641.

Borjas, G. J. (2000). Economics of migration. *International Encyclopedia of the Social and Behavioural Sciences* Section No. 3(4), Article No. 38.

Bourdieu, P. (1984). *Distinction: A social critique of the judgement of taste*. Cambridge: Harvard University Press.

Bourdieu, P. (1986). The forms of capital. In J. G. Richardson (Ed.), *Handbook of theory and research for the sociology of education* (pp. 241-258). New York: Greenwood Press.

Butler, J. (1990). *Gender trouble, feminism and the subversion of identity*. New York: Routledge.

Chan, K. B. (2005). *Chinese identities, ethnicity and cosmopolitanism*. London: Routledge.

Chan, K. B. (2009). *Policies and strategies of Israel and Singapore to attract, develop and retain returnee talents*. Hong Kong: Central Policy Unit, The Government of the Hong Kong Special Administrative Region.

Christou, A., & King, R. (2006). Migrants encounter migrants in the city: The changing context of 'home' for second-generation Greek-American return migrants. *International Journal of Urban and Regional Research*, 30(4), 816-835.

Constable, N. (1999). At home but not at home: Filipina narratives of ambivalent returns. *Cultural Anthropology*, 14(2), 203-228.

Department of Homeland Security. (2008). *Yearbook of immigration statistics*. http://www.dhs.gov/files/statistics Accessed September 20, 2010.

Diaz, C. (2002). Conversational heuristics as a reflexive method for feminist research. *International Review of Sociology*, 12(2), 249-255.

Dill, B. T., & Zambrana, R. E. (Eds.). (2008). *Emerging intersections: Race, class, and gender in theory, policy, and practice*. New Brunswick: Rutgers University Press.

Foner, N. (2007). How exceptional is New York? Migration and multiculturalism in the empire city. *Ethnic and Racial Studies*, 30(6), 999-1023.

Giddens, A. (1991). Tribulations of the self. In A. Gidddens (Ed.), *Modernity and self-identity: Self and society in the late modern age* (pp. 181-208). Cambridge: Polity Press.

Girard, E. R., & Bauder, H. (2007). Assimilation and exclusion of foreign trained engineers in Canada: Inside a professional regulatory organization. *Antipode*, *39*(1), 35 – 53.

Gmelch, G. (1992). *Double passage: The lives of Caribbean migrants abroad and back home*. Ann Arbour: The University of Michigan Press.

Held, D. (Ed.). (2004). *A globalizing world: Culture, economic, politics*. London: Routledge.

Higginbotham, E. (2009). Entering a profession: Race, gender, and class in the lives of black women attorneys. In B. T. Dill & R. E. Zambrana (Eds.), *Emerging intersections: Race, class, and gender in theory, policy, and practice* (pp. 22 – 49). New Brunswick: Rutgers University Press.

Ho, E. L. E. (2008). 'Flexible citizenship' or familial ties that bind? Singaporean transmigrants in London. *International Migration*, *46*(4), 145 – 173.

Iglicka, K. (1998). Are they fellow countrymen or not? The migration of ethnic poles from Kazakhstan to Poland. *International Migration Review*, *32*(4), 995 – 1014.

Kivisto, P., & Hartung, E. (Eds.). (2007). *Intersecting inequalities: Class, race, sex and sexualities*. Upper Saddle River: Pearson.

Kloosterman, R., & Rath, J. (2001). Immigrant entrepreneurs in advanced economies: Mixed embeddedness further explored. *Journal of Ethnic and Migration Studies*, *27*(2), 189 – 201.

Kong, L. (1999). Globalisation and Singaporean transmigration: Re-imagining and negotiating national identity. *Political Geography*, *18*(5), 536 – 589.

Kor, K. B. (2010, 24 November). Homegrown firms, overseas S'poreans key to progress. *The Straits Times*.

Krieg, R. (2006). Gender in cross-cultural management: Women's careers in Sino-German joint ventures. In L. Douw & K. B. Chan (Eds.), *Conflict and innovation: Joint ventures in China* (pp. 184 – 207). Leiden: Brill.

Lan, P. C. (2003). They have more money but I speak better english! Transnational encounters between Filipina domestics and Taiwanese employers. *Identities: Global Studies in Culture and Power*, *10*(2), 133 – 161.

Li, X., & Chew, C. (2010, 21 October). What PM Lee would have done differently... *The Straits Times*.

Lutz, H., Herrera-Vivar, M. T., & Supik, L. (Eds.). (2011). *Framing intersectionality: Debates on a multi-faceted concept in gender studies*. Farnham: Ashgate.

Nederveen Pieterse, J. N. (1997). Globalization as hybridization. In M. Featherstone, S. Lash, & R. Robertson (Eds.), *Global modernities* (pp. 45 – 68). London: Sage Publications.

Ong, A. (1999). *Flexible citizenship: The cultural logics of transnationality*. Durham: Duke University Press.

Onwumechili, C., Nwosu, P. O., Jackson, R. L., II. & James-Hughes, J. (2003). In the deep valley with mountains to climb: Exploring identity and multiple reacculturation.

International Journal of Intercultural Relations, 27(1), 41–62.

Oon, C. (2008, 13 February). S'pore loses 1,000 top talents yearly: MM Lee. *The Straits Times*.

Ossman, S. (2004). Emerging research: Studies in serial migration. *International Migration*, 42(4), 111–121.

Plüss, C. (2005). Constructing globalised ethnicity: Migrants from India in Hong Kong. *International Sociology*, 20(2), 201–224.

Plüss, C. (2009). Trans-national biographies and trans-national habiti: The case of Chinese Singaporeans in Hong Kong. In D. Heng & S. M. K. Aljuned (Eds.), *Reframing Singapore: Memory, identity and trans-regionalism* (Selected papers from the 5th international convention of Asian scholars) (pp. 195–210). Amsterdam: Amsterdam University Press/ICAS.

Plüss, C. (2011). Baghdadi jews in Hong Kong: Converting cultural, social and economic capital among three transregional networks. *Global Networks: A Journal of Transnational Affairs*, 10(4), 82–96.

Savage, M., & Bennet, T. (2005). Editors' introduction: Cultural capital and social inequality. *The British Journal of Sociology*, 56(1), 1–11.

Singapore Department of Statistics. (2008). *Statistics Singapore—Time series on population*. http://www.singstat.gov.sg/stats/themes/people/hist/popn.html Accessed January 28, 2009.

Singapore Department of Statistics. (2009). *Statistics Singapore-Population in brief*. http://www.singstat.gov.sg/stats/themes/people/popinbrief2009.pdfl Accessed December 21, 2009.

Weenink, D. (2008). Cosmopolitanism as a form of capital: Parents preparing their children for a globalizing world. *Sociology*, 42(6), 1089–1106.

Yap, M. T. (1994). Brain drain or links to the world: Views on emigrants from Singapore. *Asia Pacific Migration Journal*, 3(2–3), 411–429.

Yeoh, B. A. S. (2007). Singapore: Hungry for foreign workers at all skill levels. Singapore: Migration Policy Institute.

Yeoh, B. A. S., & Willis, K. (2005). Singaporean and British transmigrants in China and the cultural politics of contact zones. *Journal of Ethnic and Migration Studies*, 1(2), 260–284.

（陈玲，胡婧译）

第7章
跨国母职在全球化儿童培养中的作用：
以在新加坡的韩国教育移民为例

Yoonhee Kang[①]

---

① Y. Kang
　人类学系,首尔国立大学,首尔,韩国
　e-mail: yhkang@snu.ac.kr

7.1 介绍

近几年来,越来越多韩国小学生和中学生选择到新加坡留学。在本章中,我将根据大韩民国人(以下简称韩国人)教育移民新加坡的情况,对跨国迁移、教育和育儿观念间的相互作用进行探究。文中的教育迁移也可以称为"低龄留学"(early study abroad)。在实行教育迁移的家庭中,儿童常由母亲陪同,父亲留在韩国工作并为国外的家人提供经济支持。在韩国,这些跨国分离的家庭俗称"大雁家庭"(girogigajok)。基于正在进行的、针对来到新加坡的韩国"大雁"家庭民族志的研究,本文探究了母亲这一角色对孩子早期的新加坡留学经历的重要性和意义。值得特别指出的是,本文说明了:在韩国家长和孩子希望成为"全球公民"的背景下,韩国的传统家庭理念和母亲的传统育儿理念的交叉如何自相矛盾地创造出新的跨国身份——"全球化孩子"。这种跨国身份来源于韩国父母和孩子想要成为"全球公民"的愿望。

近年来,教育迁移呈现出上升的社会趋势,特别是亚洲学生留学以英语为母语的国家,如美国和加拿大(Waters, 2008; Zhou, 1998),澳大利亚和新西兰(Butcher, 2004; Collins, 2008a; Ho & Bedford, 2008; Reynolds, 2006),很多研究都据此展开。这些研究的作者还讨论了为子女教育选择跨国/地区生活的新兴亚洲家庭,包括中国香港和加拿大的"太空人家庭"(Chiang, 2008; Waters, 2005, 2006),北美地区的中国台湾"降落伞孩子"(Zhou, 1998),以及新加坡的中国"陪读妈妈"(Huang & Yeoh, 2005)。这些新的家庭和他们的日常安排常被视为移民策略,通过在海外接受教育使孩子的文化资本积累最大化(Bourdieu, 1986)。在这个策略执行过程中,父亲(丈夫)留在亚洲挣钱养家,母亲(妻子)则在跨国/地区移民过程中为孩子提供支持。一般情况下,这种研究描述的是教育移民从东亚来到英语国家的情况,这也是一个积累各种形式,在他们本国无法获得的文化资本的过程(Waters, 2008)。以韩国为例,英语水平作为一种重要的文化资本,已成为韩国学生在英语国家低龄留学的主要原因(Chew, 2009; Cho, 2004; Choi, 2006; Lee & Koo, 2006)。在这个资本累积过程中,在人们眼中,父母,尤其是母亲,是"自我牺牲"的,尽管母亲自己也会遇到一定的困难,会经历痛苦,但是她们仍然选择陪伴和支持孩子,帮助孩子克服海外教育中遇到的一切困难和挑战(Huang & Yeoh, 2005;Lee, 2010)。

韩国国际分离家庭的出现,被认为是保证孩子学业成功的主要策略(Cho, 2004;Choi, 2006;Jo 等,2007)。例如,Cho(2004)声称"工具性"的家庭意识形态和期望儿童实现高社会流动性是这种新型跨国分离家庭的主要思想基础。传统上,韩国母亲被视作儿童的主要照顾者和教育者,她们的职责是帮助孩子实现社会阶层的向上流动(Park & Abelmann, 2004)。韩国社会的儒家父权意识形态强调父母与子女间的代际关系,而非夫妻间的关系;也一直强调女性作为母亲的角色,而非妻子的角色(Cho, 1988)。父亲挣钱养家,母亲照顾家庭,角色分工严格,这种现象非常普遍。特别是在这样的背景下,母亲往往在孩子低龄留学期间陪伴其子女。韩国人仍相信,相对于家庭中的任何其他角色,父母的角色理应更为重要,因此孩子的教育成了夫妻暂时分离的正当理由(Choi, 2006)。

在此背景下,对于孩子的低龄留学(jogi yuhak)问题,特别是"何时"和"何地"陪孩子去国外接受早期教育,由母亲负责认真收集相关信息并作出慎重的决定,她们通常被描述为能干的"经理"。然而关于教育移民的研究把母亲的角色当成了理所当然,认为母亲照顾好孩子就能帮助孩子更好地适应跨国移民。出于同样的原因,韩国主流社会言论把母亲描述为全权控制她们孩子活动的"经理"——从将来的学习计划到日常私课的安排——意味着母亲是孩子学业成功的主要工具(Park & Abelmann, 2004;Park, 2007)。在此背景下,在韩国被称为"经理妈妈"(menijeo eomma)的"大雁母亲们"让丈夫留在国内,自己陪伴孩子,成了"密集母爱"(Hays, 1996)的缩影(Park, 2007)。由于母亲的陪伴被轻易地归为促进孩子学业成绩提高的家庭策略,因此这些母亲在孩子们教育中的角色也被认为是理所当然的。

然而,我的研究驳斥了母亲的照顾和儿童学业成绩间简单的一对一关系。和其他研究相反,我的分析揭示了多层次的意义建构(meaning-making)过程。在此过程中,低龄赴新加坡留学的韩国学生和他们的母亲认为并且认识到母亲的照顾是一种宝贵的资源。值得特别指出的是,我通过分析发现在韩国移民的文化逻辑中,母亲的"影子劳动"(Hochschild, 1983)——家务劳动和对孩子的照顾被转化为让孩子成功的重要情感和社会资源。我认为对融入跨国移民生活经历中的韩国母亲的角色而言,经常被商榷和重新定义为她们对孩子未来社会身份的期望。因此,我的话语分析强调了韩国"大雁"母亲的照顾和孩子的成功之间的联系,并揭示了在教育移民背景下,韩国移民对母亲的概念如何与对孩子的期望相交叉。

为讨论新加坡的韩国教育移民如何把母亲的照顾想象成一种可使孩子获益的资源,特别是学业上的益处,我采用了"感情资本"这一概念（Reay, 2000, 2004; Zembylas, 2007）。然而,在以往的研究中,这一概念通常专指父母在儿童教育上的感情投入（Reay, 2000, 2004; Gillies, 2006）,而我使用这一概念的范围相当广泛,包括几种形式的情感实践和资源,如学生被鼓励通过跨国移民来获得自信和适应能力。

为研究韩国"大雁"母亲如何产生各种情感资本,以帮助其子女在新加坡的低龄留学,我首先调查了韩国母亲传统形象的连续性和变迁。韩国母亲的传统形象是"自我牺牲的",并且非常关注孩子们的身体和情感健康。为什么母亲要陪孩子留学,对家庭和食物的观念在韩国父母和孩子的理由中反复出现。从这个角度出发,我发现了韩国母亲对儿童有以下两个迥然不同甚至相互矛盾的态度：一是在跨国移民的过程中,母亲通过给孩子提供尽可能好的家庭环境来安抚面临困难和挑战的孩子。二是用一种看似矛盾的方式,她们努力确保孩子接触足够多的挑战和激励——为成为全球公民道路上将遇到的更大的挑战做好充足"准备",即成为一个可以往来世界各地并融入当地的人。这两种态度的交叉反过来也反映了父母对孩子的双重期望,他们既希望把孩子培养成具备语言技能和知识的智力能力的精英,也希望把孩子培养成世界主义者——理想的跨国主体,具备多元文化的各种特征,这也是另一种形式的文化资本（Weenik, 2008）。

我们对韩国母亲在跨国移民过程中的两种不同态度的交叉进行了研究,研究结果表明这些意识形态实际上有着共同的思想基础：传统的母亲形象不仅在当下,也在将来的社会背景中极为关注孩子的身体和情感健康,因此,在其想象轨迹中,韩国母亲常把孩子到新加坡的低龄留学当作是孩子成为全球公民这一长期努力的准备过程。在此背景下,母亲选择了新加坡,这本身似乎是尝试选择"不那么具有挑战性的"、"友好的"、亚洲范围内的社会,希望减少孩子可能会面临的困难和艰辛。因此,在跨国移民中新兴的母亲角色似乎和传统的母亲形象不同,我的分析表明了当形成这种新型的"全球化孩子"——即"能以世界各地为家"的跨国主体时,传统育儿和母亲的观念是构成这些所谓矛盾形象的基础。

尤为值得一提的是,一个人通向更大的世界的能力不是简单地增加智力资源或学历。相反,这种能力要求拥有各种个人资源,包括如自信和自尊等情感财富。从这个角度来看,在新加坡的韩国孩子低龄留学的意义超出了简单的语言习得和文化资本。

相反,它可以被重新定义为在努力成为全球领袖的过程中,获得自尊和自信的过程。因此,这项研究通过关注低龄留学的情感维度,表明韩国母亲对孩子的关注面非常广,不仅关心孩子智力资源的获取,也关心孩子情绪属性和行为属性的成就。在这个基础上,我认为我们需要密切关注在当地背景下教育移民的多种动机并理解他们,而不是用简单的"文化资本的地理布局"来解释亚洲学生寻求海外教育的行为。"文化资本的地理布局"主要是基于如英语水平、大学学位和世界性的生活方式等期望文化资源的可获得性(Waters,2005,2006)。此外,本研究特别关注跨国移民轨迹的情感"领域",正如在新加坡的韩国教育移民经历并想象出一个情感"领域"。

自2008年8月以来,我一直进行着关于在新加坡的韩国中小学学生及其家庭的民族志研究,本章分析用到的数据便取自于此。本章的分析特别以18名韩国母亲和2位祖母的深入访谈为基础,她们是通过滚雪球抽样中的人际关系网络找到的。截止到2009年12月,采访资料还包括我对60名受访者的书面调查。大多数受访者在2005年至2008年间为了子女或孙子孙女的教育搬到新加坡。此外,我对8岁至18岁的约20名儿童进行个人和焦点小组访谈。他们中的绝大多数和母亲或祖母搬到新加坡,尽管一些孩子独自到新加坡并住到"寄宿家庭"。所有对母亲及其孩子的个别访谈都在受访者家里进行,而对孩子的焦点小组访谈则在孩子们活动间隙在其他地方进行,如在新加坡的韩国学校里韩国学生进行年度表演时,基督教青年会里的韩国教会和足球培训课的韩国学生参加聚餐时。所有的采访都用韩语进行,并相应地记录和转写。

7.2 低龄留学(jogi yuhak)和韩国"大雁"(girogi)家庭

自20世纪90年代中期以来,韩国的大学预科学生低龄留学的社会现象与日俱增(Jo等,2007)。2006年,3万名中小学学生——超过韩国大学预科学生[①]总数的10%以上——离开韩国出国留学。因为英语历来被认为是最重要的全球语言,这些学生中的许多人去了英语国家,如美国、加拿大、澳大利亚和新西兰,希望能够提高英语语言能力(Jo等,2007;Lee & Koo,2006;Oh,2008;Paik,2008)。

[①] 教育部,科学技术,小学初中高中学生早期出国留学或归国概述。2005年报告参见网址 http://www.mest.go.kr/me_kor/inform/1/2/120787 1_10862.html(2010年7月11日访问)。

特别是 1997 年发生的韩国金融危机,以及后来经济和社会的重建,都要求韩国人融入全球系统。由于英语国家(比如西方国家)往往被看作是全球化过程中经济和文化力量的中心,因此很多韩国人在追寻全球化过程中,把英语水平作为重要的语言资本和文化资本(Park,2009)。在公共话语中,这种父母对儿童的愿望往往转化为希望将孩子培养成为全球化者(segyein)或全球精英(global injae),在很大程度上符合主流的新自由主义话语对富有竞争力和自信的主体的描述(Abelmann 等, 2009;Walkerdine,2006)。从这个角度来看,送孩子低龄留学是一个基本策略,旨在保证孩子顺利地成为全球精英(Cho,2004;Choi,2006;Jo 等,2007;Oh,2008)。

然而,这种做法建立了一种新式跨国家庭:父亲仍然留在韩国养家糊口,而母亲陪孩子们出国并作为其跨国移民的旅途经理人(Chew,2009;Lee & Koo,2006;Cho,2004)。韩国经济危机之后经济社会的变化造成了韩国人对下一代就业市场的集体焦虑,这种跨国分裂家庭经常被认为是应对经济和社会变化的新策略,通常称为"大雁"家庭(Choi,2006;Jo 等,2007;Oh,2008)。Un Cho(2004)进一步表明,实验主义的家庭意识形态以及希望孩子获得较高的社会流动性[①]的愿望导致了焦虑。

很多报道关注到这种家庭安排形式下家庭破裂的情况,如由于夫妻长期分离,父亲与子女之间也缺乏联系,导致婚姻家庭不和谐。据报道,韩国的一些"大雁"父亲因为孤独产生了一定的心理问题,有时会导致婚外情、离婚,在一些极端的情况下甚至自杀(Choi,2006)。其中许多父亲每月向海外的家属汇款 3,000 至 5,000 美元[②],因此他们也遭受财务问题。在公共话语中,"大雁"父亲经常被描述为仅有工具性价值,同时,在其孩子低龄留学中处于被动的位置。

然而,一些其他学术著作显示,父亲有时通过建立这种跨国家庭关系(Lee &

[①] 当然,这种早期留学的上升趋势以及最大化孩子获取全球水准国际教育的机会,并非纯粹是个人或家庭的策略。还应指出,有其他机构的力量和关系网络促进孩子早期留学(参见 Collins 2008a & Kwak 2008 奥克兰和温哥华的案例研究)。比如说,大量的被称为 yuhakweon 的海外教育机构在韩国和移民目的地国家均存在,这些机构在促进和推动韩国家庭教育移民上发挥了至关重要的作用。教育机构声称,当学生打算离开韩国时,他们可以帮助学生对海外学校的学习做好准备;而当学生到达目的地国时,他们在当地的办事处则能为家庭每一步都提供帮助,称为"通向学习的桥梁"(Collins,2008a)。

[②] "大雁父亲调查:大约 34% 的大雁父亲每月汇款 300 万—500 万韩元(3,000—5,000 美元)",http://www.clonga.com/fbin/output? n = 200606070088,December 7,2006(2010 年 12 月 1 日访问)。

Koo，2006)或最后决定孩子是否留学，也积极参与到了孩子的低龄留学中(Choi，2006)。大多数"大雁"家庭的安排是基于强烈的家庭性别分工的传统意识形态，如父亲养家糊口，母亲照顾家庭(Lee & Koo，2006)。尽管母亲在孩子低龄留学中参与度更高，但在强烈而传统的父权制性别意识形态下，父亲在决策过程中仍然扮演了关键角色。因此，母亲更确切地说，是"留学领队"，在孩子低龄留学过程中实际采取行动并照顾孩子，而父亲仍然是家庭计划的最终决策者(Lee，2010)[①]。

"大雁"母亲积极地参与孩子的留学活动，有时被负面地描述成对孩子的教育"不顾一切"甚至是"狂热"(geukseong)，这种对儿童教育"狂热"的态度往往被认为是母亲的野心和欲望，而不顾孩子自己的愿望和幸福。此外，"大雁"母亲"明显"地愿意陪伴孩子到海外接受教育，有时候被认为是有其隐藏的动机，包括她们希望远离家庭冲突，如和丈夫以及公婆的冲突(Cho，2004；Lee & Koo，2006)。因此，"大雁"母亲(girogi eomma)这个词一直被韩国人贬低为一个负面的标签，是"狂热的母亲"(geukseong eomma)的缩影。例如，在新加坡的韩国群体中，韩国移民对"大雁"母亲的看法是多方面的，而且充满矛盾，经常对这种母亲产生既正面又负面的看法。然而，我在新加坡遇到的许多"大雁"母亲说，她们不在乎其他韩国人对其存有这样污蔑性的看法。相反，"大雁"母亲认为她们做出了牺牲，同时也甘愿奉献，还是"专业"且智慧的母亲，能够积极参与孩子的教育管理。近期另一项关于韩国"大雁"母亲的研究在加拿大进行，这个研究也证实了她们的这种态度(Lee，2010)。

在此背景下，"大雁"母亲关于孩子是否需要低龄留学，尤其是何时何地留学，认真地严格地收集信息并作出审慎的决定(Cho，2004)，经常被描述为能干的经理人。她们不但计划着孩子的低龄留学，也是陪伴的"留学领队"。因此，母亲需要有足够的英语技能来安排其子女的学习和日常活动——是她们管理角色中重要的能力之一(Cho，2004)。然而，到美国和加拿大以外国家留学，这些跨国迁移以不同的方式塑造并改变韩国移民母亲和其孩子的移民经历。因此，我用在新加坡的"大雁"母亲的例子来调查，在不那么传统的低龄留学目的国的"大雁"母亲如何协调和重新定义经理母亲的角色。

[①] 然而，事实上，韩国跨国家庭安排和做法也会有很多变化。根据每个家庭的情况，传统观念中的家庭事务性别分工是可以调整并改变的。比如，我在新加坡就遇到一些"大雁"父亲，他们陪伴孩子到新加坡并且照顾孩子，而孩子的母亲则在韩国工作，负责挣钱养家(Kang，2010)。

7.3　为什么选择新加坡？到新加坡低龄留学的动机

如前一节所述，自 20 世纪 90 年代中期以来，韩国学生到英语国家低龄留学的热潮已经十分明朗。然而，在过去的几年中发生了两个重要的变化：越来越多的小学生甚至幼儿园学生到国外留学，越来越多的韩国学生搬到中国和马来西亚、菲律宾、印度尼西亚、新加坡等东南亚国家(Kim，2010)。实事求是地说，在这些国家生活费用大大降低，地理位置上也接近韩国，因此这些韩国人更喜欢把孩子送到东南亚国家去留学。直至 2006 年，以英语为官方语言的新加坡和英语非常常用的菲律宾，成为低龄留学生以及短期语言培训生最热门的留学地点[①]。新加坡在过去几年中已然越来越受欢迎。例如，2005 年，新加坡国际和公立学校韩国中小学学生注册总人数是 1,500 人；到 2008 年，人数增加到了 6,500 人[②]。事实上，到新加坡公立学校注册的韩国学生人数自 2005 年[③]以来已经翻了一番。

许多韩国家庭到新加坡的另一个原因是他们渴望获得另一种重要的语言资本——普通话。中国发展快速，且已成为一个重要的全球新兴市场，人们已开始认识到汉语的重要性。因此，新加坡有强有力的双语政策，对于那些想要孩子学习普通话的家长来说，是很有吸引力的选择。最特别的是，作为一个由三个主要族裔群体组成的——华人、马来人和印度人——多种族和多元文化的社会，新加坡强调儿童的母语教育，努力保留其族裔和语言遗产(Wee，2006)。事实上，尽管英语是其官方语言，并在教育和其他公共场合中使用，但新加坡超过 75％的人口是华人，所以经常被视为中国文化的一部分。

相比定居在其他传统留学国家的"大雁"家庭(例如美国和加拿大)，多数在新加坡的韩国"大雁"家庭相对没有那么富裕，但他们大部分都是中产或上层中产阶层(Kim，2010)。然而，我调查过和采访过的大部分受访者，他们都来自表面看似宽裕的家庭，他们身处韩国的父亲每个月给他们汇款 5,000—8,000 新元(3,000—5,500 美元)。他

[①] "Geubjeonghaneun Dongncima Chogi Yuhak"[东南亚早期留学生数量快速增长]，京乡新闻，2007 年 10 月 27 日，http://news.khan.co.kr/section/khan_art__view.html?mode=view&artid=200710261502031&code=900308(2008 年 4 月 8 日访问)。
[②] "越来越多韩国人到新加坡留学"，亚洲新闻频道，2008 年 2 月 10 日。
[③] 新加坡韩国协会，2006 年 6 月 16 日，www.koreansingapore.org(2008 年 1 月 18 日访问)。

们所住公寓每月租金平均在 2,500—4,000 新元之间（1,700—2,600 美元），具体租金取决于房间数量及地理位置，有时，这些"大雁"母亲把他们的住所转租给其他独自来到新加坡的韩国学生，共同创造出一个"寄宿家庭"。这些寄宿的学生通常每月支付房租和三餐 1,500—2,000 新元（1,000—1,500 美元），这样"大雁"母亲能够在经济上支持家庭，缓解她们丈夫的经济负担。

在现实生活中，到新加坡低龄留学时间往往较短，通常被称为"两年项目"。因此，很多受访者根据儿童的年龄，打算 2 年左右就回到韩国。比如说，许多小学生计划回到韩国接受初高中教育，尽管其他初高中学生计划一直待在新加坡，直到上大学为止。当被问到高等教育时，许多家长回答，他们宁可让孩子"选择他们想去的地方"，或者打个比方来说，"让孩子去闯一个更大的世界"。大体来说，韩国移民倾向于把自己的新加坡移民经历当成他们为实现终极梦想做出的一大跨越——在这日益全球化的世界里，把孩子培养成"成功人士"（Kang，未注明日期）。

7.4　韩国孩子低龄留学新加坡过程中母亲扮演的角色

7.4.1　再现日常熟悉环境

韩国母亲和孩子常常把韩国母亲扮演的主要角色描述为给孩子一个家，让孩子产生一种归属感和依恋感，尽管孩子面临着跨越国境的压力。从这个角度来说，母亲应在跨国空间里重新创造出孩子在韩国所熟悉的环境以及孩子所喜欢的社会条件。他们相信，这种熟悉会让孩子感到舒适，能够让孩子克服如果没有这种熟悉感所感到的痛苦和困难。

人们为了在国外环境中创造熟悉感，一个主要的文化手段是烹调和饮食（Collins，2008b）。为什么在低龄留学过程中母亲应该陪伴孩子？因为食物是一个主题，这个观点不足为奇。换句话说，韩国母亲需要继续操持日常的家务，如做饭。事实上，韩国"大雁"母亲有时开玩笑地说，她们感觉自己是佣人。比如，在焦点组访谈中，当问及四位韩国母亲是否有家佣时（在新加坡很常见），她们开玩笑地回答，"不，我们没有佣人。事实上，我们就是佣人，百分之百的佣人"。

母亲作为主要照料者的形象在孩子观念中也被认可。然而，这些孩子认为母亲的照顾不仅仅是家务上的。Hyung-Su 是一名 18 岁男孩，曾到新加坡留学 3 年。他的评论证明了以上的观点。他和他 15 岁的妹妹 Hyung-Ji 初次到新加坡时是寄宿在一个当地家庭,而他们的母亲在韩国做全职工作。在得知 Hyung-Ji 经常生病之后,母亲辞职到新加坡照顾两个孩子,此时两个孩子已经在新加坡生活了一年半。两个孩子这样描述当他们得知母亲来到新加坡时的反应:

〈例1〉对 Hyung-Su 和 Hyung-Ji 采访的一个节选。

> 访问者:你们的母亲到这儿之后,你最喜欢什么?
> Hyung-Su:家里(吃饭时)有米饭了。(笑声)
> Hyung-Ji:是的,家里的米饭。(笑声)
> Hyung-Su:有米饭的地方就是家。(笑声)
> 访问者:(笑声)除了米饭之外,有没有其他喜欢的?
> Hyung-Ji:当我们生病时,有人照顾我们。
> Hyung-Su:她帮我们洗衣服。(笑声)
> 访问者:(在你们母亲来)之前,你们洗衣服吗?
> Hyung-Su:不,寄宿家庭帮我们洗,但这和以前妈妈洗衣服完全不同。
> Hyung-Ji:(当和母亲在一起的时候)我感觉舒服多了。
> Hyung-Su:我的心理也不一样了:和妈妈在一起,我感觉就像在家一样(的确,我的精神很放松)。

这个节选强调了母亲操持家务和其他人做家务是不同的。正如 Hyung-Su 所说,尽管在跨国移民的过程中他们会遇到种种挑战和困难,母亲所带来的家庭生活让他产生一种家和舒适的感觉,这种感觉把实实在在的房子变成一种情感上的家,变成一个孩子可以感到自在和舒适的地方。必须提到的是,这些"大雁"母亲的陪伴也可能让孩子们因为母亲的严格监督而感到沮丧。然而,如例 1 所清楚展示的,总体来说,大部分孩子在采访时说他们很感激自己的母亲,而且和母亲在一起时他们感觉舒适和放松多了。

母亲准备的饭菜总是最可口和最有营养的,这个观点毫不奇怪,因为"母亲最了解自己孩子的口味和营养需求"。尤其是家里的早餐,韩国人称为早饭(achim-bab),对孩子的健康最为关键,好的早餐可以让孩子在学校表现良好。事实上,一位 74 岁的"大雁"奶奶告诉我说,她两年前搬到新加坡,每天早上四点钟起床为她三个孙子孙女准备"早饭"。"如果他们不在家吃早饭,"她补充说,"在学校就无法学习。"除了准备一日三餐，她还为孙子孙女准备其他健康饮品，比如可以增强免疫系统的红参茶（hong-sam-cha），或者让人在新加坡炎热的天气下保持身体"清凉"的大麦茶。

母亲（有时是祖母）起早准备全套早餐以及对孩子营养均衡的关注，都显示出她们的关心和努力，这和其他人的照顾不周，尤其是寄宿家庭的照顾不周形成鲜明对比。比如，Mi-Jung 已经和她的两个儿子一起在新加坡住了四年，她的大儿子比她早一年来到新加坡并住在当地寄宿家庭。然而，这个寄宿家庭总是给她大儿子草莓酱和面包作为早餐，直到他看到草莓酱就想吐。Mi-Jung 把她儿子的经历和自己用心准备早餐作对比：

> 当我第一次来这里，我的儿子告诉我，他喜欢（和妈妈在一起），因为他可以吃到韩国的食物。比如说，即使每天早上吃面包，我们也会换着花样吃。今天我们（妈妈们）可以做金枪鱼三明治，明天我们可以做鸡蛋和火腿（三明治）；你知道的，我们总会改变早餐的食谱，并且也应该这么做。但是他们（寄宿家庭）总是给他一样的食物（草莓酱面包）作早餐……他和寄宿家庭什么也没说，但当我来这里了，他就告诉我这件事，说道："妈妈，我不能吃草莓酱。之前没有告诉你，我曾经吃草莓酱吃到去厕所里吐了。"听到这个我心里很难受。我坚信，当孩子还小时，母亲应该和孩子一起住，尤其是直到他们上大学为止。

这段话表明，家里吃的韩国食物和外面的食物总是不同。比如，许多韩国母亲普遍认为在大排档售卖的食物"油腻，不健康，不干净"①。同样地，韩国移民熟悉的食物和其他民族的完全不同，其他民族的食物的味道和口味也让韩国人对外面的食物提不起兴趣。母亲们相信，她们（母亲）在家准备的健康营养食物可以帮助孩子保持身体健康，因此，孩子们才会表现最佳。

7.4.2 自我牺牲的母亲和孝顺的孩子

当把母亲是"最好"的照顾者的形象和母亲为了陪伴孩子必须牺牲一些东西联系在一起时，这个形象变得更加突出。首先，母亲们指出，和丈夫分开后，作为临时的单

---

① 大排档指的是在新加坡居民区的典型社区食品中心，尤其是在新加坡公屋，或通常也称为 HDB（政府组屋）附近。

身母亲，她们必须扮演双重角色，因此她们需要承担更大的责任和更重的"负担"。另外，她们放弃了私人生活和社交网络，她们将在新加坡的生活描述为"365 天 24 小时全天候照顾孩子"。她们也强调，把所有的时间和精力奉献给孩子，是为了让孩子感到幸福，提高孩子的学业成绩。母亲的照顾者形象和"自我牺牲"的传统母亲形象相似，都是把孩子幸福放在自己的辛苦和痛苦之上，这一点值得关注（Huang & Yeoh, 2005）。

然而，母亲们经常期待孩子通过努力学习和提高学业成绩来"回报"自己的辛苦付出。比如，Young-Mi 的儿子 17 岁，在 2007 年搬到新加坡。她解释说：

> 我的儿子总是说，"为了妈妈，我必须努力学习"。我总会回应他，"不要为我学习，为你自己学习"。但听到他这么说我很感激。他认为他应该通过自己的努力学习来回报父母，"爸爸总是给我们寄钱，妈妈和爸爸分开就是为了在这里支持我的学习，她在这里没有一个朋友，也没有任何爱好和娱乐活动，总是待在家里"。因为他知道我为了支持他付出了多大的努力，他认为他必须要努力学习（来回报我们为他做的），所以我感到很欣慰。

因此，自我牺牲的母亲形象总是让人期待她有孝顺的、顺从父母期望的孩子，有时孩子们会合理解释自己努力学习的原因是出于愧疚和感激之情以及自己要让父母开心的责任感。换句话说，母亲的牺牲唤起了孩子的愧疚和感激，孩子想让父母开心，这可能会促进孩子学业上的进步。总之，包括母亲和孩子在内的韩国移民认为，母亲角色是勇于自我牺牲的主要照顾者，她们为了让孩子感到舒适和轻松，重新创造出熟悉感。这种熟悉感，反过来缓解了孩子们在学校和日常生活中可能遇到的挑战和困难，从而可以尽可能提高孩子的学业表现。然而，"大雁"母亲的这种牺牲，和传统母亲的形象一样，通过唤起一些如孝顺的道德行为，把孩子放到一个"传统的"位置，让孩子产生出许多和责任感相似的情感。

7.5 走向国际化第一步：把情感资本作为资产

7.5.1 母亲是未来国际公民的培养者：实现跨国主体

前几节讨论了母亲们所激发的情感资本能提供一个特定的社会环境，在这个环境中,孩子易获得学业上的成功。从这层意义上说,母亲的照顾是一种可以给孩子提供舒适感和熟悉感的情感资本。然而,与此同时母亲期望孩子在跨国移民的经历中获得像自信等情感资产,这和她们想培养出可以在更大世界自由来往的跨国国际公民的愿望相关。因此,具有讽刺意味的是,由于这个目标所带来的压力,母亲似乎并不总是给孩子提供舒适和轻松的情感资本。她们想让孩子面对挑战,并由此获得激励,因而积累更多令人满意的情感资本。

在这个背景下,食物再次作为一个孩子需要面对的重要文化挑战出现,也就是说,韩国母亲鼓励孩子通过尤其是餐饮来学习其他文化。然而,正如以上所述已经讨论过的,韩国移民把家庭烹饪三餐的观念和本民族的饮食相联系,他们认为,家庭烹饪的三餐可以帮助孩子保持获得好成绩所需的健康身体以及敏锐思维。同时,正如17岁男孩Sung-Jun所解释的那样,父母希望孩子接触其他文化和菜肴,这样他们就可以对不熟悉的口味和经历感到熟悉:

> 当我要到外面吃饭,比如在一个美食广场,我总是希望尝试一些他国美食。所以我喜欢印度菜,比如咖喱羊肉,但我发现,大多数韩国人介意它强烈的味道,所以不喜欢这道菜。但我的父母总是鼓励我尝试不熟悉的菜肴并说,"如果你想变得全球化,你应该能吃各种食物"。现在我对印度菜、马来菜、中国菜或者任何食物都习以为常。

从这个角度来说,父母期望帮助孩子形成"跨国"口味,能吃不熟悉的食物。反过来,韩国孩子的跨国口味,表明他们"表现"出"走向全球化"的意愿,成为跨国主体,能够灵活地适应外国口味,克服本国的饮食习惯和偏好。新加坡作为一个如此多民族和多文化的国家,成为发展孩子"跨国"口味的最佳地点之一,孩子们可以在这里品尝到各种各样的美食。因此,正如例子中孩子吃非韩国民族的食物,韩国"大雁"母亲相信她们的孩子在新加坡跨国经历中会增强其适应性和灵活性——这也是变得世界性的主要特征。

7.5.2 无能的母亲和能干的孩子

在跨国移民过程中,韩国"大雁"母亲角色的另一个变化和她们作为"经理人"的主流形象——完全控制孩子的学习和日常活动——有关(Park & Abelmann, 2004;

Park，2007）。母亲作为管理者主要的任务是监督孩子学习，安排私人课程和教师，分配每天的学习表（hakseupji），检查孩子的作业完成情况（Park & Abelmann，2004）。因此，根据 Cho(2004) 的研究显示，在美国成为"大雁"家庭的基本要求是"父亲赚钱，母亲会英语"，这个流行的公式反映了父亲作为经济支持者的角色和母亲作为管理者的角色。在美国，母亲需要安排孩子的学习和日常活动，因此英语是必备技能。

然而，新加坡的案例和在美国的有点不同，因为在新加坡的"大雁"母亲不需要熟练的英语水平。更确切地说，新加坡是多种族社会，且大多数人是华裔，因此大多数新加坡人说带有口音的英语。有趣的是，即使韩国"大雁"母亲有时把新加坡式英语的"非母语性"作为他们孩子英语教育的主要障碍，这种新加坡式的、非母语的英语让韩国"大雁"母亲在用英语沟通时感到更加自在。也就是说，新加坡是一个人们可以用简单口语式英语交流的地方。一位"大雁"祖母为了照顾 3 个孙子孙女于 2007 年搬到新加坡，她清楚地陈述了这一现状："我只知道（英语）字母表，以及简单的数字比如 1、2、3，但仍然可以到市场买东西并且照顾好孙子孙女。"类似的，He-Jin 是一个 9 岁的男孩，他告诉我，"我妈妈不能说英语，但她仍然可以用她简单的新加坡式英语（在新加坡用的口语英语）安排我的课程，比如'这天可以，那天不可以'①。（她）和家庭教师沟通没（有）问题"。

但韩国母亲有限的英语水平确实帮助她们在新加坡商讨并重新定义她们的角色。不同于积极参与孩子学习活动的典型韩国母亲，许多接受访谈的"大雁"母亲表示，她们没有完全控制孩子的学习和活动，主要是因为她们英语水平不够。比如，Young-Mi 是一位 48 岁的母亲，她有个 17 岁儿子，据她说：

> 我（对儿子）说，"妈妈不能在学习上帮助你。我只能帮你准备三餐。我到这里（是为了给你精神支持），你应该在学习上找到适合自己的路。你应该自己做好一切。我不能为你做任何事因为我不会讲英语。如果我阅读一些英文的东西，我要花一个小时去理解。如果你读的话，只需要 10 分钟。所以现在我不能（在学习上帮助你）。我只能帮你做饭。就这些了"。然后，他认为应当如此，并且做任何事都自己解决。因此他比我们在韩国的时候更加独立了。

---

① 尽管语法上不对，但这是典型的新加坡式英语词组，许多新加坡人在日常交流中会使用这种英语。

母亲有限的英语水平有时也阻碍了她们的日常活动,包括办一些日常琐事。因此,由于英语水平不够这一弱点让她们依赖于自己的孩子。比如,Young-Ae 是一位 39 岁的母亲,她向我讲述了两年前她和她 10 岁的儿子第一次来到新加坡时,儿子做她的翻译的情景:

〈例 2〉采访 Young-Ae 的节选。

> Young-Ae:在一家银行……我必须要开个账户,但是我犯了个错误,银行就打电话给我并说我需要做这做那,而我听不懂。但是你知道我不会讲英语,所以这些银行的事我要怎么办?我就带着儿子去银行,让他坐到银行窗口前(笑声)。你可以想象,一个三年级的孩子怎么能理解大人的词汇,尤其是在银行用的词汇?(更多笑声)但他把银行人员所说的翻译出来了,而我则在一旁不断唠叨催促他翻译得再快些。
>
> 采访者:那你一定为他感到自豪吧。
>
> Young-Ae:不,那不是令我自豪的事情,但我们没有选择。无论他用手势或者跳舞或者画图或者不管什么,他(为了翻译)不得不做这些。但因为他不能翻译得很好,如果他说得含含糊糊,我就会不断责备他,说:"看,你多笨!你都不知道怎么翻译好。"(笑声)因此现在我的儿子告诉我,"妈妈,无论大人们说什么,我现在都能理解,因为我总是陪着你(帮你翻译)"。从公共机构到银行,他哪里都去,什么都做,但还是经常被(我)骂,因为我很沮丧。他本可以做(翻译)得更快些,因此我朝他发火,并且再次责备他(笑声)。我不断告诉他,他很笨。

在这个例子里,Young-Ae 表现得既不是"自我牺牲的"母亲,也不是合格的"经理人"。而是由于她无法控制的环境使她表现出无助、沮丧和生气。

然而,母亲的这些负面情感,以及从普通母亲身份中退缩,对给孩子提供更多的独立和能力方面起到了关键的作用。比如说,在对 Young-Ae 的另一段采访中,她提道:"儿子现在(已经)变得毫不害怕。当我们一起去旅行,他做了一切事情——他问路,订旅馆,等等。在飞机上,他填写出入境卡,他似乎对面对任何事都无所畏惧。"从这层意义上说,母亲的缺点可以被重新定义,这些缺点可能矛盾地成为一个重要的资源,孩子可以从中学习和获取其他期望的特征和性格。因此,和母亲作为有力的经理或者是自我牺牲的照顾者形象相比,母亲的无能以及她们的负面情绪,能让孩子们获得如自信和独立等情感资产。

7.5.3 新加坡作为进身之阶：教育移民的情感领域

正如之前所指出的,韩国移民把跨国教育移民过程中获得的适应性和可塑性,以及自信和自尊,看作重要的个人品质和情感资产。但是,这些移民也倾向于相信这些个人的资源最适合在亚洲积累,而不是在西方国家(Kang,未注明日期)。比如说,许多韩国妈妈解释她们为什么选择亚洲国家时,指出其他人在西方国家受到种族歧视的经历。事实上,当我问及为什么选择新加坡作为低龄留学的目的地,而不是其他热门国家(如北美、澳大利亚和新西兰),母亲们和孩子们都同意这样的说法:他们选择新加坡是因为想避免种族歧视,他们往往会把"想象"移民到西方"白人"主导的社会和种族歧视联系起来。

因为在韩国人的意识观念里,西方人自大且对亚洲人居高临下,因此许多在新加坡的"大雁"母亲也认为,去西方社会的其他韩国孩子会缺乏自信。这个观念经常在韩国母亲那里得到回应。比如说,Ju-Eun 是 3 个孩子的母亲,2007 年就搬到新加坡,她解释说,她选择新加坡的主要原因是,在新加坡她的孩子不会受到任何歧视的态度。"我不喜欢自己的孩子在白人的注视之下生活,"她补充说,"这会伤害孩子的内心。"相比之下,因为"新加坡人和韩国人长得相似",在新加坡她不怕被人"注视"。更确切地说,因为和东亚人外表相似,韩国人在新加坡可以轻易地融入新加坡人(华裔)之中。并且,由于华裔在新加坡占主流人群中的多数,韩国人常被认为属于新加坡种族等级中的顶层人群。

有时,韩国母亲把她们选择新加坡概念化为在进一步冒险进入"更大世界"前的一个"练习"。因此,许多人表示他们想要在一个不那么具有挑战性并且更加友好的社会里让孩子体验第一次跨国经历——比如说一个亚洲国家。但是,他们也承认,最终他们可能想搬到其他地方,尤其是被概念化为"更大"并且更"具有挑战性"的西方国家,像加拿大和美国等国家。他们认为加入更大世界必要的个人资质里其他形式的情感资本包括孩子对其他文化差异和种族差异有"开放的思想"。比如说,一位 65 岁的"大雁"祖母于 2007 年来到新加坡照顾 2 个孙女,她说:

> 在新加坡,我们学到的最棒的一件事就是对其他种族有了新的认识,因此我们不论和谁互动,都能感觉舒适。我认为我们韩国人对其他民族是很排斥的,主

要是因为我们是由单一民族组成的社会。能打破对其他种族和民族的定型观念，我认为这是一个很好的经历。我的孙女无论何时画画，总会画些黑人小孩。我的意思是，她们总是把自己和不同种族背景的小孩画在一起。

因此，这些照顾孩子的长辈似乎不仅仅关心孩子对智力资源的获取，而且还关心孩子对其他有用资源包括情感资本的获取。也就是说，母亲们相信，孩子具备了在新加坡获得的基本的英语语言技能、知识以及最重要的自信之后，就可以在未来面对并参与"更大的世界"。作为这个准备的一部分，韩国母亲相信，她们的孩子需要在一个像新加坡一样小而友好的环境中得到锻炼，而不是在一个更大但不太友好的环境中。因此，这些母亲们的角色不仅仅局限于每天再现日常熟悉感的照顾者，也不局限于掌控孩子学习和每日活动的经理人。更确切地说，在新加坡的韩国母亲不仅仅通过提供情感慰藉，也通过激励和挑战，保证她们的孩子获得文化和情感资本。她们相信，这种挑战能让韩国孩子未来在一个更大的世界成为全球公民做好准备。

7.6　结论

总而言之，正如在新加坡受教育的孩子以及他们的韩国母亲所表明的，母亲的角色和参与孩子教育的方式是多方面并且矛盾的，这种角色和参与的内涵也是多样且多变的。然而，这种多样性以及易变性和父母多样且交叉的意识形态相关，父母的这种意识形态成就了他们对孩子的期望。其中一种期望就是培养孩子成为知识型精英，韩国移民关于家庭和"自我牺牲的"母亲是主要照顾者的观念很好地解释了这种期望。当情感上感到舒适时，这种精英的表现就会最佳。另一种是社交能力强、独立以及自信的世界公民形象，一个理想的跨国主体，有丰富的经历，"可以到世界各地去并以世界各地为家"。不仅通过直面跨国迁移中遇到的挑战获取跨国性，"大雁"母亲的能力有限和挫败也能使孩子变得独立自信，从而来训练孩子解决未来更困难的挑战。因此，在跨国迁移的过程中，那些希望理解母亲照顾和教育的人必须格外注意到父母对孩子多方面的期望，注意到父母对理想人格的观念。

从这个角度看，到新加坡的韩国教育移民总是不仅涉及跨越地理边界，也包括跨越心理上的界限；最特别的是，转变成为理想的自己的过程恰好为参与迅速全球化的世界做准备(Walkerdine,2006)。正如韩国母亲矛盾的角色和她们对孩子矛盾的态度所表明的,对跨国主体形象的期望不仅仅是学术型精英。更确切地说,这种期望更集中在培养孩子的社交能力,这种社交能力不仅能在学习成就中获得,也能在多文化和跨国背景下经历的各种挑战和激励中获得。因此,孩子到新加坡低龄留学的意义和重要性就超过了对语言能力以及其他智力资源的简单获取。相反,到新加坡低龄留学可以被重新定义为一个获得自尊、自信以及成为全球领导者需要的情感资本的过程。

总之,把新加坡作为进身之阶的观念表明,和我们普遍认为的基于"文化资本的地理环境"的形象不同——从亚洲到西方国家的单向学生迁移(Waters,2006),韩国移民把孩子低龄留学项目概念化为一系列"进阶移动",每一步都代表着向长期目标的一大进步。因此,韩国移民把跨国迁移的多方面元素考虑在内,包括对情感领域的仔细估算。焦点转移到教育迁移的情感元素,这个变化要求我们对相关问题以及在当代亚洲背景下更为本地化的跨国家庭中的角色进行更多探索并加深理解。

致谢 新加坡实地研究由南洋理工大学赞助(2008—2010)。本项目也得到了首尔国立大学的支持(2011—2012年新教师的研究启动基金)。我非常感谢所有编辑以及一位匿名采访者,他们提供了宝贵的建议和意见。如果文中有错误,本人愿承担相应责任。

参考文献

Abelmann, N., Park, S. J., & Hyunhee, K. (2009). College rank and neo-liberal subjectivity in South Korea: The burden of self-development. *Inter-Asia Cultural Studies*, 10(2), 229–247.

Bourdieu, P. (1986). The forms of capital. In J. Richardson (Ed.), *Handbook of theory and research for the sociology of education* (pp. 241–248). New York: Greenwood Press.

Butcher, A. (2004). Educate, consolidate, immigrate: Educational immigration in Auckland, New Zealand. *Asia Pacific Viewpoint*, 45(2), 255–278.

Chew, P. G. L. (2009). In pursuit of linguistic gold: Mothering in a globalised world. *English Today*, 98(2), 33–39.

Chiang, L. H. N. (2008). 'Astronaut families': Transnational lives of middle-class Taiwanese married women in Canada. *Social & Cultural Geography*, 9(5), 505–518.

Cho, H. J. (1988). *Hankook eui yeoseong kwa namseong* [Men and Women in Korea]. Seoul: Moonji Publishing.

Cho, Un. (2004). Segyehwa Choichumdane Seon Hankookeui Gajok: Shin Chogooka Mogajokeui Saryeoreul Joongsimeuro [Korean families on the frontline of globalization: A case study of new global materi-focal families]. *Kyeongje Wa Sahoe* [Economy and Society] 64 (Winter), 148–171.

Choi, Y. S. (2006). The phenomenon of "geese-families": Marital separation between geese-fathers and geese-mothers. *Family and Culture*, 18(2), 37–65.

Collins, F. L. (2008a). Bridges to learning: International student mobilities, education agencies and social networks. *Global Networks: A Journal of Transnational Affairs*, 8(4), 398–417.

Collins, F. L. (2008b). Of kimchi and coffee: Globalisation, transnationalism and familiarity in culinary consumption. *Social & Cultural Geography*, 9(2), 151–169.

Gillies, V. (2006). Working class mothers and school life: Exploring the role of emotional capital. *Gender and Education*, 18(3), 281–293.

Hays, S. (1996). *The cultural contradictions of motherhood*. New Haven: Yale University Press.

Ho, E., & Bedford, R. (2008). Asian transnational families in New Zealand: Dynamics and challenges. *International Migration*, 46(4), 41–62.

Hochschild, A. (1983). *Managed heart: Commercialization of human feeling*. Berkeley: University of California Press.

Huang, S., & Yeoh, B. (2005). Transnational families and their children's education: China's 'study mothers' in Singapore. *Global Networks*, 5(4), 379–400.

Jo, H., Lee, K., & Abelmann, N. (2007). *Hankook Chongsonyun eui Jogiyuhak Kyungjung Kwajung-kwa Jeokeung, Chokookajeok Gajok Kwanke-eh Kwanhan Yeonku* [Korean youth's decision-making processes and adaptation in early study abroad and the formation of transnational family relationship] (Research report 05–R7). Korean Institute for Youth Development.

Kang, Y. (2010). 'Any one parent will do': Negotiations of fatherhood among South Korean 'Wild Geese' fathers in Singapore. A paper presented in the International Conference on *Fatherhood in the 21st Century Asia: Research, Interventions, and Policies*. Singapore: National University of Singapore.

Kang, Y. (n. d). Going global in comfort: South Korean education exodus in Singapore. In Abelmann et al. (Ed.), *South Korea's education exodus: Early study abroad and the elusive global project* [Book Manuscript].

Kim, J. (2010). 'Downed' and stuck in Singapore: Lower/middle class South Korean wild geese (*Kirogi*) children in public school. *Research in the Sociology of Education*, 17(4), 271–311.

Kwak, M. J. (2008). *Globalizing Canadian education from below: A case study of transnational immigrant entrepreneurship between Seoul, Korea and Vancouver, Canada*. Unpublished Ph. D. dissertation, The University of British Columbia.

Lee, H. (2010). 'I am a Kirogi Mother': Education exodus and life transformation among Korean transnational women. *Journal of Language, Identity, and Education*, 9(4), 250–264.

Lee, Y. J., & Koo, H. (2006). 'Wild geese fathers' and a globalised family strategy for education in Korea. *International Review of Development and Planning*, 28(4), 533-553.

Oh, W. H. (2008). *Jogiyuhak: Utopiareul wihan Choolkook* [Early study abroad: A departure for utopia]. Seoul: Education and Science Press.

Paik, J. (2008). Learning English, imagining global: The narratives of early English education experiences in South Korea. *International Journal of Learning*, 15(10), 71-78.

Park, S. J. (2007). Educational manager mothers: South Korea's neoliberal transformation. *Korea Journal*, 47(3), 186-213.

Park, S. J., & Abelmann, N. (2004). Class and cosmopolitan striving: Mothers' management of English education in South Korea. *Anthropological Quarterly*, 77(4), 645-672.

Park, J. S. Y. (2009). *The local construction of a global language: Ideologies of English in South Korea*. Berlin: Mouton de Gruyter.

Reay, D. (2000). A useful extension of Bourdieu's conceptual framework?: Emotional capital as a way of understanding mothers' involvement in their children's education. *The Sociological Review*, 48(4), 568-585.

Reay, D. (2004). Gendering Bourdieu's concepts of capitals? Emotional capital, women and social class. *The Sociological Review*, 52(2), 57-74.

Reynolds, W. (2006). Beyond white Australian: Australian education and the engagement of Asia after the Second World War. *International Journal of Learning*, 13(3), 7-14.

Walkerdine, V. (2006). Workers in the new economy: Transformation as border crossing. *Ethos*, 34(1), 10-41.

Waters, J. L. (2005). Transnational family strategies and education in the contemporary Chinese diaspora. *Global Networks: A Journal of Transnational Affairs*, 5(4), 359-377.

Waters, J. L. (2006). Geographies of cultural capital: Education, international migration and family strategies between Hong Kong and Canada. *Transactions of the Institute of British Geographers*, 31(2), 179-192.

Waters, J. L. (2008). *Education, migration, and cultural capital in the Chinese diaspora: Transnational students between Hong Kong and Canada*. Amherst: Cambria Press.

Wee, L. (2006). The semiotics of language ideologies in Singapore. *Journal of Sociolinguistics*, 10(3), 344-361.

Weenik, D. (2008). Cosmopolitanism as a form of capital: Parents preparing their children for a globalizing world. *Sociology*, 46(5), 1089-1106.

Zembylas, M. (2007). Emotional capital and education: Theoretical insights from Bourdieu. *British Journal of Educational Studies*, 55(4), 443-463.

Zhou, M. (1998). 'Parachute Kids' in Southern California: The educational experience of Chinese children in transnational families. *Educational Policy*, 12(6), 682-704.

（陈玲，胡婧译）

第8章
成为新华侨：中国移民在日本的跨国实践与身份构建

Gracia Liu-Farrer[①]

[①] G. Liu-Farrer
亚太研究研究生院，早稻田大学，东京，日本
e-mail: glfarrer@aoni.waseda.jp

日本华人有两大不寻常的特点。首先,他们拒绝被称为"移民"。然而,一种被贴上"新华侨"的身份标签却在中国移民媒体和日本日常话语中广泛流行。其次,比起入籍,大部分中国人更希望取得永久居留权。尽管人们通常认为取得日本公民身份比拿到永久居留权更简单——入籍要求在日本连续居住 5 年,而取得永久居民身份需要 10 年——2003—2009 年期间,申请并取得永久居留权的中国移民数量是取得日本公民身份人数的三倍。在社会心理学理论对身份构建(尤其是族性反应论概念和跨国移民研究中跨国身份的形成)的启发之下,这项研究探索了塑造这种独特的在日中国移民的身份和日本社会中移民选择部分成员资格的机制。

本章介绍"新华侨"身份为何以及如何表达中国移民渴望维持灵活的跨境生活模式,并与他们跨国机遇愿景保持一致。移民接收国日本的社会和文化环境以及移民与祖国中国的联系影响了这种渴望和愿景。这种身份构建和跨国观点同时也得到不断扩大的中日跨国经济和全球化带来的制度变迁的支持。

一方面,中国移民的身份可以被理解为一种族性反应论。尽管日本当代移民存在的历史已经持续了 30 年,研究表明,日本政府官员并不认为日本是一个移民国家(Pak, 1998)。总之,一种种族同质性文化民族主义话语(Yoshino, 1992)仍然影响着对外籍劳工输入和大规模外来移民的讨论。西方学者甚至将日本视为移民的负面案例(Bartram, 2000)。至少在制度上,日本尚未准备好成为一个移民社会。中国移民认为日本社会对外来者闭关,且抵制移民,因此,中国移民的跨国主义是一种克服其在日本社会边缘性的策略。来到日本的中国人心中清楚地意识到日本人和外国人之间界限分明。尽管日本的许多生活服务设施都看似有序且礼貌地运行,在中国人眼中,日本社会仍然是排外和不友好的。不管是日本公民身份还是永久居留权,新来的中国人都感受到,在他们和主流社会之间横亘着一堵"墙"(kabe)。另一方面,中国移民,尤其是技术移民,在日本劳动力市场中最擅长利用他们的中国文化和语言技能,从事与中国商业相关的经济工作。换句话说,中国移民在中日跨国经济中发现了就业机会。他们的经济角色和活动进一步加强了"新华侨"的集体身份。

8.1 移民身份：族性反应论及其他

个体通过自我分类和社会比较来构建自己的身份。我们在社会中占据的位置直接影响我们的自我感知。群体的分层状态、假定自己在社会结构中的角色并从中获取的资源以及进一步从个体层面来说，我们从与他人的互动中得到的收获，这些都促成了我们的自我认同。因此，我们的社会身份是高度语境化的，社会身份一方面由我们所处的文化、社会、经济和政治环境塑造，一方面又随之发生变化。[1]

在跨国移民研究中，传统上会将移民身份在客居社会内部语境化。移民被视为处于客居社会的研究对象，他们的活动受到客居社会接受语境的检验。前期研究趋向于关注移民成为客居社会更正式成员的过程，移民期望最终能被客居社会的社会文化和经济体系同化，同时摆脱他们旧的文化习俗和政治忠诚的束缚（Warner & Srole，1945；Gordon，1964；Alba & Nee，1997）。未来移民有望拥有自己的单一民族身份，代表一个民族政体组织。但是，许多研究表明，移民并非简单地适应新的文化习俗去获得客居社会的民族认同。不同的社会环境，不同的移民群体之间，出于不同的政治或社会目的，可能会产生、划分、创造和复兴一个种族。[2] 对于面临敌对的接受环境的少数民族而言，外界的威胁、迫害、歧视和排外的感知有助于增进民族认同。许多移民学者将这叫作族性反应论（Fernandez-Kelly，1995；Aleinikoff & Rumbaut，1998；Rumbaut，2005）。例如，Portes 和 Rumbaut（2001）的研究表明，在第二代移民青少年中，意识到未来可能发生歧视的或者声称曾经遭受过歧视的相比其他第二代移民青少年认为他们自己是美国人的可能性更小（Portes & Rumbaut，2001）。

包罗万象的全球化进程正在改变着集体身份构建过程中涉及的动力。随着通信技术的进步，移民维持与国内社会的联系以及在迁出国和迁入国之间建立广泛的跨国网络的机会都大大增加。移民的跨国活动和家乡情节很大程度上就是本身的反应——是针对移民在客居社会中的种族和阶级等级，以及在这样的等级下较低的社会

---

[1] 这是一项比较成熟和复杂的研究领域的粗略简化。更多关于身份建构和转化的社会心理学理论的详细评述见 Howard(2000)以及 Burke(2004,2006)。
[2] 代表文献包括 Gans(1979)。

位置的反应(Glick-Schiller & Fouron，1999；Goldring，1998)。跨国主义因此成了移民为规避自身在客居社会的边缘社会地位的一种策略。例如，Robert Smith(1998)有关墨西哥普埃布拉 Ticuani 和纽约市的跨国社会领域研究表明，出生在美国的 Ticuani 青年仍保留着他们的民族身份和他们 Ticuani 的成员身份，因为他们在本地社区和在美国的社会地位不同。他们在父辈的家乡处在社会等级的最高位置，这对他们而言是一种安慰，因为他们在客居社会地位不高。Haller 和 Landolt(2005)的研究中使用迈阿密的二代移民儿童的纵向数据。研究表明："跨国存在和归属方式与不同的同化轨迹相交，这些同化轨迹取决于个人资源、社交网络以及家庭和移民群体得到的制度阻碍和机遇(2005：1203)。"跨国身份构建并非一定要求有物理空间上的移动。据 Park 描述，第一代移民到美国的韩国女性，参与了多种身份认同活动，把自己想象成跨越国家和文化边界的多个群体的成员(Park，2007)。

移民民族认同不仅仅表现为对家乡的身份认同，也不仅是他们对自己在客居社会境遇的条件反射。新身份带有强烈的种族民族身份认同，这种身份可在跨国移民过程中和在本国与客居社会之外的制度变迁过程和社会条件下形成。有时，现存的种族民族若在迁出国的身份受到压抑，这种身份会在客居社会中得到复原和强化。这往往涉及复杂的动态变化和过程。Popkin(1999)发现，加利福尼亚的 Kanjobal 移民中出现了一个种族，这个种族通晓详细的 Kanjobal 玛雅文化和宗教传统。在墨西哥，Kanjobal 玛雅移民群体不断变化的宗教和文化环境以及这些移民和家乡持续的跨国联系共同塑造了这个种族。除了美国社会情况，危地马拉政府和教堂的跨国政治和泛玛雅运动共同促成了种族身份的新形式。

族性反应论形成过程中涉及的社会心理学机制同样适用于日本华人。在日本，中国移民"新华侨"的自我认同可被视为他们对于自己在日本社会处于边缘地位和受到歧视的一种反应。然而，新的集体身份——"新华侨"的形成和中国移民优先考虑永久居留权，表现出超越族性反应论的更复杂的制度和社会动态变化。此外，社会心理学角色认同概念认为身份认同源于个人在社会结构中扮演的角色或所处位置(Burke，1980)，受到这一概念的启发，本文旨在证明，中国移民的身份和灵活的定居策略，多与他们在日中跨国经济中的位置有关，尤其是职业移民，他们很大程度上较被动，本质上是积极主动的。

8.2 数据与研究方法

2001年起，我开始研究中国在日移民和那些归国移民。本章用到的数据是我当时采用的更大规模的数据集的一小部分。主要的数据来源于深度访谈和中国移民媒体出版物。源于美国的移民研究，历来是基于实地调查的研究(例如，芝加哥学派城市社会学)。观察参与者和访谈这一类的定性方法是理解移民群体社会生活的主要方法。一方面，这是由移民群体的流动决定的。迁入国的概率样本也没有样本架构。另一方面，本章关注的焦点在于移民的讲述和移民关于"他们是谁，他们怎样看待自己与客居社会的关系，以及他们怎样识别自己的身份"的自我认同。只有通过定性研究访谈，才能将叙述抽离出来，就不同的见解进行讨论。

自2001年初至2004年末，我对中国移民在东京的休闲和宗教场所进行了大量民族志实地考察。通过这些实地调查场所及其外延网络，我成功访问了100多名受访者。2006年秋和2007年夏，我再次进行了深度访谈，访谈的对象是毕业后留日工作的学生和一些选择回国的中国人。我总共访问了150余名中国移民，其中，108人在受访时居住在日本，42人居住在中国。受访者中绝大多数人(150人中有115人)都是以学生身份来到日本的。接受访谈时，大多数人改变了原来的身份，有的成了日本的永久居民，有的拿到了工作签证，有的是移民亲属或日本人的配偶。那时，许多人加入了日本国籍，也有相当多的人非法入境。每次访谈持续1—4小时不等。半数以上的访谈有录音或进行转录。有些受访者拒绝使用录音机，所以我根据笔记和回忆写下他们的故事和叙述。我对重要的受访者进行了多次访谈。

作为典型的定性研究，我的研究问题多数在实地调查过程中开展。2001年，我开始了这个项目，当时有关日本的华人群体的可用信息非常匮乏。那时我力求描述中国移民群体整个的移民过程，访谈也非常开放。移民经历的不同维度，如他们的认同感，却没能引起我的关注，直到它们成为一个反复出现的主题，才引起我的注意。本章以访谈誊录的节选为基础。这些誊录主要关注跨国活动、愿望和身份的讲述。

尽管本章只用到了我的数据集的一小部分内容，总体而言，我扩展后的民族志实地考察和访谈增进了对中国移民社会心理学的理解。此外，我从日本的中国移民媒体那儿获得了讲述的故事和实例。我引用的出版物之一——《负笈东瀛写春秋》(Duan, 1998)——是由100位中国人编写的自传集。

为补充本章中的定性数据,我还使用了官方统计,主要是公益财团法人入管协会和法务省(MOJ)每年的移民统计数据。我采用描述统计数据的方式,主要是为了说明我要解释的现象的趋势和范围。

8.3 当代中国移民在日本

以留学生为首的当代中国移民在20世纪80年代中期陆续抵达日本。几十年间,移民群体数量持续快速增长。1984年,居住在日本的来自中国大陆的移民约有35,000人。二十五年后,在日本合法登记的中国公民人数超过60万,占日本外国常住人口的30%以上。在主要的移民群体中,就合法居民身份而言,日本的华人群体差别最大。70%以上的韩国人是出生在日本的特别永住者①,或者是第二次世界大战前来到日本的。巴西人组成了第三大移民群体,其中多数人进入日本时的身份是海外日本人的后裔和家属。而第四大移民群体的菲律宾人则以演艺人员和配偶的身份进入日本。相比之下,日本的华人群体人口构成具有多样性且较为均衡,包括学生、工人、工程师/专业人才/技工、学员/技术实习生、永久居民,以及非法移民。

过去的二十年中,日本的华人群体在迁出地区方面经历了巨大的变化。20世纪80年代末至90年代初,中国群体的移民主要来自上海和福建。20世纪90年代,随着移民方式多样化,比如战后日本遗孤的后代返日和跨国婚姻,日本出现了许多来自中国其他地区的移民。移民数量增长最显著的是东北部省份,绝大多数太平洋战争结束时被留下的日本人都在东北。截至2009年,移民到日本的中国大陆群体中,三分之一以上的人都来自中国东北。最近十年,江苏和山东的移民数量也大幅增长。2009年,东北三省,福建和山东跻身对日输送移民省份中的前五名。因此,尽管到目前为止中国各省都有学生赴日留学,但是到2009年,在日本注册过的中国人口总数的近四分之三都来自中国东海岸沿线八大省份和城市。

人口统计数据显示,日本较典型的中国移民主要是年轻人和女性。2003年,韩国

---

① "特别永住者(Special Permanent Resident)"的身份是那些被《旧金山对日和约》剥夺日本国籍的外籍人士和战争结束前居住在日本的外国人以及此类外籍人士的后代获得合法的永久居民身份(《出入境管理相关特例法》第2条,因对日和约失去日本国籍的人)。

人群体中65岁以上的人口接近14%,与本地日本人的人口构成极为相似,而华人群体更为年轻化,65岁以上的人口仅有2%。这样的统计结果反映了主要的迁移规律。根据签证身份,移民类别中最多的是学生、日本国民的配偶、亲属、学员和技术类实习生。学生群体中性别比例较均衡,日本人的配偶和亲属中女性比例较高(公益财团法人入管协会,2004—2010)。

除了人口迅速增长和人口构成多样化,中国移民也表现出强烈的申请入籍或取得永久居留权的倾向。2005年,一项研究调查了居住在东京北部埼玉县的一个住宅区的141名中国人,研究者Tajima(2005)称,在不受希望继续留在日本或回国的想法的影响下,80%的调查对象已经取得永久居留权,或者早有申请永久居留权的打算。四分之一以上的调查对象都已有日本公民身份,或打算加入日本国籍。2009年,中国在日移民总人口中,入籍公民和永久居民占三分之一。

但二十多年来,入籍和取得永久居留权的比率却显示出不同趋势。早期到达日本的中国移民都决心离开中国。他们中的多数人在拥有申请资格后立即加入了日本国籍。直到2000年,中国移民的入籍比率(一直)稳步上升。但自从2000年起,与入籍相比,更多人优先选择获得永久居留权,以作为他们在日本的合法地位。2000—2009年,中国移民中有46,136人选择成为日本公民。这十年中,118,335名中国人取得永久居留权,这个数量是入籍人数的三倍左右。这个现象令人好奇,虽然在美国选择永久居留权的人数超过入籍人数,但日本与美国不同,人们普遍认为移民入籍比获得永久居留权容易得多。入籍要求连续在日本居住满五年,而取得合格的永久居民地位一般要求申请人在日本居住十年。①

在移民研究中,入籍和永久居留权通常标志他们的身份从移居者过渡到外来移民。但是,中国的在日移民通常不喜欢被称为外来移民。相反,大多数人使用"新华侨"这一标签。下文将探究外来中国移民的身份构建中的动力。

8.4 构建新华侨身份

起初,中国在日文化精英已经参与到旨在构建一个最能代表中国在日新移民(在

---

① 也存在例外情况。比如,对日本社会作出重大贡献的人或者日本国民的配偶仅需持有3年签证身份即可申请。但是否授予其永久居留权取决于法务省的审核。

恢复与日本的外交关系和1978年中国经济改革之后到达日本的中国人)身份情况的项目中。Mo Bangfu(2008)，日本媒体界一位杰出的华人记者，在20世纪90年代初，创造了"新华侨"这个词，以区别新来者与先前的移民——即第二次世界大战结束前到达日本的华人。这种集体身份很快成了中国移民媒体描述日本新来的中国人最常用的标签。①

而且，仅仅在日本，媒体出版物会在命名时中使用"新华侨"。例如，有一家1999年创刊的著名双周刊刊名为《日本新华侨报》，还有一家创办于1997年的双月刊刊名为《新华侨报》。和"新华侨"一样，"新华人"一词也被用于称呼那些成为日本公民的华人。继一些区域的新华侨和华人协会纷纷出现后，"日本新华侨华人会"于2003年9月21日创立。这样一个身份是如何受到日本华人欢迎的，为何又仅限于日本呢？我认为，这样的身份首先是移民对他们在日本社会和中国社会感受和经历的边缘化的反应。

8.4.1 外来者在日本：对边缘化的反应

"新华侨"作为一种集体身份首先可以被理解为移民在应对他们在日本社会所处的边缘地位的一种族性反应论。我采访过一位日本永久居民，1988年初到日本时他还是个学生，我也是第一次从他那里听到"新华侨"这个词。他情绪非常激动地拒绝我用"移民"这个称呼描述日本华人。相反，他提到，日本华人都可以被称为"华侨(overseas Chinese)"。但是他说，又因为"华侨"带有政治含义，而且通常用来指1949年新中国成立之前离开中国的华人，所以有了"新华侨(new overseas Chinese)"一词。他拒绝这个概念的理由是他认为他们（他自己就是一名日本华人）永远不可能成为日本的移民，因为日本不是一个移民国家。在我实地调研过程中，我不止一次听到人们说，日本不是一个移民国家。在大多数日本华人心中，移民只存在于美国、加拿大、澳大利亚和新西兰那样的"迁入型移民国家"。所以，一个人可以从别国"移民"到加拿大但却只能在日本留学或工作。这种想法依然存在，但它忽视了一个事实：许多中国人已经成为日本公民。

---

① 他(2007)指出研究日本华人的学者们未必赞同新旧海外华人的划分方法。然而这种分类方法的出现却标志着新华侨意识到了他们与第二次世界大战结束前来到日本的华人之间重大的文化和人口学上的差异。

日本华人始终不把自己当作移民,始终坚持他们海外华侨的身份,其中缘由,除了公认的一些国家是移民国家而另一些不是之外,另一重要原因就在于中国移民在日本社会的边缘化感受,他们把日本看作一个排外的、不欢迎外国人(尤其是来自不发达国家的人)的社会。

有时,受访者在叙述中会提出中日仇恨的历史渊源,以此作为他们不可能融入日本社会的理由。我的受访者大部分都在中国长大,他们对抗日战争都有很强烈的反应。对一些中国人而言,取得日本公民身份就等于叛国。许多受访者拒绝入籍,一般情况下,一些已经入籍的中国移民甚至会对他们的日本公民身份遮遮掩掩。一提到入籍,他们通常会用便于国际旅行这样实用的理由为自己的行为辩护。下文是采访 Cong Bing(以下简称"CB")的片段,Cong Bing 在日本工作,就职于一家美国企业。这段采访虽然有些极端,却代表人们谈到日本和中国关系的普遍反应:

GLF:你想入籍么?

CB:不想,我也没这个打算。

GLF:原因是?

CB:我是中国人。

GLF:假如你成功地去了美国,就像你现在希望的一样,你最终会不会申请美国公民身份?

CB:会。

GLF:也就是说,你愿意成为美国人但是不愿意加入日本国籍?

CB:我不想变成日本人……真的,我觉得中国和日本最后还是得打仗,就算近期不会,接下来20或30年后也会打起来。日本人太看不起中国人了。如果你找一个普通日本人再找一个普通的中国人,日本人的第一反应必然是蔑视和不愿意与中国人交朋友。只有经过一定程度的接触之后,这个日本人才会想,中国人也不坏,值得他交朋友。但是,他们通常都怀有敌意。中国人,尤其是山东人、大连人和北方人,都记恨日本人,不仅仅是因为战争带来的怨恨。中日之间总有一种紧张局势。如今,中国正在发展,日本人骄傲,受不了中国发展,所以最后还是要打仗……

有时中国人对日本社会的描述就像在日本社会经常听到的文化本质说。中国移民会通过媒体以及在与日本人的日常交往中接触到这些文化主义者的论述。

中国移民眼中的日本社会是一个封闭性社会。《负笈东瀛写春秋》(Duan, 1998)是一本收录100位早期中国新移民的自传,他们中大多数人是学生,后来成为有影响力的知识分子或商业巨擘。有些人后来成了社会团体的组织者,比如"日本新华侨华人会"。此书中,当谈到与日本房东、工友们或教授们的友好关系时,有些人用日本文化民族主义的说法,比如"岛国"和"单一种族"来描述日本社会,并把他们无法完全被日本社会接纳归因于日本社会根深蒂固的"排外主义"。

许多受访者用"墙(kabe)"这个字描述他们感受到的日本社会的疏远。Guan Jing,一个在日本生活了十几年,加入了日本国籍的受访者告诉我:

> 我有些日本朋友,但我只是跟这些人一起出去吃饭或者购物。跟日本人很难交到真朋友。不知道为什么你就是觉得无法靠近他们。有时虽然认识他们很久了,你还是觉得不了解他们。

少数中国学生在读研期间多次获得奖学金,并拥有成功的跨国职业,Liu Da'nian就是其中一个。但是在北京的时候,谈起他先回日本再找机会被派遣回国的计划,Liu说道:"中国毕竟是我的祖国。日本社会并不开放。它的岛国属性非常明显。我认为要克服这一点不容易。"

有时,中国人感受到的边缘性与他们自我意识里中国的劣势经济地位和中国人在日本社会的普遍地位有关。毕竟,多数中国移民到日本是为了追求更好的经济和就业机会。在日常生活中,他们觉得自己为了生存而低头。Wei Qing曾是一名学生,1987年来到日本,现已获得了永久居民身份。他认为中国员工在日本企业里永远只能做下属:

> (外籍职工在日企),你必须表现得更好,工资没别人多,还要更勤奋,更友好。除了这些还有什么更令人沮丧?要是他们想炒人鱿鱼,首先会炒掉中国人……嗯,公司甚至都不给中国人正式员工身份,仅仅是三年或五年的合同工(shokutaku)。这类员工比别人低一级。这样他们也好轻易辞掉你,有时候还不发奖金,他们是不会给你看机密资料的……这不是我的个人经历。大部分是我听说的。

Wei Qing 还谈到，中国相对较低的经济地位是他自我意识中觉得自己处在劣势社会地位的原因。日媒报道中国移民的犯罪行为也给日本华人增添了心理负担：

这么说吧。不管在公司多成功，你还是会沮丧，因为你的祖国还很贫穷。如今我们东方文化相对落后。人们崇尚西方文明。我们的文化既已衰退，我们自然也抬不起头。还有些人非法入境，一些中国人犯下谋杀和其他罪行。我们（在电视上）看到的时候，怎么能不郁闷？

很多情况下，中国人感到被日本社会排斥都是真实的作为外国人遇到的特殊待遇的经历造成的。我们都知道，外国人租房难、就业难，就连在特定的温泉度假区外国人都是不受欢迎的。政治活跃分子 Arudou Debito 竟然以监督日本的排外行为为使命。① 我的一些受访人也揭露了一些让他们感到很沮丧的生活中有时会经历的排他性行为。一位叫 Li Mei 的女士，在回答 2002 年到东京时她是否很难找到容身之所这一问题时，说道：

是的。但是最后一个好心人愿意把公寓租给我。其实只是一间房间，6 叠② 大小，破旧不堪，条件比这儿（留学生公寓）差多了，但是价格比留学生公寓（受访时她住在这里）贵得多，大约 5 万到 6 万？每次外面有汽车经过，整个房间都在摇晃。房间里什么都没有。我自己添置了所有东西。

（那你怎么找到这个地方的？）

车站附近有房屋中介。我挨个敲门。只有这家肯租给我。只有这家中介愿意租房给外国人。但他们想要一个日本人做担保联合签订租约。我叔父（一个入籍公民）和我一起签了合同。

从比较贫困的国家来到日本作为一名外籍职工，中国移民有时会受到嘲讽和不公正对待。Ailing 告诉我她在工作中发生的一次争吵：

---

① 参见网站：http://www.debito.org/。
② 日本和式的房间地板上会铺一层大约 5 厘米厚的草制的垫子，一张叫一叠，基本上就是一块榻榻米的大小，90 厘米×180 厘米，1.62 平方米——译者注。

以前我有位老板,经常把所有工作都丢给我。他自己要么上网,要么备考各种证书。我不是那种好欺负的人。于是就问他为什么自己什么都不做却把所有活都丢给我。他说:"你想想公司付给你多少薪水。"我就回他:"我挣多少归人事部管。"他说:"那你想想你们中国人在国内才赚多少。你赚这么多该谢天谢地了。"我说:"我住在日本,付给日本人房租。我在这工作,我的生活方式跟日本人无异。而且你还没考虑那么多的中国富人。"他说:"你不知道自己有多幸运。你连(中国)农村都没去过。那些贫穷的女人为了能过上你这样的生活争着想嫁给日本人。"跟这种人争吵毫无意义。他们就认为中国贫穷,你能到这儿就是幸运的。他们认为一个月付给你200,000足够了。我说那根本不够,因为我跟你们过一样的日子。以前如果听到这样的话会气得跳起来,现在我会一笑了之。我现在会笑!我觉得日本人并不坏,但他们是一个非常狭隘的民族。

Mo Bangfu 惋惜地说,尽管现在许多大都市为了宣传城市全球化和多元文化形象而将移民称为"新新加坡人"、"新香港人"或"新上海人",但"新东京人"尚未出现。东京,一个国际化大都市,仍然延续日本"闭关"的旧习(Mo, 2008)。从社会和文化角度对日本社会性质进行设想,加之移民在日本社会备受歧视的亲身经历,中国人认为日本不会敞开心扉接纳移民,因此他们拒绝自己的移民身份。所以"新华侨"也是族性反应论的一种形式。这个词本身就强烈地指向中国。2005 年,虽然出生在日本的华人人口仅仅是 2000 年在美出生华人人口的一半,但日本的华语出版物却远远多于美国。自从 20 世纪 80 年代中期,大规模学生移民开始,日本出现了超过 120 种华语期刊,这些期刊中有的是日报和杂志,有些是年刊(Duan, 2000)。但许多刊物存在的时间不长。在东京,任意走进一家中国超市,你都能收集超过一打在日华人出版的华语报刊。

8.4.2 中国在改变,日本华人也在改变

"新华侨"不等同于"中国人"。它也不仅仅是一个心系祖国的种族。这个特殊身份也显示出中国移民与中国的模糊关系。他们犹豫不决,不知是否该回国、该何时回中国。这种不确定和犹豫不决的重要原因之一是移民不确定他们在中国的地位。尽管在日移民在日本处在边缘化位置,但许多日本华人近期内也不会返回中国。中国的经济发展越来越好,一些人难免受到中国经济快速发展的诱惑,但是许多移民仍在思考他们的市场位置在哪里。那些有合法居留权的调查对象中,有百分之六十的人表示

"不确定"他们是否想要回国发展事业。有些原因让在日中国移民不想永久性回国,有些人难以接受中国较少的就业机会,其他人则无法面对回国就业低廉的工资。Hu Mei 说起这样一种困境:

> 这里的生活不会有很大改善。我还是过着筋疲力尽的生活。我们的收入不会大幅增长,但房租不断上涨,孩子的教育支出占总支出的比例越来越多。我们付不起医药费,更不用说养老了。有时候我觉得自己在日本这台列车上待得太久了。或许我已经错过了中国疾驰的快车。其他时候,我怕不小心下了(日本)列车,在嘈杂混乱的(中国)站台上找不到自己的目的地(Hu,1998:180)。

此外,对中国的矛盾情感和"新华侨"身份的出现,而非仅仅坚持一种"中国人身份",这在很大程度上标志着在日中国移民的文化转向。很多中国移民和日本人一起学习和工作。每天,他们和日本人一起挤通勤列车。有些居民区成了外国居民聚居地。但是日本只有少数外国居民,所以居住隔离尚未成为一个社会问题。长期接触日本人的生活方式,许多中国人自觉地改变自己的行为以适应日本社会。一方面,由于他们对文化差异十分敏感,如此仔细地观察日本人的生活方式使中国人感到压抑。另一方面,在日本生活多年以后,许多中国移民已经逐渐改变了他们的社会和文化习俗,也改变着他们对其他人的期望。

所以,中国移民一边埋怨在日本社会的压抑生活和边缘位置,一边抱怨中国城市的喧嚣混乱——还有回国旅途中享受的服务缺乏效率和专业精神。通常,他们下了飞机抵达中国机场后,立刻就对中国社会感到失望。这种失望是绝大多数留日中国移民不肯回国的原因。2002 年,我初次见到 Chen Jian,那时他强烈表示想回中国。但是 2007 年我再见他的时候,他还在东京,在当年的那家公司工作。毕竟,在日本生活将近 20 年,他很难抛开日本有序的生活方式,无论这生活有多么"压抑"。

那些被诱惑回国的人,有时一回家幻想就破灭了。Zhang Tian 在儿子三岁那年举家返回中国。

> 我在日本从没觉得受到歧视。但每当我工作不顺压力很大的时候,我总觉得自己寄人篱下,这时我就会想——我还有退路,我可以回家。这种想法越来越强烈……我等了几年,希望被公司外派回国。但那行不通……于是我就决定辞职回

国。我当时想着我早晚会回来。何不趁自己年轻时回去呢?

然而,当他回到中国并在上海定居以后,他开始后悔了。

> 住宾馆和住公寓完全不同,打车四处转转和搭公共交通也是……我还在日本的时候,经常回上海。我认为上海的街道看起来与东京很像。现在我才发现它们完全不一样。现在我只有负面情绪。

由于他和家人在日本都有永久居留权,所以回东京只需要再搬一次家而已。2007年我采访他的时候,他正打算自己先回东京,再把家人接回去。

8.5 跨国活动与跨国身份

尽管"新华侨"身份代表中国人对他们在日本社会边缘地位的反应和他们与中国的联系,他们在日本经济中扮演的角色和他们的跨国社会和生活活动也反复证明了这一点。他们可以利用两国社会的社会和文化资源,这证明他们既不属于日本社会也不属于中国社会,他们身在日本但经济和情感上都属于跨国社会空间。

8.5.1 跨国文化资本和跨国经济活动

大多数经济表现活跃的在日华人发现自己或多或少都从事与中国有关的业务。他们讲中文,熟知中国文化,不仅在中国有社会关系,还掌握日语,熟悉日本职业规范,这些往往就是他们用来在日本经济活动中求生存谋发展的资源。有些人参与民族企业业务,如中国餐馆和超市。他们中有许多人都从事着日本和中国的公司之间的业务工作。由于中国最近成为日企最重要的生产基地和最大的消费市场之一,不仅一些大企业,如:日本电气公司和马自达,在中国都有大型生产和销售业务,许多中小型日本企业在日本和中国跨国经济中都表现相当活跃,在某种程度上说甚至是不顾一切。2007年,仅上海就有4,828家日本公司的分公司(Sasatani, 2007)。日本和中国繁荣的跨国经济使中国移民得以利用他们的双重文化资本去寻找他们的经济生态位。日本公司想雇用中国移民经营和中国的跨国贸易和市场,或者实施公司开拓中国市场的计划。结果，日本中国移民的就业和创业都带有典型的跨国特征。

在日企工作的中国移民，在海外市场部一般都被称为"代表（tantou）"，在小型公司营业部则被称为"海外代表（kaigai tantou）"。在日本的中国移民，尤其是专业技术人员和留学移民，把在跨国企业就业视为他们在日本劳动力市场的自然生态位和机遇（Liu-Farrer, 2011）。就像其中一位受访者 Anqi 说的那样，"负责国内市场的职位怎么可能需要你？一个当地人可以做得比你好"。另外，日本员工可能做不了中国移民做的工作。Zhang Tian 告诉我：

> 我是我们部门唯一的中国人。我主管我这边的业务……那几年全球钢材大幅降价，我们失去了许多客户。你知道，我们公司之所以对我评价很好是因为其他人在自己负责的分公司销售的时候，只有我在中国东奔西跑寻找潜在客户。例如，一个香港代表通过香港分公司寻找客户，但是我有可以直接联系的客户。我亲自开发的这些客户。没有我，公司会失去这些客户。

Yao Jinjun，一个跨国企业家，曾在日本某公司工作。他用更幽默的方式说起他的文化资本：

> 我在为公司（建材贸易公司）工作的时候搞垮了身体。为了签一份合同，我好几次都喝得大醉。喝的都是白酒。你面前的酒杯摆了两排。谈生意之前你必须得干了它们。这事日本人能做得来么？他估计会被吓得跑掉。

就因为擅长这种工作，近年拿到工作签证的中国学生，有四分之三的人签证类别是"人文知识/国际业务"专门人才。

许多中国工程师也渴望能在跨国经济中工作。在他们眼中，除了他们的专业技术，与中国的商业往来是为他们提供晋升到管理层的最好机会。有些人甚至离开技术岗位加入市场部。由于最近离岸生产的快速扩张，许多工程师，尤其是软件专业人员，取得"桥梁工程师（BE）"或"桥梁软件工程师（BSE）"的职称之后，便成为客户、日本研发团队和中国生产团队之间的联络人。合格的"桥梁软件工程师"通常有三项必备的技能——软件开发技能、中日双语沟通技能和管理技能。所以，只有那些掌握了日语而且长期在日企工作过的中国员工才能胜任。现在，成为"桥梁软件工程师"不仅被视为技术人员职业生涯的里程碑,对拥有此类工作经验的人员的需求也不断增加。

为了从中国经济发展中获利和最大化中日两种文化的优势,中国员工也积极主动地将日本企业业务向中国扩展。受访者 Shen Chao 是一名法学院研究生。他说他的单位首先看重他的专业知识和英语能力。Chao 刚开始在日本一家技术市场公司工作时,他的职位只是知识产权顾问。最初那几年,Chao 常常去欧洲和北美出差。20 世纪 90 年代末,他提醒老板关注中国专利技术的潜在市场。很快,作为公司 50 个员工里唯一的中国人,Chao 发现自己埋头于日本和中国大陆的跨国业务,而且公司还需雇用更多中国员工开展这项新业务。

公司雇用员工往往让跨国企业家精神成了员工的职业外延(Liu-Farrer,2007)。我在调研中遇到的大多数华人跨国企业家都曾就职于日本企业。选择创业,一部分原因是日企工作经历令人不满,还有一部分是在日企工作所积累的人力和社会资本的支持。尽管跨国经济在日本企业中为中国移民提供了合适的职位和晋升渠道,但日本劳动力市场的诸多约束仍是促进中国移民独立创业的重要原因。这些约束包括工作不稳定、不公正待遇和职业流动通道受阻。此外,对日本企业文化的消极反应也导致许多中国员工选择创业。日企的工作经历让中国员工熟悉了日本商业文化,学习了特定的贸易知识和技能,建立起日后创业中可利用的社交网络。所以,华人企业家离开原来的雇主之后,仍然从事同样的业务。我采访的一些企业家他们开发的业务市场和原先他们的日本雇主的业务市场仍然相关。举个例子,Shen Chao 在一家专门从事知识产权的研究公司工作数年后,自己开了一家专门从事日本和中国技术转让的公司。

在日中国移民最早创办的一些跨国企业主要从事教育、餐饮服务和咨询服务,这些都能促进日本和中国的商业交流。他们出版刊物介绍中国人的经济行为,组织日企老板到中国旅行,把中国政府投资代表团引入日本商界。

离岸生产和贸易不断扩展,日本国内经济却持续衰退,所以日本国民越来越能接受其他亚洲国家生产的商品,尤其是那些更便宜的商品。"百元店"也因此兴起。那些商店里的商品,产地主要是劳动力成本较低的亚洲国家(亚太资源中心,2004)。中国是主要供应国。许多中国企业家因此发现中日互补市场中的商机。我研究的样本中,有些企业家就投资中国工厂,以生产日本市场所需的商品。Su Qiming 和他的日本合作伙伴拥有一家公司,在日本从事家用空调安装和维修。他还在中国开了一家生产空调部件的工厂。

有些企业家是活跃的中间商。Ogawa 也是一名企业家。我采访他时,他正在和中国的生意伙伴开会。Ogawa 要求他的合作伙伴生产一些袜子、内裤和配饰之类的小商品。他仔细地将每个商品的样子画下来给合作方看。后来他对我说，有家日本公司想把那些小商品放到自动售货机里出售。他们希望产品成本很低，不到 100 日元。Ogawa 当时正在帮他们寻找能以极低成本制造这些商品的中国工厂。

日本和中国劳动力成本的差异也促进了中国跨国信息技术产业在日本的兴起。中国"软件制造工厂"一方面通过向中国外包编程来利用中国低成本劳动力，另一方面直接从中国大学招聘人才，外派到日本的项目。2003 年，一个在日本和中国都有公司的信息技术类企业家说，在上海，一个应届计算机科学专业毕业生的工资市场价大约是月薪 2,000 元人民币（约合 30,000 日元或 250 美元），这只是在日本从事同等工作的人收入的一小部分。

由于日本和中国文化的密切关系，中国企业家有时也会售卖减肥食品或营养补品这样的引进产品。中国和日本两国人民也被彼此不同的旅游风光吸引。自 2003 年 9 月起，计划到中国旅游的日本公民，游览时间在 15 天以内便可获得落地签证。日本是首个享受中国免签待遇的国家。作为回报，日本放宽了对中国公民旅游签证的限制，尤其是来自中国沿海省份的公民。这些政策提供的机会增多，日本的中国旅行社如雨后春笋般出现了。

尽管中国移民的经济活动表面上明显与经济机会相呼应，其实这些跨国经济活动也代表着中国移民为了改变自己在日本社会经济边缘地位而做出的自觉努力。对跨国企业家们而言，活跃的中国经济为他们提供多种机遇，把他们的中国背景转变为有利条件。跨国经济中的工作使他们不必完全融入日本社会。Chang Lili 说：

> 我认为我们没必要融入日本社会。我们不可能真正地融入，也不想融入。中国人就是中国人。我们有不一样的生活方式。我们仅仅是在他们的社会中和他们一起工作而已。而且，经济变得全球化。我从事保健行业。健康是无国界的。世界上没有人不关心它。我并不仅仅是在日本经济环境中工作，而是在全球经济中工作。

值得注意的是，中国移民的文化优势还延伸到了他们在中国的特殊地位。在日本的公司里，对大多数中国员工来说，没有什么升职机会比被派遣回中国的分公司当经理更吸引人了。中国员工的跨国公司职业生涯中，回家被放在首要位置。然而，对于许多日本华人而言，家不一定是他们从小长大的小镇，而是某个大城市。中国员工，尤其是顾家的男人，为了被派遣回国屡屡跳槽。有些人为了能回国工作不惜减薪。事实上，对归国的中国外派人员来说，减薪是非常普遍的情况。日本公司的逻辑是，中国的生活成本更低，所以中国员工不能指望拿到和在日本工作时一样多的工资。但是这套逻辑就不会被用在中国员工的日本同事身上。通常，日本员工如果被派往中国，他们的薪水会比在日本工作时更高，因为他们希望在中国的时候能依然遵循以前的生活方式——吃同样的食物，使用从日本进口的更干净的卫浴产品。因此，日本企业这种逻辑上的差异为那些拥有日企工作经历且熟悉两国文化的中国员工创造了机遇，提供了合适的职位。以下就说明了这种情况。

Dai Minghua 的丈夫曾在日本最大的制造企业之一工作。在日本待了12年之后，他们家一直在找机会回上海。由于工作关系，他遇到了他现在的老板，老板派他回上海分公司工作。公司从事电信业，当时正在开拓中国市场。Dai 说她丈夫在日本工作多年，他独特的文化能力使他成为一个经验丰富的资深移民。

> 为一家日企工作了这么多年，他了解日本人的管理方式，也学会了像一个日本员工一样工作。他从不抱怨工作量，也不会要求加班费。他常常在周末加班。日本老板也需要他和中国员工和其他中方职员交涉。因此，他不仅对中国员工起到模范带头作用，也是一个调停者，是解决当地问题的专家。日本人任用他是很明智的选择。因为他能做一个日本职员做的事并且做得更好，而且公司不必给他外派经费，比如提供免费住处和其他补贴。他们知道他在上海有自己的家。

8.5.2 跨国生活

中国人认为日本社会具有排外的特点，本质上不是一个移民社会，这种观点使很多中国移民拒绝接受自己的移民地位，更不肯接受日本人的身份认同。他们在日本和中国跨国经济中的连接作用进一步增强了中国人身份的作用。但是，仅仅作为一个中国人还不够。"新华侨"用跨国视角看待他们生活着的世界。他们一方面在回避自己的边缘社会地位，一方面试图从日本和中国两个社会中获得利益。他们会这样做的可能性也有助于证实他们的跨国身份。

大部分中国人在权衡日本公民身份和永久居留权两者间的利弊之后，还是决定申请永久居留权。《中文导报》是为中国移民服务最大的报纸。这家报纸上有篇文章解释了为什么和入籍相比，现在的中国人更愿意申请永久居留权。

> 长远来看（有了永久居留权），（你）在购房、子女受教育以及退休生活方面都可以从两边（社会）获利……以后（你）可以判断哪边更好就留在哪边。（而且，你）不必与心理障碍作斗争；不必放弃祖国这边的便利；不需要跑到移民局申请签证；也不会背上"卖祖求荣"的骂名……在大多数中国人看来，永久居留权几乎是最佳选项。而且，拥有永久居留权的人可以申请入籍，而已经变更国籍的人不能重新获得中国公民身份。①

"从两边社会获利"意味着要做跨越边界的生活安排。我们注意到有以下几种做法：为寻求更好的职业机会或经济利益而跨国迁移、积累人力和文化资本、规划跨国生活。

8.5.3 跨国流动

在日本的中国移民渴望跨边界流动。理想情况下，这种流动附带跨国职业发展优势。许多中国专业人才在中日跨国经济中找到了就业前景。在他们的职业发展中，来回跑是一种工作需要而且也是必不可少的。Liu Da'nian 就职于一家大型日企，该企业在中国有几十家分公司。他原来供职的是一家很大的通信公司，为了被指派到中国工作，才来到了现在这家公司。他在北京办事处工作了 5 年，但是北京分部发展得并不好。2007 年，我们相遇的时候，他在北京的工作已圆满完成，公司正准备召他回日本。他的妻子和 2 岁的儿子也会和他一同回到日本。他在日本的工作签证还有 3 年期限，所以他打算回到日本后就申请永久居留权。他估计自己在日本最多待上两三年。

> 我回日本只是为了找机会再回来。日本和中国两国间的经济关系也没那么糟糕。像我这样的人只要稍微降低点期望，要找到回来的机会比较容易。

---

① "Chinese in Japan Pondering over Permanent Residency and Naturalization"，作者 Du Hailing，2007 年 12 月，URL 地址：http://www.chubun.com/modules/aiticle/view.article.php/58802/c43，2008 年 3 月 26 日访问。

在这里必须指出的是，Liu Da'nian 不想以一个普通中国公民身份回国去过中国人的生活。他想以外籍雇员的身份回到中国。从某种意义上说，他会是生活在中国的"海外华侨"。北京不是他的故乡，在被公司指派过去工作之前他也从未在首都生活过。他承认：

> 最吸引我的是物质条件。在这儿我是一名外派人员（chuzaiin）。我的工资由日本总部发放。公寓也是公司安排的。上下班有公司的车和司机接送。在这儿，我过得更舒服。除了工作，没有别的事情打扰我。

有些中国移民渴望过上跨国生活，其实是一种精明的策略，这样他们可以利用中日两国社会的收入差异过上更好的生活。接受调研的合法中国居民中，百分之二十的人认为将来他们很可能会平均分配待在中国和日本的时间。已经加入日本国籍的 42 岁的 Ogawa 说，他正在考虑带家人去中国，在那里待久一些。因为，虽然他很喜欢日本社会各方面的便利，但他也很羡慕富裕的人在中国奢华的享受，比如廉价的劳动力。"我在中国的很多朋友都有女佣，不止一个，而是两个。在日本，即使是富裕的日本人也不一定有女佣。"虽然这个想法听上去比较有吸引力，但是同时居住和往返于中国东海两岸并非易事。这种策略通常会产生跨国家庭——地理上分开的家庭。父亲在两岸之间往返，把妻子和孩子留在其中一个国家，通常会把家人留在中国。

8.5.4　跨国人力与文化资本积累

另一种跨国生活安排表现在儿童的抚养和教育上。身在日本的中国父母把学龄儿童送回中国接受教育。不同于多米尼加和也门的家长把"送回国"当作纠错手段或者威胁来对付那些不听话的儿童或者青少年（Levitt, 2001；Orellana 等, 2001），中国家长把学龄儿童送回中国则代表他们独特的精英主义思想和跨国移民利益最大化的策略。Mitchell（1997）和 Waters（2008）笔下的香港精英和中产阶级家庭的资本积累策略又是另一回事。后者把孩子送出香港接受教育，他们把海外教育视为文化资本积累中必不可少的部分。这反映了"降落伞孩子"现象——为了得到更优质的教育机会，亚洲国家的孩子被送到美国学校读书（Orellana 等, 2001）。

日本的中国家长，尤其是那些以留学生或者技术专家身份移民到日本的家长通常对他们的孩子抱有较高的学业期望。很多人信不过"轻松教育"（yutori kyoiku）的教学质量，日本公立学校为了发展学生的个性和创造力、减少学业压力和学习时间而实行轻松教育，这一做法饱受争议。虽然有些中国家庭为了让孩子进入日本私立学校，花钱送孩子上补习班(juku)，但是更多人利用在日本积累的经济资源把孩子送回中国的名校读书。这些孩子要么和中国的亲戚住在一起，要么由自己的母亲陪伴一起住在中国。

Shen Jianwei 把三年级的女儿送回北京的一所精英小学，妻子陪女儿待在北京。他这样解释：

> 这里的小学是大众教育。在中国，学校特别关注天资出众的孩子。我女儿厌倦了这里的学校。她更喜欢北京。她还在跟一个知名的大师学习中国画。

一些中国移民想让自己的孩子成为全球化参与者。Tang Wenrong 期望将来能把儿子送到美国读大学。她的儿子在东京的公立小学读书，当她看到儿子薄薄的课本时她大为震惊。她不愿意花高昂的学费送孩子去东京的私立小学，而是把孩子送进上海的一所国际学校。那儿的学杂费更便宜，她的儿子又可以同时学习英语和汉语。Tang Wenrong 还记得她的小学数学老师，手里拿着秒表，带领学生们做20道计算题限时训练。超时的学生要被罚在教室外的走廊里站成一排。"我不觉得中国的教育就一定更好。但是，(你必须)在劳动力市场中竞争，在婚姻市场中竞争……生活中处处都是竞争。"①

大部分时间，Chang Huijun 都是一个人待在日本。妻子在上海陪伴儿子，他们的儿子就读于上海一所有名的重点中学。儿子的英语口语令他引以为傲，他说，"先学习英语再学习日语，这样更好。假如他先学习日语，他的英语发音可能会有问题"。他计划让孩子在中国读大学，因为他意识到，"日本人雇用中国人，事实上最看重的是员工的中文能力。日本人很可能把你当作和中国沟通的桥梁，想让你帮他处理中国方面的业务"。

---

① 本例和引述源自 Hayashi Nozomi 的报告，题为"Kachinuku: 'Jinsei ha kyousou' eisaikyoiku wo tettei (To Win: 'Life is Competition' and Elite education is to be Thorough)"["生而为赢：'生活即竞争'彻底的精英教育"]，2009年3月9日刊登在 Asahi Shinbun 的"中国人在日本"系列。本文作者翻译。

8.5.5 跨国生活过程

从退休计划中也可以看出日本华人从中日两国社会中均可受益。许多人渴望在中国退休。即使中国移民和日本国民结婚,在这些移民中还是有很多人更愿意落叶归根,在年老的时候再返回中国。Lin Li,一位已加入日籍的中国移民,在上海购置了一套公寓,即使她拥有日本公民身份,她也不想老死在日本——对她而言,日本是异国他乡。她和她的日本丈夫计划退休后在中国生活。

一天,在一家回转寿司店,一个年近 50 岁的中国女人 Keiko 在我身旁的位置坐下。她听到我和丈夫用中文交谈就和我们搭讪。Keiko 嫁给了一个 60 多岁的日本男人。她在去看望住院的丈夫的途中来餐馆吃点寿司。两年前,在他们结婚时她的丈夫已经退休了。他们依靠丈夫每月 30 万日元的退休金生活。她认为这笔钱足够用来在日本生活。这段婚姻让她觉得很幸福,她正在劝说丈夫在中国待一段时间,因为这笔钱在中国更经用。她多次说到如果丈夫去世,她有权得到他的一部分退休金:

> 他现在每个月拿 30 万(日元)。即使有 40% 的折扣,我还是能得到十几万。这笔钱可不少。这样我可以半年待在上海,半年待在东京,做点生意或者打打工。到时候生活也很惬意。

那时,她正在申请永久居留权。和公民身份相比,她更想获得永久居留权,因为那样她在中国待得久一些也更容易。似乎她正盼望着那种自由。除了成为日本国民配偶的移民,一些"战后日本遗孤"(zanryun houjin)看着他们的孩子成年并在日本安定下来之后,也计划回到中国。

从中国移民的经济活动和居住方式上,不难看出他们为何采用新华侨身份——这种民族认同,自我意识上将他们划分到日本社会之外,同时又将他们与居住在中国的中国人区别开来。他们在中日跨国经济中的角色,为达到职业发展目的所利用的社会和文化资源,中日两国社会提供的获利机会,使他们的身份和跨国视角不断强化。

8.6 结论

Tsuboya(2008)在研究赴日中国学生移民时,将在日本的中国学生移民归类为"永久旅居者"——徘徊在暂时迁移和永久居留权之间的人。这的确是研究中国移民在日本的身份的方法之一。然而,这种描述过于强调中国移民在日本的生活阈限和对于何去何从的优柔寡断。事实上,越来越多的中国移民取得了在日本的合法永久居住权。本章聚焦于日本新兴的集体身份,即"新华侨",并使用社会心理学方法理解这种身份构建形成的过程。分析时考虑到导致族性反应论的一系列机制。但是,这突出了全球化背景下身份构建的新的可能。也表明全球化为移民适应客居社会增添了新情境。如今,移民可以同时将自己定位于不同规模的社会和经济空间——当地的、跨国的,甚至全球的。

新华侨身份首先是一种族性反应论。它是对制度约束和客居社会中社会隔离的反应,同时也是对移民在日本社会分层体系中不利地位的反应。中国在日移民将日本视为非移民的封闭性社会。许多人觉得自己处在这个社会的边缘。有些人意识到他们的第三世界移民身份。其他人作为外国人或中国人则亲身经历过歧视。因此,坚持他们的中国人身份和种族差异是对一个不受欢迎的接受环境的回应。但是,"新华侨"的身份不同于单纯的华裔身份。它是在移民环境下构建的集体身份。同时反映移民与自己祖国的关系——日本华人认为,他们也很难再重新适应中国社会。毕竟,中国社会已经发生了变化。一些移民觉得他们已经失去了中国的社会经济地位。同时,中国移民本身也经历了改变。多年在日本社会环境中生活,许多中国人已经接受了日本文化和社会活动,他们再也不能像普通中国公民一样过普通的中国式生活。

此外,中国移民的"新华侨"身份和他们对永久居留权(一种稳固的部分公民身份)的偏爱,反映出他们在全球化经济中利用跨国文化资本的策略。在日本公司,大部分中国移民利用他们的华人身份向上流动。他们在跨国经济中的位置和事业实践提高了他们的价值,也使他们更有理由保持中国人的身份。但是,仅仅作为一个中国人还不够。成为一个拥有日本永久居留权的海外华侨,将使他们有机会进行经济和文化资本弹性积累,在生活中最大化地获取两个社会的资源。

最后,新旧海外华侨的关系将会成为未来研究可以关注的领域之一。尽管新海外华侨自觉地与旧海外华侨划清界限,近年来,新海外华侨已经开始和更早建立起来的全球海外华侨网络相互交流。1999年,日本中华总商会(CCCJ)成立。其成员包括在日本的新旧海外华侨企业。自建立以来,日本中华总商会派代表参加世界华商大会,而且,在2007年,负责组织了在神户召开的第九届世界华商大会。参加这次会议的海外华侨企业总数超过3,000家。一些受访者强调了他们和旧海外华侨群体的联系,并把这些大会看作发展全球商业网络的巨大机会。新海外华侨身份本身就会产生社会关系。

致谢 我想向 Caroline Plüss、Chan Kwok-bun、David Chapman 以及对本章提出建设性意见的匿名评审表达真挚的感谢。

参考文献

Alba, R., & Nee, V. (1997). Rethinking assimilation theory for a new era of immigration. *International Migration Review*, 31(4), 826–874.

Aleinikoff, T. A., & Rumbaut, R. G. (1998). Terms of belonging: Are models of membership self-fulfilling prophecies? *Georgetown Immigration Law Journal*, 13(1), 1–24.

Bartram, D. (2000). Japan and labor migration: Theoretical and methodological implications of negative cases. *International Migration Review*, 34(1), 5–32.

Burke, P. J. (1980). The self: Measurement requirements from an interactionist perspective. *Social Psychology Quarterly*, 43(1), 18–29.

Burke, P. J. (2004). Identities and social structure: The 2003 cooley-mead award address. *Social Psychology Quarterly*, 67(1), 5–15.

Burke, P. J. (2006). Identity change. *Social Psychology Quarterly*, 69(1), 81–96.

Duan, Y. (1998). *Fu Ji Dong Ying Xie Chun Qiu* [Writing history in Japan]. Shanghai: Shanghai Education Press.

Duan, Y. (2000). *Zai ri zhong guo ren mei ti zong lan* [An overview of Chinese media in Japan]. Saitama, Japan: Japan Overseas Press.

Fernandez-Kelly, M. P. (1995). Social and cultural capital in the urban ghetto: Implications for the economic sociology and immigration. In A. Portes (Ed.), *The economic sociology of immigration: Essays on networks, ethnicity, and entrepreneurship* (pp. 213–247). New York: Russell Sage Foundation.

Gans, H. J (1979). Symbolic ethnicity: The future of ethnic groups and cultures in America. *Ethnic and Racial Studies*, 2(1), 1–20.

Glick-Schiller, N., & Fouron, G. E. (1999). Terrains of blood and nation: Haitian transnational social fields. *Ethnic and Racial Studies*, 22(2), 340–366.

Goldring, L. (1998). The power of status in transnational social fields. In M. P. Smith & L. E. Guarnizo (Eds.), *Transnationalism from below: Comparative urban and community research* (Vol. 6, pp. 165–195). New Brunswick: Transaction.

Gordon, M. M. (1964). *Assimilation in American life: The role of race, religion and national origin*. Oxford: Oxford University Press.

Haller, W., & Landolt, P. (2005). The transnational dimensions of identity formation: Adult children of immigrants in Miami. *Ethnic and Racial Studies*, 28(6), 1182–1214.

He, B. (2007). Life style and cultural identity: An analysis of 'new overseas Chinese' in Japan [Shenghuo Biaxiang yu Wenhua Rentong-Riben Xin Huaqiao Huaren Qunti Shixi]. *Journal *of Sun Yatsen University* (Social Science Edition), 3, 13–17.

Howard, J. A. (2000). Social psychology of identities. *Annual Review of Sociology*, 26, 367–393.

Hu, M. (1998). Gan mo ban che de lu ren [The traveler catching the last train], In Y. Duan (Ed.), *Fu ji dong ying xie chun qiu* [Writing history in Japan] (pp. 175–181). Shanghai: Shanghai Education Press.

Japan Immigration Association. (2004–2010). *Statistics on the foreigners registered in Japan*. Tokyo: Japan Immigration Association.

Levitt, P. (2001). *The transnational villagers*. Berkeley: University of California Press.

Liu-Farrer, G. (2007). Producing global economies from below: Chinese immigrant transnational entrepreneurship in Japan. In S. Sassen (Ed.), *Deciphering the global: Its spaces, scales, and subjects* (pp. 177–198). New York: Routledge.

Liu-Farrer, G. (2011). Making careers in the occupational niche: Chinese students in corporate Japan's transnational business. *Journal of Ethnic and Migration Studies*, 37, 785–803.

Mitchell, K. (1997). Different diasporas and the hype of hybridity. *Environment and Planning D: Society and Space*, 15(5), 533–553.

Mo, B. (2008). 'Shin Tokyojin' itu tanjo? [When will the 'New Tokyonites' be Born?] *Asahi Shinbun*, February 2, p. B3.

Orellana, M. F., et al. (2001). Transnational childhoods: The participation of children in processes of family migration. *Social Problems*, 48(4), 572–591.

Pacific Asia Resource Center. (2004). *A complete anatomy of 100-yen shop: Globalization in daily life* [Tettei Kaibo 100-yen Shoppu: Nichijouka suru Guroubarizeishon]. Tokyo: Commons.

Pak, K. T. (1998). Outsiders moving In *Identity and institutions in Japanese responses to international migration*. Ph. D. dissertation, University of Chicago, Department of Political Science.

Park, K. (2007). Constructing transnational identities without leaving home: Korean immigrant women's cognitive border-crossing. *Sociological Forum*, 22(2), 200–218.

Popkin, E. (1999). Guatemalan Mayan migration to Los Angeles: Constructing transnational linkages in the context of the settlement process. *Ethnic and Racial Studies*, 22(2), 267–289.

Portes, A., & Rumbaut, R. G. (2001). *Legacies: The story of the immigrant second generation*. Los Angeles: University of California Press/Russell Sage Foundation.

Rumbaut, R. G. (2005). Sites of belonging: Acculturation, discrimination, and ethnic identity among children of immigrants. In T. S. Weisner (Ed.), *Discovering successful pathways in children's development: Mixed methods in the study of childhood and family life* (pp. 111–164). Chicago: University of Chicago Press.

Sasatani, H. (2007). Kanan de no nihonjin genchisaiyou no tokushou [The characteristics of local employments of Japanese nationals in Southern China]. *Whenever Shanghai* (July), p. 124.

Smith, R. C. (1998). Transnational localities: Technology, community and the politics of membership within the context of Mexico-US migration. *Journal of Urban and Comparative Research*, *6*, 196-241.

Tajima, J. (2005). Daitoshi ni Okeru Chugokukei Ijyusha Chosa [A survey of Chinese migrants in the metropolis]. In J. Tajima (Ed.), *Chugokukei Ijyusha kara Mita Nihonshakai no Shomondai*. [Japanese social problems in the eyes of Chinese migrants] (pp. 7-37). Tokyo: Research Foundation for Safe Society.

Tsuboya, M. (2008). "*Eizokuteki Sojona*" *Chūgokujin no Aidenteitei* ("Permanent Sojourners" Chinese People's Identities). Tokyo: *Yūshindō Bunko*.

Warner, W. L., & Srole, L. (1945). *The social systems of American ethnic groups*. New Haven: Yale University Press.

Waters, J. L. (2008). *Education, migration, and cultural capital in the Chinese diaspora: Transnational students between Hong Kong and Canada*. Amherst: Cambria Press.

Yoshino, K. (1992). *Cultural nationalism in contemporary Japan*. London: Routledge.

(朱凯丽,胡婧译)

第四部分
寻求跨国/地区身份认同

第9章
边缘化的认同：挑战小笠原群岛上的公民身份、国籍和身份

David Chapman[①]

[①] D. Chapman
传播、国际研究和语言学院，南澳大学，马吉尔，澳大利亚
e-mail: david.chapman@unisa.eclu.au

9.1 引言：群岛和移民

正如 Gillis(2003)所言，"文明用特别不同的方式看待群岛"。从历史上看，那些大陆居民将群岛视为地理的边缘，远离都市中心，海水如屏障一般使群岛与大陆隔离和绝缘。然而，对许多岛上的群体而言，海洋一直起着连接的作用，是运输和贸易的途径，使人们能从水路登上岛屿并使岛屿成为海洋的中心。Epeli Hau'ofa(1993：6)在反对限制殖民边界范围和历史悠久的太平洋血统时指出，"大洋洲的世界并不微小；它是巨大的，且每天都在扩大"。Connell 和 King 同样反对岛屿与世隔绝，主张岛屿可能是"迁移现象最频繁"之地(1999：1)。Baldacchino 进而说到"海岛型"，强调"承认依赖外界与享受自身特殊地域性"的辩证统一（2004：274）。岛屿并不仅仅是频繁迁移的连接点；它们也是有争议的空间，有时是包含他人看不见的圈套、实验和秘密的有界的地理位置。20 世纪初期，Semple(1911：424)描述群岛是"水手和商人，殖民者和征服者"登陆的"节点位置"。因此，在移民研究框架下需要谨慎的情境和分析去理解群岛。

1830 年，小笠原群岛最早属于英国的海外领土，当时岛上住着一群来自欧洲、太平洋和美国的移民，19 世纪末，小笠原群岛也曾是日本的殖民地。第二次世界大战后小笠原群岛归美国海军管辖，后来，在 1968 年又归还日本。岛屿上国家空间的结构变换和原住民的各种文化遗产，将居民和他们的后代在日本历史和社会中置于特殊的位置。这段鲜为人知的历史背后的故事为人们理解迁移现象和跨国迁移提供了新的视角，尤其是与岛屿和岛上生活相关的方面。它也更广泛地应用于凸显政治、经济、社会和文化特点的交叉如何产生跨国空间的多样和多种定义。

移民研究通常是关于人们从一个地方到另一个地方的迁移或位移，通常跨越国家或区域的边界，并在一定程度上涉及短时间内出现在一个新地点或在新地点生活。然而，在人口不发生迁移时，移民环境也可能出现不稳定效应，本章则会揭示这一过程。这种过程可能发生在空间重新配置、重构和重组时，旧的边界被移除新的边界形成的时候。在小笠原群岛，尽管原住民的后代们始终待在原地，他们依然要面临诸多变化，这些变化和经历过物理位移到新位置要面对的变化无异。正像 Ahmed 等人所说，"待在原地并不意味着一动不动"(2003：10)。此外，居住空间变更的影响不亚于迁移到一个（即使不发生位移也跨越国界的）新的位置对家庭和归属感的影响。

历史上群体的管理机构不断变更，群体被认同的方式也因此不断产生变化；身份认同过程和空间界定的方式既有历史背景又有社会原因。本章探究政治、经济、社会和文化特征在影响岛民认同方式时如何互相补充。

在此研究中，我发展了 Stuart Elden"空间、地点和地理位置在所有历史研究中都是重要决定因素"的观点(2001：3)。我采用 Elden 的"空间历史"(spatial history)的观点，研究岛屿群体当下环境和历史上身份认同过程如何随时间发生变化。空间是研究小笠原群岛历史的中心。我认为，尽管群体没有位移，但依然像塑造移民环境一样经历了背井离乡和再次扎根。本研究探索同样的空间（家庭）重建、重塑和替换之后对个人的影响。我认为空间随历史时间变化对原住民及其后代的影响是复杂且多样的。关注历史和空间强调岛上居民生活中多种因素的交叉。尽管岛上居民一直保持相对静止（待在家中），但周遭国家空间的多种变化打破了原有的身份，影响了他们的空间概念和归属感。在这种情况下，文化和社会建构的任意性和可塑性与严谨、不屈却又受政治干扰的国籍、民族身份和公民身份概念并列存在。本书引言中已经解释过，生活根植于跨国空间的人们，利用文化、社会和经济资本(Bourdieu, 1986)，用各种复杂方式尝试改善自身的生活条件。对小笠原群岛原住民后代来说，他们就像从一处迁到另一处的跨国移民，这些资本转换都是必要的，而且有利于他们在不断变化的环境中充分利用生活机遇。

9.2 早期历史[①]

小笠原群岛分为婿岛列岛、父岛列岛和母岛列岛三大岛群。1670 年，一艘船遭遇台风，偏离航线后到达小笠原群岛，这是日本最早的到达小笠原群岛的记录(Koji Ruien 引用 Kublin, 1947：15)。发现岛屿的消息传到日本幕府，1675 年，幕府派一支探险队到小笠原群岛探索，探险队回来后呈给官方一份详细报告。最后，尽管有很多

[①] 详细的关于小笠原群岛早期历史的记录，见 Chapman(2009)，Ishihara(2007)，Long(2003) 和 Odo(2003)。

人到岛上巡视过,日本仍然不重视这些群岛。事实上小笠原群岛既无人居住,又远离日本,才致使幕府认为小笠原群岛不会造成实际的安全威胁(同上:23)。当时,日本与世隔离的强烈意识很有可能就是导致这些岛屿仍然处于日本利益边缘的原因。

但是,随着太平洋区域捕鲸业的扩展和区域内船只数量的增多,其他国家不可避免地会争夺岛屿的归属权。19 世纪时,几乎不为人知的群岛成为强权国家间相互争夺的领土。美国人 Reuben Coffin,是一艘名为"运输号"(Transit)的英国船只的船长,1823 年,他在群岛南部登陆,将岛屿命名为科芬岛(如今的母岛①)并声明占领该岛。直到 4 年后,1827 年,英国船长 Fredrick Beechey 登陆皮岛(父岛),并以大英帝国的名义宣称对该岛及周边岛屿享有主权。Beechey 发现岛屿的消息很快传到桑威奇(夏威夷)群岛,在那里,新发现的岛屿气候宜人、土壤肥沃、港湾优良、胜似天堂的故事迅速传开。Matteo Mazarro 和 Richard Millichamp 都想在岛上定居,他们很快开始商议有关的事。而桑威奇群岛的英国领事 Richard Charlton 热切地想为大英帝国守住新发现的岛屿(Simpson, 1843:124)。最终,一支由美国人、欧洲人和太平洋岛民共同组成的 22 人的队伍,从桑威奇群岛扬帆出发,于 1830 年 6 月 26 日在劳埃德港口登陆。一开始,这是一个文化多元、语言相异的多民族群体,但是它们利用不同的文化资源适应了当地情况,最终转变为一个多样化、复杂的跨国社区。

小笠原群岛当时被称为博宁岛,在那时非常不为英国重视。但是,1853 年,作为给开往中国香港的美国蒸汽轮船加油站的预备选址,群岛引起了海军准将 Matthew Perry 的兴趣(Hawks, 1856:244)。Perry 慎重地考虑从其中一个岛民 Nathaniel Savory(一个美国人,同时也是原住民之一)手中购置土地的计划(Alex Simpson 给 Claredon 勋爵的信,1853; Pineau, 1968:143; Cholmondeley, 1915:102 - 105)。Nathaniel Savory 意识到利用自己作为一个美国人所拥有的文化资源可能带来政治、社会和经济优势,他强烈希望群岛最终成为美国领土。

但是在 Savory 的晚年却面临另一个可行的方案。Perry 的计划重新引发日本对自己群岛利益的重视。1861 年德川幕府企图殖民博宁岛。幕府代表 Maru no Tani 到访群岛,见到 Savory 时他解释道,日本的殖民是合理的,因为日本早在 300 年前就发现了群岛(Obana, 1861)。这时,一些原住民厌倦了不被重视,而且其他国家都不施援手,因此,他们很感激日本政府提供的医疗照顾和物资(Obana, 1861)。日本政府让他

---

① 母岛位于父岛南 50 公里。

们看到受到保护的前景并假装制定一些法律和秩序，岛民对此相当欢迎。然而这次初试殖民仅持续了 18 个月。之后日本殖民者离开了，返回到日本本土或者是他们原先所在的岛屿。

大约 12 年后，1875 年，Nathaniel Savory 死后一年，日本官员再次回到小笠原群岛殖民。第二次尝试殖民的消息传到横滨的英国领事 Russell Robertson 耳中，他决定在日本官员登上皮岛宣示主权几天后到访岛上。Robertson 询问 Nathaniel Savory 的遗孀 Maria Dilessanto 关于群岛变成日本一部分的看法。面对越来越多来自日本本土的移民和群岛地位的改变，Maria 和其他岛民也许意识到了国民身份的任意性，因此他们对成为日本人的前景保持漠然态度。他们宣布，自己首先是博宁岛岛民（Robertson，1876：138）。这种国家归属感的矛盾情绪以及强烈的岛屿身份认同不仅出现在群岛早期历史中，而且随着时间推移，在复杂的变化中仍然保留了下来。我在下文将会详细解释：在国家空间的无数次变化动乱中，后代岛民也将他们与群岛密切的关联当作他们身份①的来源。

过去，小笠原群岛归地方长官 Obana Sakunosuke 管理，根据 1877 年到访过群岛的 Reverend F. B. Plummer 早期的描述，Obana 当时深受欢迎。至少对其他岛民而言，相较于当时混乱的秩序和法律缺失，日本政府重新管辖群岛是受到拥戴的，这也象征着对更好的社会、文化和经济资源的向往。

> 由于之前岛上发生过许多暴力行为，甚至是谋杀，所以某种秩序的出现受到相当一部分岛民认可。（Plummer，1877：9）

从前，小笠原群岛居民被视为住在岛内的外来者。解决这种情况的唯一方法是，岛民废除自己原有的国籍，成为日本臣民（shinmin）②。在殖民早期，地方官 Obana 曾致力于说服移民申报成为日本臣民，这遭到多数人反对，除非有些情况下他们认为作出这种选择于自己有利。

这个群体最早的文化模糊的例子是 Robert Myers，他是最早认识到注册日籍的优

---

① 根据 Baldacchino 所言，"一个特别的岛屿身份的识别和声明"是岛屿生活的共同特征，即他所说的"海岛型"（2004：273）。
② 在当时的情况下，西方的国籍概念在日本还未出现。从 1872 年引进《户籍法》起，日本人民被视为帝国的子民。许多来自太平洋各个群岛的原住民都没有官方的国籍。

势并这么做的人之一。Robert Myers 是来自马尼拉的英国人，在 Reverend Plummer 到访前几个月，Robert Myers 侥幸逃脱了同乡岛民的谋杀。Myers 意识到日本政权将庇护国民，而他也希望受到日本法律的保护，于是他请求 Plummer 给横滨的英国领事 Russell Robertson 写封信，信中表达 Myers 对成为日本臣民的渴望（Plummer，1877：10）。另外还有四人，也意识到成为日本臣民的优势，他们和 Myers 联名寄信。然而，1877 年 12 月，英国领事收到 Myers 与其他四人的信后，却给居住在岛上的英国人发了一封备忘录，建议他们审慎考虑成为日本臣民的后果，他们一旦接受日本法律的保护，将永远脱离不列颠的保护（Robertson，1877）。该建议遭到日本方面的反对。日本政府威胁驱逐岛上的外国人，因此所有移民都同意成为日本臣民。到 1882 年，所有人都已加入日本户籍。随着时间推移，更多的来自日本本土和其他岛屿的日本人移居到小笠原群岛并在岛上定居。最终，岛上建立了学校。正如许多移居到一个新的国家的移民的经历一样，这一代移民也发现他们身处一个有着新语言和不同风俗的社会。

20 世纪 70 年代初，两位美国人类学家在群岛开展访谈。Charlie Washington，生于 1881 年，在当时接受了访问，并详细描述了 19 世纪末岛上的生活。他对比了当时在校使用日语和在家使用英语的情况，讲述了他们这一代人融入日本社区的历程。更早一代的移民明显更关心他们原先的文化和语言资本在与日本民族融合过程中的流失。在 Washington 的描述中，他的叔父 Horace（Savory）①会"猛拍我们一下"只要他听到有人说日语（Hammond & Shepardson，1973）。他还回忆了多次登上捕鲸船或者和皮货商一起从岛上出发环游整个太平洋地区的经历。像他这辈许多其他岛民一样，Washington 会说两种语言，既能打猎又会捕鱼，向全球各地来到岛上的来访者展示了他的文化和社会资本的可用之处。这令 Washington 和其他人获得更广的经济、社会和文化资源，凸显了他们的跨国身份。这与其他定居在岛上的日本农民形成了鲜明的对比，因为这些农民是扎根于土地的单一语言使用者。

随时间变化，两个群体的成员交集日益增多，他们互相通婚，开始互相融合。原住民的后代与日裔配偶结婚，突出了文化杂糅"你中有我，我中有你"的特点。当提到这个群体的成员时，人们会称之为"风俗互相融合的半个'美国人'和半个'日本人'"（Hammond & Shepardson，1973）。其他访谈突出了这种身份带来的包容和排斥。Miriam Savory，是 Nathaniel Savory 的后代，她谈到了原住民后代和日本民族的友好

---

① 最早的移民的第二代不讲日语（Long，2007）。

关系。通过观察20世纪初的照片以及询问群体中年长的成员可以证明有这样一群人存在：在他们之中，族源被忽视，取而代之的是盛行的群体意识。然而，Miriam Savory 讲述了太平洋战争对推动两个群体产生紧张局势的作用，证明这种动态变化的对话缓和了边缘群体的情况和各种文化之间出现的破裂。"我们曾经和生活在父岛上的日本人处得很好，"她说①，"但当战争开始后他们开始羞辱我们。"Miriam 提到，日本民族群体的成员告诉她，"战争10天后将会结束"，"你们的人永远不会赢"（Hammond & Shepardson，1973）。Wilson Savory 将这座岛屿的变化追溯到20世纪30年代末，他回忆道，"大约在1937和1938年，明显的态度转变已经出现了。英语被禁止使用"（美国海军，1955：3）。当时，父岛列岛修建防御工事，军队驻军也增加了。学校里，孩子们被询问是否在家中使用英语。那些对问题做肯定回答的人发现自己的家人受到宪兵队（kenpeitai）的审问和监视（Hammond & Shepardson，1973）。Wilson Savory 还记得日本士兵站在他家门前强迫他们禁用英语（美国海军，1955：3）。但是，年长的一代主要讲英文，充其量只会说零星的日语，禁令对他们来说尤为困难。战争的不确定性导致了激进的社会控制和愈演愈烈的民族主义。学校里也出现了民族主义热情，老师可能会因为反民族主义的行为②而斥责学生，或者怀疑来自原住民群体的孩子（Shepardson，1998）。

日本政府一边禁用英语，一边推行同化政策，又称皇民化（kōminka）。自1939年起，政府强制人们使用日语名，即创氏改名（sōshi kaimei）。这意味着大多数原住民的后代，原来用片假名③表示的"外国"姓氏，被强制改为日本姓氏。举个例子，当时这个社区有一个成员住在日本本土，家人发电报给她，告诉她要把英语名改成他们提供的日语名字。后来她回到岛上，才明白当时家人发电报要求她那样做的原因（父岛受访者，2010）。这些名字就这样保留着，直到多年后，1969年4月14日，东京家庭法院的一名代表来到父岛，负责处理32个人提出的关于在户籍中改变姓氏的申请。其中有16人将日语名改为英语，16人将英语名改为日语。最终申请全部通过，那些把名字改

---

① 比较有趣的是，Miriam Savory 把"日本人"和第一批定居下来的移民群体区分开来。这可能是为了回答当时人类学家的提问。然而，在其他资料来源中，有很多这种区分的实例，直至今日，有些后人还作此区别。
② Abel Savory 提到了因反天皇言论受到教师惩罚（Long，2003）。教师也可能这样对待日本儿童，但 Jeffrey Gilley 认为有些教师尤其怀疑原住民的孩子（Shepardson，1998）。
③ 片假名是日语中用来表示外语或外来词的表音文字。

为英语的可以在户籍注册时使用片假名（Tsuji，1995：96；Kasuga，2006：32）。这是日本户籍①史上的例外。直到今天，大多数原住民的后代既有日语名字也有英语名字，有些人的名字是日语和英语的组合。但是户籍注册时常用日语姓名。群体内的多种姓名变更从另一方面证明了那些跨文化者"模糊"的特征。

从一开始，直到 1981 年，岛民的模糊身份和区别身份就被国家通过行政程序和立法制度化了。比如，根据 Yamakata Ishinosuke 的报告，1906 年东京政府委派一名地理学者，把小笠原群岛居民分为八丈岛民②（来自八丈岛的岛民）、内地人（来自日本本岛的岛民）和归化人（被归化的人）（Arima，1990：182）。从 1968 到 1981 年，日本政府实施的《小笠原恢复措施法》正式把小笠原岛民分为三类：旧岛民（Kyutōmin）（1944 年 3 月 31 日起居住在岛上的人及其后代）③、新岛民（shintōmin）（新的或最近移民的岛民）和归化人（kikajin）（原住民的后代）④（同上：182—189）。身份认同的过程代表分类的多个方面，其中，管理当局正式声明了岛上群体之间的界限。这一时期，日本人在原住民后代中划分政治区别：使用 kikajin（归化人）、ijin（异人）、gaijin（外国人）和 ōbeikei（欧美系）等术语。⑤ 这种身份认同增加了群体本就复杂的交叉程度。

9.3 撤离

民族国家的政治阴谋通常对社会活动者的影响巨大。尤其是，战争可以戏剧化地改变一个社会所有成员的生活，而对那些已经生活在多种文化中的人而言，战争更是一场灾难。第二次世界大战对所有的小笠原群岛居民而言是十分艰难的时期。而对于约 135 名原住民后代来说，这段时期的艰难和危险重新唤起他们的差异感。战争爆发时期，专制控制不断加强，小笠原群岛，包括硫磺岛在内，在军队控制下修筑防御工事，大部分岛屿都被军队占领。在太平洋战争最激烈的时候，美军对父岛列岛集中进

---

① 1987 年，日本通过了一项允许在户籍注册中不使用日语名的法律。
② 第一批殖民者来自八丈岛。正如诸多其他日本群岛的边缘岛屿，这座岛最初的居住者是那些被驱逐的罪犯和在本土被排除在传统生活之外的政治流亡者。这样的标签使这个群体在社会上蒙受污名，使他们明显地与本土人（nai'chijin）产生区别。
③ 亦被称为归途民（kitōmin）或归国人员。
④ 亦被称为再来岛民（zairai tōmin）和欧美系（ōbeikei）或欧美人（ōbeijin）。
⑤ 有些情况下，年长的当地人在谈到较早时期的移民后代时，依然使用归化人这一叫法。

行空袭,在 1944 年 4 月到 8 月期间(Koyama,1999:251)有 6,886 人①被迫离家,撤离到日本本土(nai'chi)。② 载着岛民的船只机智地躲避了美军的炸弹,但是花了数日才到达目的地。这生动的描述让我觉得那次撤离非常危险,"我们能不能活着全看老天的意思"(父岛受访者,2010)。

撤回本土意味着这个群体来到与他们祖先交战的国家的中心。他们模糊的文化身份因为使用英语而加剧,这迫使他们中的大多数人在日本本土不得不面对较之前更大的差异。那时,对群体中的多数人而言,跨国身份相当于排斥和不公平。在回忆这次迁离家乡的经历时,群体中的许多人都强调他们"不同的长相",据他们描述,作为"外国人"、"西方人"、"欧洲人"或"美国人"他们经常被质问,为此,在战时的日本,他们不得不通过谈判解决面对的难题。许多受访者曾告诉我,他们被整个社会怀疑因而无法购买食物,由此引发的营养不良成为主要的问题(父岛受访者,2009,2010)。③ 人们质问群体中成员的来源,许多时候,质询者都不知道小笠原群岛的存在,更不知道"ōbeikei"(欧洲人的后代)这种小型社群体(Hammond & Shepardson, 1973)。宪兵的监视和定期的质询也令群体感到为难,当局和群体成员经常协商谈判(父岛受访者,2009)。但在很多情况下,充足的文化和社会资本可以使人免于灾难。例如,会说日语,理解日本文化和习俗有助于应对困难的谈判与对话。

群体周边的人把群体成员视为与日本国土不相容的"外来人"。他们的差别被铭刻在身上,带有一种可识别的非日本民族身份的特定文化构型,而且,更容易被认为是"西方的"和战争时期的"敌人"。然而,尽管他们身上有着社会和制度身份的差别,在日本当局看来,他们仍是和其他日本国民一样合法地生活在日本国土上的日本人。所有原住民的后代都拥有日本籍(seki)以证明他们有日本国民永久合法的居留权。④ 这个群体遭遇的问题说明了国家空间的界限是如何通过各种复杂形式仲裁调整的,或法

---

① 在日本军队中有 825 名小笠原群岛居民,他们留在岛上没有撤离(Yokozuka, 1999: 232; Koyama, 1999: 251)。Simon Savory、Jimmy Savory、Frank Washington 和 Jeffrey Gilley 都是第一批原住民的后代(Hammond & Shepardson, 1973)。
② 小笠原群岛居民谈到日本本土时使用本土(Nai'chi)。有时也用"日本"。
③ Charlie Washington 也强调"能有点东西吃非常困难。农民不愿意卖给我们食物"(Hammond & Shepardson, 1973)。Emily Gilley 也回忆曾经在夜里偷东西吃(同上)。战争时期,对许多日本人来说充足的食物供给也是主要的问题。因为长相,第一批移民后代的这个问题尤为加剧。
④ 最初,户籍是在 7 世纪从中国引进的,被当作社会控制的一种手段以及大和民族法院管理赋税征收的工具。从那以后,它仍以某种形式留在日本社会。

律上，或象征性地。一方面，由国家批准认同这一群体是否归日本管辖，另一方面，其他人认为，这一群体或遵循或背离排他主义者所说的同种日本民族身份的特定标准。

战争结束，所有人都有希望回到小笠原群岛。但是，1945 年 7 月 26 日，在《波茨坦公告》中日本宣布投降，日本的国家主权局限于四座岛屿，分别是本州、九州、北海道和四国。冲绳群岛和小笠原群岛直接被美国占有，后来两处岛屿继续由美国军队管辖。起初，盟军拒绝了撤离者重返小笠原群岛的请求，原住民后代的要求特别考虑他们情况的请求也被忽视。这群人利用所有的社会和文化资本，用英语和美国当局直接沟通，为自己请愿。他们说，在日本，他们被视作外国人，这使他们的生活变得很困难。在一次文化转换示威游行中，他们充分利用自己的美国文化遗产，要求 SCAP（盟军最高统帅）给他们返乡的机会。最终，他们的声音被当局听到，请求得到允许。当局允许他们和日本配偶返回岛上。日本民族的撤离者虽然也迁离了小岛，但是，却在长达 22 年的时间内被禁止返乡，直到 1968 年 6 月 26 日，群岛归还（henkan）给日本。

9.4　美国占领下的身份认同

1945 年 10 月，500 名美国军人登上父岛列岛占领该岛，开始调查岛上的战争犯罪。① 1946 年 1 月 29 日，调查结束后，驻守到最后的日本士兵也离开了，盟军接管了群岛（Koyama，1999：252）。1946 年 10 月 17 日，129 位原住民后代借助社会和文化资本登上桦丸号返回故乡。1951 年起，美国在父岛列岛建立了海军基地，根据与日本签订的《和平协议》②第 3 条，博宁岛和琉球群岛由美国军队托管，美国"有权在群岛领域内，包括领海，对领土和居民行使一切管理权、立法权和司法权"。

群岛受美国军队管辖，日本对群岛拥有残留的主权。如上所述，19 世纪后期，日本国内的异国跨国群体转变为日本统治下的日本臣民，在这一过程中户籍起了至关重要的作用。户籍在小笠原群岛后来的历史中也非常重要，尤其是原住民后代发现在美国的管理下他们没有户籍登记时。由于户籍文件在战时被毁，原住民后代正式归美国

---

① Chester Hearn（2003）曾经在书中生动描述日本指挥官在父岛列岛的暴行，包括命令烹制和食用小笠原群岛周围被俘美国空军的人肉。
② 1951 年 9 月 8 日签订，1952 年 4 月 28 日生效。

管辖，因此，承认他们的日本身份一事暂时告一段落。此外，尽管原住民的后代重新回到岛上生活，他们却逐渐远离日本的行政管理。行政上的脱离代表他们的官方身份既不会被认为是日本国民，也不会是美国国民。相反，群体成员会被视为"博宁岛岛民"。这种分类出现在许多官方文件上，我认为，整整22年的时间，这使原住民后代成为无国籍人士。最终，群岛在1968年回归日本，国籍问题终被解决，大多数原住民后代重获官方承认的日本国民的地位，并被重新登记在户籍中。

美国占领期间所使用的身份认同的行政文件代表着一种法律地位不明确和模糊的过渡状态。考虑到美国海军控制下的美国的利益背景，这些文件意味着岛民后代保留不明确的身份比获得日本或美国公民身份更有优势。这也意味着岛民脱离了日本身份。采取这种有利地位以最大化增强与美国的友好关系使他们获得军事占领机构提供的资源和资本。正如Moreman（2009：349）所说，"由此我们可看出在像这样的群体中，文化确实性如何成为文化模糊的问题"。

9.4.1 身份证明和文件记录

自发地脱离日本身份，重拾美国人身份，再加上官方政府认可的文件和身份证明，使岛民们的跨国身份在美国的占领下不断发生变化。身份证明文件总共分为三种，它们分别是旅行证件、出生证明和身份证明。签发旅行证件是为了在父岛以外旅行时使用，这种证件仅列出出生地（父岛列岛、博宁岛），持证者受美国当局保护。在美国海军管辖时期，岛民在特殊情况下前往日本需要获得美国政府允许和批准。岛上的儿童在关岛和塞班岛念高中，因此在开学离家和放假回家时会用到这种文件证明。旅行证件的使用仅限于到关岛、塞班岛、日本和受到信任的其他太平洋岛屿。持证者在到达父岛时需将证件归还给美国当局（父岛受访者，2009年11月20日）。

美国海军签发的其他一系列证件还包括出生证明，这种证明的签发对象是这段时期出生在父岛的新生儿。在岛上实地调查时，有人给我看了出生证明，那个人的双亲，一个是原住民后代，另一个是日本人。证明中所包含的信息表示了，也可能最清楚地反映了美国在移民后代及其配偶的身份证明过程中的地位和作用。此外，岛民依然没有国籍记录；取而代之的是，身份类别分为"公民身份"和"种族身份"两种。原住民后代的"种族身份"被登记为"博宁岛岛民"，而他们的日本配偶被登记为"日本人"。公民身份亦如此，在这种划分之下，原住民后代被视为博宁岛公民，他们的配偶则是日本公民。尽管在美国占领岛屿之前，原住民后代曾经是日本国民，但是这些证明却否认了他们的日本人身份，相反，在证明上他们的日本配偶则很清楚地被规定为日本公民，拥有日本人的"种族身份"。而且，在1875年日本殖民前，这些岛屿就不使用"博宁岛"这个名称了。重新使用这一名称称呼这些岛屿及其岛民，是要将人和岛屿与日本分离，使之回归到日本殖民前的状态。

被占领期间仅有一个证明文件规定了原住民后代的国籍。这种文件叫作"身份证明"，它们清楚地规定了持证者拥有日本国籍。证明于1968年6月25日签发[①]，正好在岛屿回归前一个月，这很有可能是在日本政府官员的要求下为了预备回归而签发的。这些身份证明是唯一登记了原住民后代的日本国籍的官方文件。的确，如上所述，它们是美国占领岛屿期间唯一登记了国籍的文件。而出生证明和旅行证件都没有登记国籍，每个人仅被视为博宁岛岛民。美国军方政府在文件上的印章是唯一出现过的国家象征。

这些文件证明不仅反映了一种过渡状态，也反映了美国占领父岛时期对岛屿的模棱两可，它们也是美国使用身份证明的行政文件使岛屿和居民脱离日本的证据。在美国的管辖下，原住民后代被认为是博宁岛岛民而非日本人。在很长一段时间里，这种极度异端的情况将原住民后代的身份地位变得模糊和不确定，这导致了他们缺乏世界上任何一个国家认可的公民身份或国籍。群体成员在撤回日本本土期间的负面经历、坚持美国文化遗产以及美国海军长期的直接管辖，共同导致了复杂的后果——群体成员脱离与日本的联系，恢复与美国的历史和血统关联。从日本民族国家成员的身份向所向往的亲美身份的资本转换过程中，群体和身份认同过程都起到了作用。

9.4.2　户籍

在上文中提到，户籍登记是官方确认日本人法律地位的决定性方式，在19世纪末，户籍登记也用于授予原住民日本人身份。据Yokozuka(1999：238)所说，大村市(Ōmura)和硫磺岛(Iōtō)的户籍记录在1944年6月15日被美国的航空母舰全部摧毁。战争时期户籍记录损坏的情况在日本本土、小笠原群岛和冲绳岛都很普遍(Okuyama, 2006)。尽管其他地方齐心协力保护或者补发户籍记录，但美国海军管理父岛时期并没做相关的努力。有证据表明，少数出生、结婚和死亡事例做了记录。

[①] 所有证明的开具日期均为1968年6月25日。

Ōsato(1982：244—245)①声明当时可记录的有 127 例（包括死亡、出生和结婚登记），但是仅有 27 例被管理户籍的东京办事处记录了下来。

1967 年，岛屿回归之前的那年，公民身份受到日本政府重视（美国海军关于日本政府的文件）。在美国海军文件记录中有这样的描述：日本政府代表"无知地认为，他们（原住民后代）之所以无国籍，是因为他们没有用正确的程序登记出生、死亡和结婚"（美国海军，1967—1969：3）。文件还注明：

> 委员会成员（博宁岛岛民代表）用强硬的语气告诉日本政府的人［原文如此］不要使用"无国籍"（mukokuseki）这个词，因为他们是日本公民，他们没能按照要求注册也是情有可原的。（同上）

此时，委员会要求日本官员在临近回归的时候改正这件事。② 这也是一个案例，反映了岛民在重申与日本法律和历史联系过程中的资本转换或者多种资本转换。美国海军管辖下与日本脱离的时期必然是"情有可原"的，当时，暂时的分离是不可避免的。但是国家空间再次改变之后，原住民后代也希望得到与日本相关的文化和社会资本。

尽管美国管辖时期是特殊情况，事实上，原住民后代恢复日本国籍前，这里呈现的文件记录在父岛范围之外是模糊不清的，显示了对岛民流动性的限制和约束。

> 过去，我们中有一些人认为，我们就像野山羊，不是任何一个国家的公民。我们拿着海军下发的黄色文件，这就是我们的"护照"。当时我对护照一无所知，在回归之前，我就拿着护照到日本去，结果在日本移民局遇到了麻烦。我排队站在那里，不得不用我那糟糕的日语解释我那本黄色护照的来源。我告诉他们，我们既没有日本护照，也没有美国护照（回归之后才得到日本护照）。最后他们让我通过了，当我回到关岛时，在美国移民局这里又遇到了麻烦，因为我没有签证。有个人脾气很差，他告诉我他可以直接把我遣回日本。我含着泪说道，"我是一个没有

---

① Ōsato(1982)曾任政府官员，负责小笠原群岛回归后的户籍记录恢复工作。
② 1968 年，日本官员也到关岛给来自父岛列岛的学生分发日本护照。当时关岛到父岛没有直达的航班或船只，护照主要用于经由东京返回父岛（父岛受访者，2009 年 11 月 25 日）。

祖国的人"(受访者邮件,2010)。

这也表明,正如这位受访者所遭遇的,模糊的身份证明和文件记录过程导致一系列问题,尤其在边境管制地点。这也提醒了我们,拥有这种身份的人们会加倍受到影响,并被置于模糊的位置。

9.5 自我认同

美国占领下,岛民们有机会接触到美国常见的文化和社会活动。此项研究的许多参与者提到庆祝万圣节、美国独立日和圣诞节的美好回忆。岛上每晚放映美国电影,还提供爆米花和汽水。体育、社会活动和美式学校教育使岛民们接触到一系列美国风俗。美国占领期间,日本政府不断要求把从本土撤回岛上的日本人再遣送回国。对此,原住民后代向美国政府递交请愿(1951年和1955年),希望群岛能永远成为美国的一部分。1955年的请愿书于当年11月末被 Wilson Savory、Nathaniel Savory、Jerry Savory 和 Richard Washington 带到华盛顿。岛上年满18周岁的居民都在请愿书上签了名,要求博宁岛附属于美国。根据美国海军文件(1955)中的会谈备忘录记录,在 Robert McClurkin 和博宁岛岛民访美代表们的一次会议中,McClurkin 问道,"他们认为他们是哪个国家的公民"。Jerry Savory 说他不确定,但请 McClurkin 相信"现在所有居民都愿意成为美国居民,且已经申请了美国公民身份"(同上:2)。这次事件在美国海军与日本政府关于群岛所有权谈判过程中是符合美国利益的,也表明为了保护美国管理在日本的利益,博宁岛具有了政治色彩。但是,与此同时,这也证明了去日本身份和重拾美国文化遗产的复杂过程。

美国的占领对人们20多年生活的影响、既不是日本人也不是美国人的模糊地位和回归日本控制的不确定性,共同加剧了岛民的无家可归之感。递交到华盛顿的请愿书表明岛民希望保留和美国的从属关系,但是与父岛岛民的谈话也表明有些人始终不相信小笠原群岛会一直被美国控制,也不相信群岛会真的成为美国领土(父岛受访者,2009年11月26日)。

9.6 回归

1968年7月26日,小笠原群岛在一场仪式后回归日本,美国星条旗降下,日本太阳旗(Hi no Maru)①升起。各界对小笠原群岛回归日本的反应不一,对于那些从美国占领到回归日本期间一直居住在岛上的居民而言,回归仍然是争论的焦点。在回归期间,尼克松总统通过立法设立2年的窗口期,允许第一批博宁岛岛民的后代申请成为美国公民(美国政府,1970)。有些人利用了这次机会,其他人则选择作为日本公民留在父岛。更年轻的岛民中,有些人决定参军,加入美国部队,他们退伍后便可获得美国公民身份(父岛受访者,2009年11月25日)。

回归意味着岛屿的管辖权在一夜之间重回日本政府。岛民再一次正式成为日本国民。大量美国海军文件记录表明,人们更加关注回归日本管理之后岛民的福利和福祉。尤其关心出生在美国国旗下,接受英语教育的那一代岛民的未来。人们担忧这些孩子将要和其他精通日语、接受日本教育的人竞争。尽管这一代岛民的生活和那些利用社会、文化和语言资本移民到美国和其他太平洋岛屿的人有着千差万别,这种担忧也并非毫无根据。但是,还是有很多人留在父岛,在这里,美国海军占领时留下的文化遗产依然影响深远。

9.7 地区、空间与归属

传统上对跨国主义和移民的理解,通常将迁移作为核心关注点。从小笠原岛民无数次离开家园和异处重生的复杂历史中,我们能得出怎样的结论? 本研究挑战了"家乡"静止不变和家乡能免受背井离乡和生活制度混乱后果之害的假设。Ahmed等人主张,我们需要挑战"迁移是自由移动或定居不涉及地点变更或被迫迁离的推论"(Ahmed等,2003:1)。于小笠原岛民而言,家乡是这样一个地方,这里有巨大的政治、文化和社会变迁。尽管战时有些人从岛上迁移到日本本土,大多数最早的"移民"的后代还是一直待在家乡,经历了国家空间的多次重组。他们周围的世界发生着变化,政

---

① 父岛每年有节日庆祝回归,称为返还祭(henkansai)。

治、经济、社会和文化特征也在时空中经历复杂的转换。

尽管小笠原岛民在父岛的位置相对固定，他们在历史上多变的身份以及原住民后代对同种族日本人概念提出的挑战，突出显示了日本公民、国籍和身份的标准概念的漏洞，揭露了这些概念的模糊和不一致。这也证明了，在个体追求实现价值的动态的资本转换过程，个体会利用一切资源实现目标，并通过根植于不同地区的政治、经济、社会和文化特征的交叉创造机遇。同理，这也可以用在全球化移民的广阔背景中，用于解释人们居住在一个重组、重建、身份再识别的空间中要面临的问题。考虑到空间和居住在其中的原住民后代身份的不断变化，该群体成员已经表达了关于归属和区域的复杂情感，有些岛民还表现出仅仅基于国籍的身份认同的矛盾情绪，这些都已经不足为奇。以 Able Savory 为例，他与区域的联系更加密切：

> 我身上主要流淌着美国人的血液，所以我感觉自己和美国更亲近。尽管我流着美国人的血，但是我拥有日本籍（seki）。总之，我认为美国人也好，日本人也罢，首先我是一个父岛人（Long，2003）。

在这段讲述中，Able Savory 认为他自己是岛民。尽管他的确强调了自己与两个控制过小笠原群岛的国家的联系，但他既不认同自己是日本人，也不认为自己是美国人。经历过多次被迫离家并重新开始生活，Savory 发现，任何特定的民族身份都不代表家乡，人所在处即为家。他的自我认同，将行政和官方户籍（seki）的象征意义相结合，行政和官方注册在民族身份及身份与身体（本例中指的是血缘）的联系上将他界定为日本人。为了调和这些不同的"归属感"，至少 Savory 在受访当时总结道，最重要的是，他在两国之间或远离两国的某处，恰恰感受到与所在区域的强烈联系，所以他是一个父岛岛民。

在当时的父岛，一些原住民后代的受访者首先自称为"岛民"，并表现出与 Able Savory 相似的矛盾情绪。"我既不是美国人也不是日本人。因为我长得不像日本人，不会得到他们的认同"（父岛受访者，2009 年 11 月 29 日）。然而，一些岛民坚定不移地强调自己的日本身份，这证实了不管在哪个群体，即便有相似经历，群体内还是可能存在差异。例如，其中一名受访者拒绝承认差异会使他们失去成为日本人的权利，作为日本社会的一员他重申了资本转换，他说："Watashi wa bari bari nihonjin desu yo（我是100%的日本人）。"

9.8 结论

本章中,我将群岛作为移民研究中的迁移现象频发地点,详细描述了一个案例并强调了空间和历史如何成为影响某个经历了连续和特别变迁的群体多次背井离乡和重获新生的核心要素。我已经证明,空间界定随时间发生变化与跨边界移动是相似的,有些人把这种空间作为家乡并宣布自己归属于这样的空间。

在详细分析群体研究对象的历史时,我提出了两点:一是群体成员经历的多种复杂的交叉,二是多重空间变化产生文化环境,在跨越这种文化环境时群体成员对文化、社会和经济资本的渴求。他们有策略地跨越不断变化的环境,灵活地利用自身的跨国身份,这一过程中,多种变化意味着多种资本转化。

对多数人而言,住所,成为小笠原群岛空间变化潮起潮落中身份认同的地理位置依据。这也解释了:一个地理空间,受到过多个政府主体管辖,地理位置和民族都被边缘化,这样一个空间的身份认同变化的历史。本章也是关于不同身份认同形式的交叉如何影响住所、家乡和归属感的研究。最终研究结果不仅证明了情感如何共通,而且证明了尽管经历相似,这些情感还是可能因人而异。

致谢 感谢日本基金会提供研究奖学金使课题顺利进行,基金会为 2009 年 11 月在小笠原群岛的实地调查提供了资金支持。同时,我要再次感谢 Daniel Long 博士对有关小笠原群岛研究的一切协助,感谢东京都立大学的所有人员,感谢他们接受我作为该校的访问学者。Kawakami Ikuo 教授和日本早稻田大学的全体人员也提供了帮助和监督,这也是日本基金会 2009 年 11—12 月拨款资助的一部分内容。Ishihara Shun 博士一直慷慨地提供关于小笠原群岛的优质资源。我还要感谢 Satō Yuki,感谢她热情慷慨地与我们共享她的人脉和知识。感谢 Gracia Liu-Farrer 博士在此论文早期给出独到深刻的评价。感谢小笠原教育委员会(Kyōikuiinkai)所有成员允许我自由使用他们的资源。但是我最需要感谢的是本论文所关注的岛上的居民。在小笠原群岛参观期间,小笠原群岛(博宁岛)岛民是最慷慨友好的东道主,我们不仅成了熟人,更成了好朋友。

参考文献

Ahmed, S., Casteñeda, C., Fortier, A., & Sheller, M. (2003). Introduction. In S. Ahmed,

C. Casteñeda, A. Fortier, & M. Sheller (Eds.), *Uprootings/regroundings: Questions of home and migration* (pp. 1 – 22). New York: Berg.

Arima, M. (1990). An ethnographic and historical study of Ogasawara/the Bonin Islands, Japan. Ph. D. dissertation, Stanford University.

Baldacchino, G. (2004). The coming of age of Island studies. *Tijdschrift voor Econische en Sociale Geographie*, 95(3), 272 – 283.

Bourdieu, P. (1986). The three forms of capital. In J. G. Richardson (Ed.), *Handbook of theory and research for the sociology of education* (pp. 214 – 258). New York: Greenwood Press.

Chapman, D. (2009). Inventing subjects: Early history of the 'naturalized foreigners' of the Bonin (Ogasawara) Islands. *The Asia-Pacific Journal*, 24. Available at http://www.japanfocus.org/-David-Chapman/3169.

Cholmondeley, L. B. (1915). *The history of the Bonin Islands: From the year 1827 to the year 1876 and of Nathaniel Savory one of the original settlers*. London: Constable & Co.

Connell, J., & King, R. (1999). *Small worlds, global lives: Islands and migration*. London: Continuum International Publishing Group.

Elden, S. (2001). *Mapping the present: Heidegger, foucault and the project of a spatial history*. London: Continuum.

Gillis, J. R. (2003). Islands in the making of an Atlantic Oceania, 1400 – 1800. Paper presented at Seascapes, Littoral Cultures, and Transpacific Exchanges. Library of Congress, Washington DC, February 12 – 15. http://www.historycooperative.org/proceedings/seascapes/gillis.html. Accessed April 30, 2010.

Hammond, B., & Shepardson, M. (1973). *Uncle Charlie Washington: His life, his island, his people*. Unpublished manuscript.

Hau'ofa, E. (1993). Our sea of Islands. In E. Waddell, V. Naidu, & E. Hau'ofa (Eds.), *A new Oceania: Rediscovering our sea of Island* (pp. 2 – 19). Suva: School of Social and Economic Development, University of the South Pacific/Book House.

Hawks, F. (1856). *Narrative of the expedition of an American squadron to the China Seas and Japan performed in the years 1852, 1853, and 1854, under the command of Commodore M. C Perry, United States Navy, by order of the Government of the United States*. Washington, DC: Beverley Tucker Senate Printer.

Hearn, C. (2003). *Sorties into hell: The hidden war on Chichi Jima*. Westport: Praeger Publishers.

Ishihara, S. (2007). *Kindai Nihon to Ogasawara Shotō: Idōmin no Shimajima to Teikoku* [Modern Japan and the Ogasawara/Bonin Islands: Socio-historical studies on the naturalized people's encounters with sovereign powers]. Tokyo: Heibonsha.

Kasuga, S. (2006). Minzoku bunka: katararezaru rekishi no shima, Ogasawara no kizoku to jūmin [Ethnic culture: the island of untold history, residents and belonging on Ogasawara]. In D. Long (Ed.), *Ogasawaragaku Kotohajime* [An introduction to Ogasawara studies] (pp. 11 – 32). Kagoshima: Nanpō Shinsha.

Koyama, K. (1999). Ogasawara Muramin no Koseki no Hensen ni Omou [Thoughts on the family registration transition for Ogasawara villagers]. In *Genkō Koseki Seido 50 nen no Fumi to Tenbō —Kosekihō 50 Shunen Kinen Ronbunshu* [50 years of history and perspectives on the household registry — The household registration Law 50th year anniversary collection], Koseki Hō 50 Shūnen Kinen Ronshūhen Iinkai (pp. 245–256). Tokyo: Nihon Kajo Shuppan.

Kublin, H. (1947). The Bonin Islands 1543–1875. Ph. D. dissertation, Harvard University.

Long, D. (2007). *English in the Bonin Islands*. Durham: Duke University Press.

Long, D. (Ed.) (2003). The disappearing Japanese language variety of the "Westerners" of the Bonin (Ogasawara) Islands. In *Endangered languages of the Pacific rim series*. Kyoto: Nakanishi Printing Co.

Moreman, S. T. (2009). Memoir as performance: Strategies of hybrid ethnic identity. *Text and Performance Quarterly*, 29(4), 346–366.

Obana, S. (1990). *Taiwasho* [Record of conversation] (Trans.). Tokyo: Tokyo Ogasawara Mura Kyōiku Iinkai. (Original 1861)

Odo, D. (2003). The edge of the field of vision: Defining Japaneseness and the image Archive of the Ogasawara Islands. Ph. D. dissertation, St Anthony's College, The University of Oxford.

Okuyama, K. (2006). Sengō Okinawa no Hōtaisei to Koseki Hensen [Changes to the postwar Okinawa household registry legal structure]. *Yokohama Kokusai Shakai Kagaku Kenkyū*, 11(3), 349–368.

Ōsato, T. (1982). Ogasawara no Saigetsu (13) [The times of Ogasawara]. *Koseki jihō*, 232, 232–244.

Pineau, R. (1968). The Japan expedition 1853–1854: The personal journal of Commodore Matthew C. Perry. In W. Beasley (Ed.), *The perry mission to Japan* (Vol. 7, pp. 1853–1854). Richmond: Curzon Press.

Plummer, F. B. (1877). *Visit to the Bonins of Rev. F. B. Plummer in 1877*. Unpublished personal diary of F. B. Plummer.

Robertson, R. (1876). The Bonin Islands. *Transactions of the Asiatic Society of Japan*, 4, 111–143.

Robertson, R. (1877). Memorandum for the information and guidance of British subjects settled on the Bonin Islands. (A personal letter to the British subjects of the Bonin Islands). In *Gaikokujin Kankei Ogasawara Shima Kiji* [Records relating to foreigners on Ogasawara Islands].

Semple, E. (1911). *Influences of the geographical environment*. London: Constable.

Shepardson, M. (1998). *The Bonin Islands: Pawns of power*. Unpublished manuscript.

Simpson, A. (1843). *The Sandwich Islands: Progress of events*. London: Smith, Elder and Co.

Tsuji, T. (1995). *The historical diary of the Bonin Islands — three volumes*. Tokyo: Kindai Bungeisha.

US Government. (1970). *Private Law 91–114 91st Congress H. R. 4574* July 10.

US Navy. (1955). *Memorandum of conversation* 794C. 00/11 - 2255, November 22.

US Navy. (1967 - 1969). *RG 59 Center for Policy Files Box 1898*, Pol 19 Bonin Islands.

Yokozuka, S. (1999). Ogasawara Kankei Koseki Jimusho ni tsuite [Concerning administration relating to household registries on the Ogasawara Islands]. In *Genkō Koseki Seido 50 nen no Fumi to Tenbō — Kosekihō 50 Shunen Kinen Ronbunshu* [50 years of history and perspectives on the household registry — The household registration Law 50th year anniversary collection], Koseki Hō 50 Shūnen Kinen Ronshūhen Iinkai (pp. 231 - 244). Tokyo: Nihon Kajo Shuppan.

（朱凯丽，胡婧译）

第 10 章
乡愁的中间人：
泰国清迈掸族移民的公共领域

Amporn Jirattikorn[①]

---

① A. Jirattikorn
　清迈大学社会科学与发展系
　泰国清迈
　e-mail: ampornfa@yahoo.com

10.1 引言

20世纪90年代,大量居住在缅甸①的掸族人(少数民族人)涌入清迈,人数由2,000人不断上涨,逐渐构成了"掸人公共领域"。本章介绍了掸人移民聚居的三个公共领域及与其所在城市——清迈的联系。三个公共领域是:无线电台、佛寺和节日庆典。尽管这些领域与其他公共领域有所不同,但大众传媒和一些为了组织掸人集体性活动的当地机构却发挥了重要的作用,使各领域紧密联系在一起。本文主要内容包含以下四个方面:泰国当局为控制掸人人口而采取的措施、掸人文化中间人所扮演的角色、掸族民族身份的商业化特征以及上述方面如何交叉作用并形成三个领域的特征。

在 Modernity at Large 一书中,Appadurai(1996)谈及了全球性和现代生活的两大主要特征——大众传媒和移民。传媒与移民的联系使单一民族国家中"想象的群体"(imagined communities)成为现实,出现了许多由大众传媒和移民组成的"移民公共领域",媒体跨越国界,逐渐将幕后的制作者与观众联系到一起。近来,有关移民的文献通过一系列沟通方式和社会组织,主要研究内容为跨国移民与祖国或迁移来源地产生联系的方式。相关研究方向的学者们认为这种跨国主义是一种跨越国界的、包含多样化联系的持续性行为,使不同民族国家的人和机构相互沟通和影响,因而具有超越独立主权国家的力量(Glick-Schiller 等,1995;Basch 等,1994;Portes 等,1999)。在这些研究中,移民被认为是自由流动的群体,逃避着国家的控制和统治,过着连接两地的"双重生活"(Portes 等,1999)。然而,很多人对这种看法持批评态度,原因是这种观点忽视了无论在国家内部还是跨越国界,跨国主义中的民族国家仍旧有至关重要的作用(Ong,1999;Smith & Guarnizo,1998;Willis 等,2004)。

将大众媒体和移民问题联系到一起时,通常会出现有关认同的议题。Vertovec

---

① 该国在1989年以前一直被称为"缅甸联邦社会主义共和国"(Burma)。当时的军政府为表现出与殖民统治关系的决裂,将国名改成了"缅甸联邦"(Myanmar)。然而,因更改国名未征求国民意见,缅甸国内外的政治团体均拒绝使用新国名。本文通篇将使用"缅甸"(Burma)一词。"缅族人"(Burman)指的是缅甸的主要民族群体,"缅甸人"(Burmese)指的是缅甸的公民。

(2001)发现(其他学者也有类似发现：Smith & Guarnizo, 1998；King & Wood, 2001)，发生以上现象是由于移民对移居国的跨国社交网络以及开展的活动有一定的认知基础。这种认知指的是移民对一些共同身份形式的感知，以来源地以及与之相关的文化和语言特征为基础。受 Anderson(1991)提出的"想象的群体"概念的影响，此概念研究讨论的是大众媒体在移民群体中塑造想象群体时所扮演的角色。Anderson 的研究认为，"印刷资本主义"在想象群体构建中起到了关键作用。在此基础上，Appadurai(1996)提出，"电子资本主义"不仅在民族国家层面发挥作用，它的其他表现形式具有更大的影响力。Appadurai 将自己的观点建立在"想象"这一观念之上，正是通过想象，大众媒体和移民产生了新形式的渴望和主观性，使得文化认同的产物有了可利用的资源。

Appadurai 正不断致力于发现人口流动和文化产品如何共同建立起新的社会身份，他的成果也成了本研究的依据，但我发现相关研究中存在两大问题。首先，"国家"的概念有待深入理解。其次，指定的群体通常被认为是同质的，群体内存在的异质性被忽略。通过媒体和移民共同作用，跨国的、分散性的群体已经引发对国家微观政治学的新思考。由于众多流动的民族并不仅仅在一个单一民族国家活动，Appadurai 便称此为"跨国主义"，然而，这些分散性的团体其实在不断努力形成国家意识。Appadurai 认为，尽管这种民族身份在去疆域化的地方形成或被重塑，这其实象征着在特殊环境或领域内，人们对概念性民族形成的渴望。跨国研究存在的最基本的问题是，研究自始至终都离不开想象的群体的思想状况，而他们的思想从本质上是植根于整个民族的思想的。我认为，从一方面来说，采用"想象的群体"或民族主义的研究视角并不总与"民族性"相关，而是群体的其他形式，即不断被重塑或重新改变的其他形式(Hall, 1990；Tsagarousianou, 2004)。其次，我们不仅需要关注移民人口中的异质性，尤其是同一地点存在不同的移民群体时，同样需要考虑多样化群体间的权力结构，以及他们与所在的单一民族国家间的不同关系。本文以居住在泰国清迈的掸人移民群体为例，研究可想象的多种民族和国家身份，以及在不同社会、物质和政治条件的交叉作用下，如何形成不同的方式以使人们产生民族或国家身份认同。

本课题旨在研究移民至泰国找工作的掸人及其与掸族文化产品的跨国流通之间的关系，这些关系反过来形成了"移民公共领域"。本文从三个重要方面研究了清迈的掸人移民公共领域。第一个方面是在这些公共领域内强化的特定意识形态，探究泰国如何利用大众媒体和公共领域来控制"外来"人口。其次是关注移民人口内部存在的多样性,本文以居住在清迈的两个掸人群体为研究对象——新增掸人移民和常住掸人居民。我认为,经济、教育因素以及公民身份是使常住掸人居民与新增掸人移民产生差异的原因。他们的"文化资本"使其成为文化的"中间人",使掸人移民与整个泰国的利益和谐共存。第三,泰国和掸族"中间人"把掸人公共领域变成了一种消费场所和统治手段,本文将探究掸人移民在公共领域内的生活方式以及他们对主导秩序的适应程度。因其中包含很多政治、社会和商业利益的交叉和竞争,移民公共领域已成为具有交叉性的空间,本文的探讨重点就是对移民公共领域的重新理解。通过研究这种交叉性,本文揭示了各方面的参与者对跨国流动有选择地占用、抵制、调节和调动,参与者包括掸人移民、泰国政府以及各种掸族"中间人"。

本研究以人种学为理论基础,探究掸人移民公共领域。本文中涉及的人种学数据出自我在 2005 到 2006 年间做的学位论文研究。此次研究涉及的掸人群众均在之前十年间,从缅甸①的掸邦移居到此次研究展开的地方——清迈市。我对调查对象的观察在多种情境下展开,包括:一起交谈、吃饭、喝酒、工作以及参加与主题相关的庆典活动。除了在节庆活动上观察调查对象,我还在学位论文研究期间参与了一档掸族广播节目的主持。

10.2 掸族历史和掸人移民群体

掸族是缅甸七大主要少数民族中最大的,掸邦位于缅甸中东部,北部与中国接壤,东部和南部与泰国接壤。掸族人民在种族方面与泰国人有关系,语言相似,掸语又是泰语的一大分支。"掸"取自缅甸语,这里指的是掸族。掸族人自称他们为"泰族"(Tai),而泰国人称他们为"泰雅族"(Thai Yai),即"大泰"(Greater Tai)的意思,缅甸人称其为"掸族"。掸邦领域占地面积约为缅甸全国的四分之一,人口数为 400 万—500 万,占全国人口的 10%。

在政治方面,掸邦一直要求独立,成为缅甸历史上最长期的民族主义运动之一。掸邦中的叛乱分子持续几十年采取武装手段要求政府给予政治自治权,而引起他们叛

---

① 缅甸分为 7 个邦和 7 个省,省是缅族主要聚居地,邦多为少数民族聚居地。7 个邦分别为钦邦、克钦邦、克耶邦、克伦邦、孟邦、若开帮和掸邦。

乱的根源则是1947年独立斗争期间签署的"彬龙协议"。由于之后的武装政权以及如今的国家和平发展委员会（SPDC）并未遵守"彬龙协议"的中心内容，即保证其自主权和脱离权，掸邦的分裂主义者在过去的近20年里，将"彬龙协议"奉为要求独立的核心精神。掸邦失去脱离权成为武装政权违背协议的重要标志。

过去的10年里，严峻的经济形势和国内冲突逼得掸族移民和难民走投无路，只得跨越国界，以前所未有的规模从缅甸逃往泰国。十年间，清迈成为掸人逃离缅甸的主要目的地，主要原因有三：与缅甸的掸邦边界相邻；泰国北部的方言与掸语存在相似性；清迈作为北部的大都市，对廉价劳动力需求较大。据统计，现在单单在清迈市，掸人移民就占据了清迈人口的六分之一，也就是大约100万人口中有近15万掸人移民。

近来的掸人劳动力迁入清迈后，不仅与雇用其作劳动力的清迈当地居民建立了一种奇妙的关系，更是作为新鲜血液，和这座城市里现存的各种掸人团体有了亲密的联系。在最近的掸人移民从缅甸迁移到清迈之前，已经有一个固定的掸人群体在此定居。由于缅甸掸邦和泰国北部地理位置相近，掸人在此地一直以来都有贸易往来和移民的工作往来。几十年来，无论是个人移民被此地的高薪就业机会吸引，移居至此，还是举家迁移到这里来做生意，都十分便利（Vatikiotis, 1984）。20世纪90年代之前，掸人移民的数目不大，他们很容易找到工作并融入当地现存的社会群体。然而，由于政府强制的迁移政策和缅甸经济的低迷，20世纪90年代后，掸人移民成了移民的主要群体。新的移民数目庞大，他们收入微薄，从事着各种各样的行业：建筑工程、农业、保姆、食品贩卖以及在市场里贩卖各种商品，等等。在这座城市里，他们已经成了不容忽视的群体了。

本文介绍了"新"、"旧"两种掸人移民群体，旨在为掸人群体内部的多样化提供证据，而非为了表明这种界限是固定的或一成不变的。很明显，经济、教育因素以及公民身份是使常住掸人居民与新增掸人移民产生差异的原因。10多年前在泰国北部定居的掸人移民中，部分人来自清迈已经存在的掸人群体，另有一部分人从泰国北部其他地方的掸人群体迁居到清迈。上述移民中，大多数已经获得泰国国籍，在泰国教育体系下受教育，很好地融入了泰国社会。总之，他们拥有着更多的"文化资本"（Bourdieu, 1984）。清迈的掸人移民群体拥有大量的文化资本，可以将一个人转变为"中间人"，使其跨越民族和国家的界限、作为中间人为交际提供便利。

10.3 清迈的掸人移民公共领域

在分析掸人移民公共领域之前,关键点是如何定义我提到的"公共领域"。Habermas(1989)认为应该将公共领域视作社会参与者创造集体情感和定义共同利益的场所。此外,Habermas 还认为"公共"一词的定义不应限制于成员在社会结构中的位置,而应考虑其对"所在群体"的认同和他们在公共领域的共同利益。Habermas 提出,公共领域的出现并非建立在已有的共同性基础之上,而是通过公民在公开讨论会上的辩论和商讨建立的,这种讨论会与国家权力分离。然而,有人批评 Habermas 的这种观点忽视了政府机构和保证特定人员在公众中说话的权利的情况(Calhoun,1992)。以掸人移民群体为例,我认为,公共领域的定义基本上要考虑以下三个因素:(1)群体性的观念;(2)由特定人员构成的群体的利益;(3)这种公共领域受国家政权的支配。另外,在公共领域选择参与者和重新改变参与者的过程中,国家扮演了关键角色。

在清迈这座城市,一直以来都有各种少数民族群体定居于此。虽然原来住在山区的人们在清迈生活了很长时间,各种"高原地区的公共领域"在观光区之外的地方却变得少见了。相比之下,近来清迈经历了大规模的、来自缅甸的掸族移民的迁入,这些移民成为城市中的移民劳动力,使得掸人移民公共领域开始出现——一些卡拉 OK 酒吧播放的是掸族歌曲专辑,掸人领域在城市内部显而易见。尽管掸族宗教信仰与泰国北部的信仰类似,但掸族几乎每个月都会举行宗教的节庆活动,地点是下文中提到的两大掸族寺庙。

在清迈的掸人公共领域可以分为三种类型。第一种是经常在清迈两大掸族寺庙举行的各种各样的市集和节庆活动。这种文化资本公共领域同时显现在泰国北部居民和掸人移民面前。举办节庆活动旨在使掸人同胞聚集到一起,在公众面前展示出掸族在文化上的独特意识。第二种领域是当地的移民公共领域,外部人员也能发现其存在。这种类型包括镇上部分区域内的一些掸人卡拉 OK 酒吧,以及帕抱寺(Wat Papao)后的一个掸人城区。帕抱寺位于清迈中部,是一座掸族寺庙。在这个城区内,各种掸族小吃摊、干货食品和其他从缅甸①进口的产品一应俱全。总体上,第二种公

---

① 除了帕抱寺后面的掸族城区外,每周五在 Charoenprathet 路的后面都有早市,早市地处全市最繁忙的区域之一。这个早市原来叫"Talad Jin Haw"或"云南早市",现在早市变成了掸人的天下,有了今天新的名字"掸人周五市场"。

共空间内的日常活动多种多样，融合了经济活动和现代形式的休闲活动，例如卡拉OK和夜店等等。第三种公共领域就是大众传媒了，包含掸语类的广播节目等。最近的节目可分为以下两种：一是社区电台广播节目，这种节目的 FM 调频仅能在城市周围 20 公里范围内收到信号；另一种就是本文的焦点——泰国国营广播节目，AM 调幅广播。第二种广播节目的信号传播距离较远，可跨越国界。

掸人移民公共领域的出现使得掸人移民虽远在他乡却倍感欣慰，但与此同时，泰国人民对其"民族完整性"感到威胁，清迈本地居民也在各个方面感到了不安。在实地考察期间，经常有泰国北部人民向我表达出他们对掸人劳动力涌入的担忧，他们认为："整个城市里到处都是大泰人（掸人）。他们马上就要掠夺和吞并我们的国家了（kin ban kin muang rao mot laew）。"掸人移民公共领域内存在复杂的跨国、本国和当地政治问题，为了阐明这种复杂局面，我在下文将先讲述一位掸族女性的故事。这位女性来自一个古老的掸族群体，在一档掸语电台节目中担任广播员。

10.4　可移动的机器：泰国广播

Nang Chusri 是一位出生在泰国的掸人，现在已经 50 多岁了。她出生在湄宏顺府（Mae Hong Son），父母都是掸族。湄宏顺府位于泰国最北部，掸族群体在此生活定居的历史超过 100 年（Eberhardt, 2006）。二战后，Nang Chusri 的父母从缅甸的掸邦举家移居到这个地方。如同其他在泰国出生的掸族孩子一样，Nang Chusri 在泰国的学校上学，获得泰国国籍，高中后离开湄宏顺府，迁居到清迈寻找工作。

大约 20 年前，Nang Chusri 开始成为泰国清迈广播台公共关系部门的一名职员。当时，清迈广播台已经创立了名为"山地民族语言广播"的特别栏目，播出时使用六种不同的山地民族语言，包括阿卡族语（Akha）、苗族语（Hmong）、克伦语（Karen）、拉祜族语（Lahu）、傈僳族语（Lisu）和瑶族语（Mien 或 Yao）。尽管有的掸族人居住的地方临近山地民族人的聚居地，但在泰国人的意识里，掸族从来都不属于"山地民族"。原因可能是，大多数掸人都居住在低地地区的山谷地带，从事水稻种植，跟泰国人一样是小乘佛教教徒（Durrenberger & Tannenbaum, 1990; Eberhardt, 2006）。因此，尽管有一个掸人群体已经在泰国北部定居了一个世纪，泰国政府仍然没有想过需要将掸族语归为山地民族语言一类。直到最近一段时间，才增加了掸族语栏目。这是由于在过去的十年间，大量掸人移民移居到泰国北部，在这里工作生活。

泰国广播台的山地民族语言栏目最早创立于1964年，由美国政府出资赞助，是泰国国内安全行动指挥部（Internal Security Operations Command）用于反对共产主义的政治宣传工具（Thaitawat & Charoenpo, 1997）。在20世纪60年代中期的冷战期间，山地民族的人们为泰国共产党员提供了庇护，因此被认为对泰国国家安全构成了威胁。为抵制这种现象，自20世纪60年代起泰国政府就开始建立泰语学校、提出各种发展方案，以使山地民族的人民融入泰国社会（Hanks & Hanks, 2001; Jonsson, 2003; Tapp, 1989）。"山地民族语言广播"栏目就成为泰国政府对抗共产主义的一种手段了。山地民族区域内共产主义思潮不断传播，美国政府对此惶恐不安，因此提供技术和设备，使该栏目在AM调幅广播频道中播出（Thaitawat & Charoenpo, 1997）。

最初，山地民族语言栏目的内容以政治宣传为主，之后为响应反对共产主义的新政策而将主要议程转移到经济发展上来。为达成栏目对山地民族人口的教育目的，栏目内容包含了向山地民族群体传递关于发展的话语。听众因此发现，他们可以利用这个栏目的广泛影响，将其转变为山地民族自己的公共服务。Thaitawat和Charoenpo（1997）指出，在20世纪70年代，山地民族的人们为了通过广播节目发布公告，包括讣告、出生通知、婚讯以及村庄里的社交、文娱活动等等，他们有时需要花费几天的时间才能到达清迈。后来，人们开始给栏目写信或者打电话来发布通知。三十年里，随着泰国社会不断变化，这个栏目逐渐成形，并不断进行着自我改版。随着清迈掸人人口的不断增长，1996年一档掸族语栏目添加进来，以满足掸人需求。按照政策规定，少数民族电台主持需受泰国团队的监督管理。Nang Chusri当时作为整个机构中唯一一名掸人职员，被安排到这档掸族语栏目里，做了一名广播员。

这档时长为一小时的节目每天在AM 1476频道播送两次：早上10点的直播和晚上10点的重播。节目内容形式多种多样，包含了戏剧、宗教、文化和劳动力的登记管理，还会播送当地新闻，与社会发展、环境问题、公众健康和教育相关的访谈，掸族语流行音乐等，节目在周末会增加与宗教相关的内容。这档以AM调幅频率播送的节目功率可达50千瓦，亚洲大部分地区都可以收听到，在缅甸和中国都可以收听到这档节目。在缅甸，有些村庄还没有通电，居民也目不识丁，无线广播仍然是向偏远村庄传递信息最廉价的方式。Nang Chusri告诉我，尽管从未去过缅甸，但她听清迈的掸人移民说，她的节目在缅甸掸邦十分受欢迎。

凭借可以跨越国界传播的优势，五年前这档节目专门排出时间，增加了"听众热线

"留言"的环节,掸人移民可以借此机会向远在故乡的家人送去问候。起初,这个环节是以读"给电台主持人的信"的方式展开的,之后发展为热线电话的形式。据 Nang Chusri 回忆,最初几年里,她每周都会收到节目粉丝的几百封信。这些信里有的要点播掸族歌曲,有的对节目提出了建议,也有人告诉了 Nang Chusri 节目的反响,还有的向家乡的亲人表达了问候。写信人都希望能在广播里听到自己的信被读出来,这样他们远在缅甸的家人就能知道自己在泰国一切安好。然而,读信需要花时间,而且来信越来越多,Nang Chusri 只好在每次节目中拿出 10 分钟的时间来接听听众的热线电话。从那以后,节目接到的掸人移民电话不计其数,他们都想要传信回家,告诉在掸邦的家人自己过得如何。

现如今,在泰国的掸人打电话回家要比前些年容易得多,但在掸邦的偏远地区,很少有人家里安装了电话。况且即使他们打电话给家人很方便,还是有很多新掸人移民觉得,通过电台栏目向家里人传递问候会显得更加亲密。打电话给电台栏目的掸人大多数都来自泰国新增掸人移民群体,听众是国外的掸人同胞,大多是居住在缅甸国内的掸人。他们的儿女都住在泰国,自己只能靠儿女的汇款生活。掸人移民打来电话时,从不会抱怨自己生活多么艰难、在国外的工作条件多么糟糕。可能因为时间有限,他们传达的信息多是问候,告诉家人自己很好,祝愿家人也一切安好等。

借助无线电波,远在缅甸的掸人听众听到了子女久违的声音,明白了自己的儿子或女儿在泰国一切平安。这档栏目似乎减少了个人和家庭方面的损失,而这种损失正是子女给父母汇款需要依赖的。节目有时还会收到寻人启事的热线留言。有一次,一位清迈的掸人移民的弟弟走失了,请求我帮她向 Nang Chusri 传达一则寻人的消息,她认为我和这个电台节目有联系,可以帮到她。2005 年,我去了位于缅甸的掸邦,一时间整个村庄都知道了我是泰国人,刚从泰国来。有一家人还专程找到我,请求我向电台节目转达他们女儿走失的消息。他们的女儿几年前去泰国找工作之后至今音讯全无。这对夫妻说,他们几乎日日哭泣,唯愿能听到女儿的消息。听说这档节目很受欢迎,几乎整个泰国的掸人移民都在听,所以希望认识他们女儿的人能听到节目,然后帮女儿报个平安。过去几年间,越来越多的缅甸掸族女孩被诱拐,在泰国被迫卖淫。这档掸族语的电台节目允许听众打电话来免费发布个人信息,使得节目有着超高人气,因此成为那些与女儿失联的掸人父母们的最后一根稻草,尽管他们之前已经相信自己的女儿永远不会找到了。

掸族人民之间的沟通方式有限,在这种情况下,这档节目跨越国界,满足了掸人同

221　胞的需求，逐渐成为国内外掸人听众中收听率最高的广播节目。在这一方面，电话为这档节目奠定了社会基础，电话的创造为人与人之间、人与故乡之间提供了沟通的机会。虽然一些掸人移民没有直接打过热线电话，但他们喜欢收听这些留言，因为这样就能知道同伴们的消息了。无论是不幸、问候还是美好的祝愿，他们都愿意与自己的老乡同伴们分享。在这个人口流动率较高的社会里，家人和朋友都隔着国界，电话稀有而且昂贵，掸族人所在的地方又比较分散，因此电台收到的信息大多是为了维系跨国关系。

　　对于传媒在流放的伊朗人生活里扮演的角色，Naficy（1993）这样认为，两种技术的结合——无线电广播和电话——已经使电台听众热线的节目转变为一种抒发流放压力的有效媒介，以及一种对同化的争辩和抵抗方式。然而，我的研究提出，电话跨越国界和为听众发声的功能以一种不同的方式起作用：它使掸人移民"出现"在缅甸人面前（Kunreuther，2006）。掸人移民们通过电话发出的声音使他们幽灵般地在缅甸出现。掸族人民中形成了"跨国的、想象的群体"，以一种实际而特殊的潮流将不同的人和地方联系和安排在一起，而在这个过程中，电台发布的信息发挥了不可或缺的作用。

　　掸人移民已将电台广播转变为属于他们的"跨国空间"，我赞扬这种方式，并非在表明泰国政府已做出让步，对这种跨国沟通的现象无动于衷。我们不该忘记的是，这种跨越国界的沟通行为是因为有 Nang Chusri 这样的国家工作人员才成为可能，她一直在两个社会中间积极地调解、保持中立。一方面，Nang Chusri 为掸人移民跨国沟通提供空间。另一方面，通过同样的途径，她还向那些打算移民到这个国家来的人们传达这样一个信息：别再移民过来了。然而，对掸人移民来说，他们只有短暂的 5—10 分钟时间来享受这个自主的跨国空间，节目剩余的时间里，他们不得不收听泰国政府的相关移民政策。节目故意使用方言来广播，这样政府能够向移民人口宣传政策方针。而广播电台在这个过程里所起到的作用就是吸引广大的、不识字（泰文）的公众注意，并且为两种不同语言搭建沟通桥梁。也正是通过这种方式，如今国家可以将影响力扩展到外来移民中。每当新政策出台，例如新户籍政策、医疗和环境危机的相关政策等，Nang Chusri 都要负责将其译成掸族语，确保掸人移民们获知。掸人移民听到节目后，会同时深入了解国家的政策和教育法则等。

　　作为一名电台主播，Nang Chusri 是如何看待在自己的民族群体和泰国政府之间保持中间立场的呢？当被问到她有哪些成就时，她回答说：

去年[2004年],南方地区遭受海啸影响,很多人苦不堪言。于是我在清迈组织了一场掸族音乐会,让那些掸人参与进来,共同帮助南方的人民。在我看来,我的成功之处是令掸人成了社会中的一员。节目里,我总是告诉他们,他们不属于这里,但是国王王后允许他们在这里生活。我们该好好报答国王以及这个国家。我们该好好对待泰国和泰国人民。常常有掸人粉丝告诉我,他们很欣赏我说的这些话。(与 Nang Chusri 的访谈记录,2005年5月)

在 Nang Chusri 的心灵深处,泰国国家地位的建立和做一个良好公民的意识似乎已经根深蒂固,比如,做好公民就要尊敬泰王、成为虔诚的佛教徒、不违法等。Nang Chusri 认同泰国政府的做法,向她同民族、非公民的移民听众宣传了"好公民"的准则。当掸人移民听到:他们现在在泰国,应该对泰国人友好、对泰王表示尊敬、对这个允许他们在此生活的国家表现出感激,他们实际上在被泰国政府引向公民的道路。为了培养掸人对国家的忠诚,即使是对非泰国籍的掸族人,Nang Chusri 也会解释道,政府并非仅通过地方的、单一民族国家的行政部门进行管治,而是由很多不同机构完成其职能,效果十分显著。

清迈的掸族人群体在不断壮大,Nang Chusri 作为唯一的掸人电台主播也在这个群体中工作了十年,这使她在很多方面成了掸人群体中的重要人物。通过她的节目,她对音乐价值的定义产生了重要的影响。她说,掸人粉丝们常会要求播放含政治言论的歌曲,她不得不拒绝这种请求。因为节目受边防警察的监督,语言监督专家会检查节目是否有反泰元素,因此 Nang Chusri 会谨言慎行,确保节目中不含任何与政治相关的内容。另外,她还要小心地维持泰国与缅甸两国之间的友好关系。但无线电波本就有跨越国界的能力,因而 Nang Chusri 自己成了"联系的女神"(Kunreuther,2006:343),拥有特殊的力量,方便两国人民之间的联系。我在缅甸的掸邦时,与很多掸族歌手会面,他们经常会请我把他们的录音带或 VCD 交给 Nang Chusri,这样她就可以把这些歌曲播放给更多的听众听(无论听众在泰国还是缅甸)。

作为一名电台主播,Nang Chusri 与泰国政府和掸族的歌手都有联系,因此节目之外,经常有听众要求她组织一些与掸族人相关的活动,例如演唱会和节日活动等。近来,清迈动物园为掸人移民组织了一场演唱会,负责人表示:

我们预算中有些剩余的经费需要花掉,有人将 Nang Chusri 介绍给我认识。

我们两个人想到了这个方案,就是为掸人移民们在动物园里组织一场演唱会。Nang Chusri 负责召集歌手;我们提供场地和资金。由于这档掸族语节目很受欢迎,我们不需要通过其他渠道来宣传。Nang Chusri 只需要在节目里宣布下我们的活动,就会吸引将近 10,000 名的观众。(与清迈动物园负责人的访谈记录,2006 年 7 月)

国家公务员的身份使 Nang Chusri 很容易与边防警方协商允许掸族歌手入境,来清迈表演。现在,邀请掸族歌手来演唱会表演已经成为吸引掸人移民的方法。与此同时,Nang Chusri 也就有了决定谁可以成功过境的权利。

作为掸人移民群体和泰国政府间的调解者,Nang Chusri 的民族身份是变动的,甚至是不明确的,这也是其角色的关键所在。那么我们该如何理解这种个人身份呢?从公务员、电台主播和良好公民的身份来讲,Nang Chusri 是一名泰国人。她出生在泰国国土上,拥有的是泰国公民身份。然而,她以掸族语为母语,还有着掸民群体保护人的身份,这都使她将自己认同为掸人。Nang Chusri 的生活和职业表明,她既可以是掸人也可以是泰国人:她在一些生活群里是掸人,其他情况下又是泰国人。当她在讲述自己如何成为今天的自己时,也在向我们展示民族身份是渐渐形成的,而不是瞬间变成的(Hall, 1996):

> 我总在想,如果我当时没有学习我父母的语言,可能就不会有我今天的生活。我很热爱自己的工作,能尽我所能帮助我的民族同胞们,我深感骄傲。我在家里每天做的也是掸族的食物。我的儿子现在也逐渐变成一名地道的掸族人。他很喜欢吃豆豉(thua nao①),要是我做菜放得太少,他马上就察觉出来了还会抱怨。这时我女儿就会马上喊:"啊哈!你已经变成掸人啦!"(与 Nang Chusri 的访谈记录,2006 年 7 月)

如上文所述,在清迈的掸人群体中存在异质性。Nang Chusri 代表的是来自古老的掸族群体、长期居住在泰国的掸民,泰国对她来说已经成为"祖国",她对维系自己与掸邦或缅甸之间的关系的责任感已经减弱甚至缺失了(Tololyan, 1996)。和那些刚从

---

① Thua nao 或豆豉是一种掸族主食,腌制成圆的、薄的形状,添加到各种掸族菜肴里。

缅甸移民来的掸族人不同,她出生在泰国,受教于泰国的教育体系之下,而且获得了泰国公民身份。如果民族"大移居"群体指的是人一直居住在移居国,认为其神话般的祖国要比移居国或现在的祖国更重要,那么 Nang Chusri 并不属于这种群体(Kearney,1995;Safran,1991;Sheffer,1986;Tololyan,1996)。泰国的掸人群体中,很多人长期居住在此,以个人的名义不断调整着自己与缅甸之间的关系,他们的生活轨迹是逐渐被同化的,而不是返回"神奇的故土",Nang Chusri 就是这个群体中的一员。

在很多方面,她与原本就居住于此的掸族群体中的人们毫无差别。我之所以将她的故事作为研究重点,是为阐明:并非所有人都可成为"文化中间人"并借此在调解掸人移民和泰国政府的利益上发挥重要作用。拥有知识、技能和公民身份等文化资本(Bourdieu,1984;Ong,1999)的人才能获得这种身份。日益频繁的跨国活动和 AM 调幅电台的远程传播能力构成了特定的环境,是我们同样需要考虑的因素,正是因为这些因素,一名电台主播拥有的文化资本才逐渐被转变为社会资本(声望和权威)。Nang Chusri 拥有的文化资本帮助她成为"中间人"——超越民族和国家的界限调解和帮助沟通。

最后,我们假定世界上的大多数电台和电视台都是由国家控制,或是由文化产业的专业人士来掌控的。正如 Stuart Hall(1980)所述,这些专业人士传播的是单一民族国家的主要规范。但在这个案例中,我们不能简单地将其当作一家由政府控制的媒体里的工作人员,传递着政府的想法。尽管 Nang Chusri 进行了道德教育,实现了自我审查,培养了掸人听众对国家的忠诚和成为良好"外来"务工人员的意识,但出现偏差的空间还是很大。一方面,我们可以发现,国家控制力的发挥已经超越了国界,甚至涉及了非本国公民,于是移民对这个(不属于自己的)国家的忠心便通过电台演说的途径被召唤和培养起来了。另一个层面上,这项技术同时使移民进入了一个公共空间,这个空间具有"同步的时间性",同时使城市掸人移民与缅甸的掸人在情感上互相联系,因而将这种公共领域转变为"跨国的、想象的群体"。简而言之,大众传媒不仅提供了一种控制的手段,还为跨国实践发生改变提供了平行空间。电台广播和 Nang Chusri 的故事同样也说明了一点:既然移民本身已经打破了国家的界限,那么移民参与的沟通也会跨越国界。我认为,个人(中间人)和集体(移民群体)跨越国界的行为使得跨国的和国内的关系日益复杂。我所陈述的掸人文化"中间人"的例子能够体现出移民公共领域的交叉性特点:政治、社会和商业利益达到了相互交融。

10.5 娱乐、集会和节日

接下来,我将谈及掸人公共领域最重要的表现形式:节日。掸族节日为当地的文化中间人与掸族移民见面提供了空间,民族和国家的界限也在此时被超越。在讨论清迈的掸族节日之前,我要给大家介绍两座佛寺,近来它们已被认为是"掸族寺庙"。帕抱寺位于城市中心,以掸族寺庙知名,几十年来成为掸族人群体的集聚中心。帕抱寺始建于19世纪末,由当时清迈统治者的掸族妻子建造,当时整座寺庙有12位僧侣、1位住持和36个见习僧侣,都是掸人。寺庙后方是一个掸族城区,城区内,各种掸族小吃摊、从缅甸进口的食品和产品一应俱全。另一座寺庙是古道寺(Wat Kutao),与帕抱寺不同,这是为清迈统治者建立的皇家寺庙,现在的住持为泰国北部人。近几年里,古道寺才开始吸引一些固定的掸族教徒前来朝拜,进而成为第二个清迈掸人群体集聚中心。

总的来说,掸族节庆活动的开展是根据传统习俗和宗教信仰来进行的。然而,习俗总是不断被更新、不断被创造出来的。所有的节庆可分为三类:(1)宗教类的节日,如佛教守夏节结束时的庆典和波伊善隆节(Poi Sang Long)(任命见习僧侣的仪式);(2)文化庆典,如庆祝掸族新年和Khao Son Nam(同泰国的Song Kran,即泼水节);(3)掸人参加的泰国特殊庆典活动,如泰王加冕60周年庆典①等。这些活动主要在两座掸族寺庙帕抱寺和古道寺举行。除了这两座寺庙,清迈动物园也开始为掸人移民举办各种活动。清迈动物园的负责人说:"我们想为掸族移民劳动者们提供一个可以去的、可以放松和休闲的空间。"

在清迈的掸族节日还有现代演唱会和市集等形式。市集成为节日的一个补充,市集里常有小吃摊,售卖从缅甸进口来的小说和书籍的书摊,也有非法走私的摊主在卖掸族磁带和VCD等。大多数的掸人移民都愿意到这里来买自己喜欢的歌手的磁带和VCD。市集上,那些非法走私的摊主会在摊子的电视机上播放掸族卡拉OK的VCD,电视机有扬声器,从早播到晚;对掸人移民来说,节日就是一个和亲戚朋友见面的机会。

---

① 从更大的角度来看,庆祝佛教守夏节和波伊善隆节等传统和宗教信仰并非典型的掸族传统,因为泰国北部地区也有这些活动。这些活动之所以带有"掸族风味",一是由于掸人移民群体是活动的主要参与者,他们已成为这座城市不容忽视的群体;二是由于活动场地的两座寺庙近年来已被视作是"掸族的寺庙"。

除了市集,掸族节日最重要的部分之一就是现代的演唱会。演唱会通常分两种:免费的活动和需购票的活动,需购票的活动门票费基本在 50 泰铢左右(折合 1.5 美元)。

售票的庆典活动是由多方机构参与组织的,由于清迈掸人群体不断壮大,新成立的掸族组织机构也会参与进来,如掸族文化与文学委员会、掸族青年组织等。不过,大多数掸人的活动还是由 Nang Chusri 和她的团队组织的。例如,如果帕抱寺打算组织一场慈善演唱会以筹集善款修建新的庙宇,那么寺庙相关负责人会邀请 Nang Chusri 参与。如果清迈动物园打算举办与掸人移民相关的活动,他们也会请 Nang Chusri 来帮忙组织这场活动。如上文所述,Nang Chusri 电台主播的身份以及与泰国警方的密切关系使她很容易向听众们宣传活动,并帮助掸族的歌手们跨境演出。如果 Nang Chusri 成功组织了这场演唱会并吸引来大批观众,进而为寺庙的建造筹集了更多善款,那么主办方就会很欣赏她。

节庆的活动场所其实是一个备受争夺的空间,在这里泰国政府和民族"中间人"可以将掸人公共领域转变为消费的场所,还可能把它当成控制的手段,然而掸人移民却将这个空间塑造为他们自己"跨国的"想象的社区。现在我将深入解读这三种掸族节日。

10.5.1　Ok Wa(佛教守夏节结束时的庆典)

守夏节结束时的庆祝活动是掸族一项重大的宗教活动。佛教守夏节的传统时间正是每年三个月的雨季"安居期",即掸人所说的"wa",这一传统追溯至古印度的佛教早期发展时期,当时,每年的雨季期间,人们会在自己的长期住所待上 3 个月。在这 3 个月里,庄稼才刚长出来,人们为了防止意外踩到庄稼苗,都尽量避免外出。在掸族传统里,佛寺的和尚自愿居住在一座寺庙内,在守夏节结束前不得在其他寺庙居住。佛教的守夏节占据了雨季的大部分时节,长达三个农历月[①]。对掸人来说,守夏节结束的庆典就是一年里最盛大的仪式活动之一。传统意义上,每个人在这个时期都会做好庆祝的准备,因为此时雨季已经结束,天气转好,田里的水稻过段时间也要收获了。

我在 2005 年参加了一次 Ok Wa 庆典活动,地点在清迈的两座掸族寺庙。那年的庆典规模很大,古道寺主办了一场演唱会,邀请了两位来自缅甸的著名掸族歌手来表

---

① 泰国人也有每年三个月的"安居期",但现代的泰国人并不重视佛教的守夏节结束庆典,因此泰国未将其列为公共假日。

演。为了筹集从缅甸邀请歌手的费用，这场夜间演唱会门票定价为 50 泰铢（折合 1.5 美元）。掸人通常在农历 10 月份的满月之日庆祝守夏节结束，但那年古道寺将庆典提前了三天，这样庆典就可以在周末举行了。此外，因为帕抱寺通常在传统日期举行庆典，这样古道寺庆典日期提前三天，还可以确保不与帕抱寺的庆典重合。帕抱寺在得知古道寺即将举行一场盛大规模的庆典后，并未举办什么大规模的活动。到了晚上，帕抱寺只举办了一场简单的免费演唱会，由业余的掸人歌手演唱助兴。于是，清迈的掸人们有连续 6 天从早到晚的时间来庆祝 Ok Wa 了。

古道寺的庆典活动虽未按宗教传统的日期举行，但因为在周末，还是吸引了很多人观看。白天，人们来这为僧人们施斋，然后在市集里闲逛，市集里的摊点卖各种各样的商品，有从缅甸掸邦进口的食品、衣服、书籍、磁带和 VCD 等等。寺庙的住持就坐在佛堂里，迎接所有来施斋的移民客们。晚上的演唱会吸引了更多的人，他们来自城里或周边地区，只为一睹掸邦著名歌手们的表演风采。几乎所有的观众都表示，他们是从 Nang Chusri 的节目里知道这场演唱会的。

在清迈与现代演唱会有关的掸族节庆活动都会连续举办 3 天，这已经成为一种传统。其中一部分原因可能是组织经费和时间的问题，另外，大多数掸人移民每周只有一天的假期，这种传统能提供给他们更多的节庆时间。舞台表演的开始时间通常定在晚上 8 点。开始的一段时间交给业余歌手们，掸族语里叫"phu mee wasana"①，指的是那些喜爱歌唱，即使没有报酬也愿意登台表演的人们。出名的歌手们会在深夜时间登台表演，他们通常都是从缅甸来，演唱的都是他们的著名曲目，为博观众一乐。今年的庆典包含了一项特别活动：选美大赛——"清迈掸族小姐"。大约在活动前两周，Nang Chusri 以主要组织者的身份通过自己的电台节目向参赛者们发出号召。节庆当天，约有 20 位掸族女孩前来参赛，共同竞选"清迈掸族小姐"。

第一天晚上，舞台表演在 8 点左右开始，业余歌手们先上台表演著名歌手的名曲，或者演唱他们的原创歌曲。接下来就是选美比赛参赛选手的走秀表演了，所有选手都穿着传统的掸族服饰上台展示。走秀表演一是展示传统的掸族服饰，二是参赛者可以向观众展现她们的高雅气质和优美身段。走过 T 台后，每位参赛者要在舞台中央停下，略微鞠躬，双手合十，动作类似于祈祷。这种礼仪叫作"wai"，是一种泰国人常见的

---

① 掸族语里的"wasana"与泰语里的"wasana"意义不同，泰语里意为"因过去做的善事或好运得来的好命"，掸族语里指的是"本能的喜好"或"个人的兴趣"，这种喜好是工作之余拥有的爱好，主要是为了休闲娱乐。

问候礼仪。这次活动的主持人，毋庸置疑，又是 Nang Chusri，她会向观众们介绍参赛者们的姓名、来自哪个城镇。观众为了支持自己喜欢的参赛者，会将手中的花环或气球交给她们。之后，观众们送出的花环或气球会被计数，作为参赛者们最后一天比赛的起始分数。我注意到，在走秀表演时，如果参赛者来自观众们自己的家乡，观众们听到她的名字时便会尖叫、鼓掌。

接下来，来自缅甸的著名歌手们登台表演。负责把这些歌手们请到泰国的人就是 Nang Chusri(因为清迈的掸人观众们想要听到自己家乡的歌手来演唱)。她邀请的歌手通常来自缅甸的大其力、景东等城市，这些地方离清迈较近，路费比较便宜。因为经常邀请他们来演出，比起其他地方的歌手，Nang Chusri 让他们变得更有名，掸人移民也更熟悉他们。Sai Long Thip 是来自景东的著名掸族歌手，第一次来清迈演唱他的著名歌曲——Khuen Ok Wa(Ok Wa 之夜)，十分适合在这次特殊活动上演唱。观众们纷纷跟着他一起唱，歌声就在寺庙里回荡着。接下来"万人迷"Sai Han Lang 出场。他的代表作是 Jai Hak Thi Kai(爱在远方)，是一首好听又易学的流行歌。不可思议的是，这首歌在这场活动中发挥了国歌一样的作用，当他演唱这首歌时，掸人观众们在台下挥舞着掸族的旗子。另外，"清迈掸族小姐"比赛的参赛者进行走秀表演时，这首歌也被重复播放，因而成了活动的主题曲。Sai Han Lang 表演了近半个小时后，现场掀起一阵狂潮，观众们陷入狂欢中，纷纷尖叫、跳舞、拍手。我就站在卖花和花环的小摊后面，我发现只要 Sai Han Lang 一出场，很多女性观众就会过来购买玫瑰花，然后冲到舞台前，把花送给自己最喜爱的歌手。女孩子们通过送花或花环来表达自己的喜爱，而掸族的男孩子们却在舞台前无拘无束地舞蹈。他们会举起手，像摇滚乐粉丝在演唱会上那样摇动着身体，就算歌手演唱柔和、平缓的歌曲时也是如此。之前业余歌手们只进行了短暂表演，等夜深了，他们再次登台，继续为观众们演唱掸族歌曲，到午夜才结束。

第二天(周六)晚上的活动非常有趣。开场的方式和前一天晚上一样，业余的歌手们先演唱几曲，"清迈掸族小姐"的参赛者们再走秀一次，这样可以得到更多鲜花和花环，最终的分数也会因此提高。我恰巧听到了一位观众对参赛女孩们的批评，他认为这些女孩们根本不懂怎么走秀，而且她们看起来毫不专业、还不够时尚。有个戴眼镜的女孩看起来很像书呆子，出场走秀后没有一个人送给她花环和鲜花。最后，终于有个支持者站出来送了她一朵花，观众纷纷尖叫、大笑。跟前一天晚上一样，T 台秀过后，歌手们开始上台演唱他们的名曲。晚上 10 点时，Nang Chusri 上台，告诉观众们她将在她的节目中直播这次活动。(通常 Nang Chusri 夜间的电台节目是早间节目的重播)以下是 Nang Chusri 在节目即将开始现场直播时说的话：

>泰国和缅甸的掸人朋友们，你们好。我是 Nang Chusri，我知道缅甸的同胞们也都在收听我的节目。今天，我们在清迈共同庆祝 Ok Wa。今夜的节目将会现场直播，这样远在缅甸的掸人同胞们就可以听到远离家乡的儿女们在泰国欢庆 Ok Wa 的声音了。我们想要问候远在掸邦的亲人们，想要和你们说说话。

接下来就是采访选美比赛参赛者的时间了。每位参赛者都会再次走上 T 台，展示她们的服饰以及台步。每个人在舞台前方停下时，Nang Chusri 便会出场一一采访。参赛者会介绍自己叫什么名字、来自掸邦哪个村落，以及在清迈做什么工作等。然后 Nang Chusri 会问她们想不想和缅甸的父母们说点什么。耐人寻味的是，所有的参赛者最后都会说同样的话，她们都当作自己在缅甸的父母真的在听："我叫 Nang……（小姐），来自……（村名），是……的女儿。我在这里一切都好。我想问候我的父母，希望他们一切都好。"观众们听到有同乡的参赛者时便会激动鼓掌，他们看到陆续有参赛者既"轻松地回答了问题"，又成功地向家里传达了问候，就会尖叫欢呼。

参赛者的采访结束后，歌手们出场演唱和前夜一样的那些歌曲。但是这次，歌手们知道自己的演唱会被缅甸国内外的掸人听众们听到，这是一场现场直播的节目。

第三天晚上，"清迈掸族小姐"评选结果公布，掸族歌手们再为观众们演唱一次他们的名曲。我曾在活动中随机采访过观众，发现有些人在节庆期间的每天晚上都会来，尽管 50 泰铢的门票要花掉他们半天的工资。他们之所以愿意花这个钱，是因为他们可以花钱把清迈这个地方暂时变成他们的家乡，即使是暂时的家乡也无妨。经过长年累月的辛苦工作，这种活动为他们提供了一段特别的、开心的休闲时光。来参与活动的掸民们表示，节日和演唱会令他们认识了很多新的掸人朋友，听着最喜欢的掸族歌曲时，他们也重新构建了自己的社交网络。除了听演唱会、逛集市外，这次庆典活动还给远离家乡的掸人们提供了以掸族人身份"表现自我"的空间。在这个空间里，掸人可以穿着 T 恤衫闲逛，T 恤衫上印着掸族旗子的图案、传说中的民族英雄或者是掸邦地图等。掸人观众们还会在身上装饰些与"想象的掸族"相关的标志物，例如戴顶有掸族旗子三种颜色的帽子，或者得意地戴着一枚旗子图案的胸针等。可能有人会这样评判：掸族的民族性和民族文化已经因为这些人而变得商业化了（因为他们在节庆活动上需要购买这些商品），然而，掸人"买到"的不只是商品，更是代表民族认同和想象中民族意识的标志物，他们同时利用这些标志物做了有意义的事情。

对掸族节日活动的解读可以让我们意识到，了解现代生活的休闲方式需要思考消费的问题。然而，Daniel Miller（1987）表示，当掸族的民族性和文化已经被转化成一种商品、一种消费的形式后，人们就可以通过消费活动来借用商品并重新脉络化，使其创造出差异化、特殊化甚至具有抵抗力的民族身份。我并不愿意接受"抵制"这一观点，因为并没有明显的证据证明在这个地方存在抵制，我主张消费活动为掸人移民提供一个"公共"的空间，使他们以掸人的身份生活着。

活动结束时，Nang Chusri 微笑着走过来找我，对自己的成就十分满意。她跟我说，这次活动单天晚上收入就有 30 万泰铢，这意味着有 6,000 位观众前来观看。第二天晚上，她在自己的节目里将活动进行了直播，当晚卖出价值 8,000 泰铢的鲜花和花环（即 200 美元，当时 1 美元等于 40 泰铢）。据 Nang Chusri 统计，三个晚上共有 10,000 人参与活动。我问她此次电台节目的直播是受什么启发，她回答：

> 我希望远在缅甸的人们能知道，他们远离家乡的儿女在泰国可以有机会参与这样的活动。我希望能像泰国人一样去做每件事，这就是我要直播节目的原因。至于选美比赛，我的目的在于展示一些掸族传统服饰，也想让人们知道掸族有很多美丽的姑娘。我希望掸人能和其他人相处得更加和谐。（与 Nang Chusri 的个人访谈，2006 年 10 月）

Nang Chusri 作为掸人在泰国身份的捍卫者，她的话可以体现出她对自身角色的定义。从上述不同的陈述中，可以解读出两个关键论点：首先，掸族的民族性已经体现在公共场合中，受到外族人和掸族移民自己的关注。正是在这样的公共领域，很多文化中间人开始通过宗教节日的传统庆祝方式，将掸族的"现代化"表现出来。"泰国人做什么我们就做什么"、活动的现场直播以及选美比赛中掸族姑娘的展示，这些行为中都有 Nang Chusri 一直想要展示的"现代化"的影子。对掸族移民来说，节日提供了文化自身和文化认同进行表达和谈判的场所。通过参与这样的活动，掸人可能给自己灌输了现代化的观念。这些观念是主导文化，即消费者资本主义想要包含在内的，表现为给歌手买花、毫无拘束地跳舞、参加展现女性身材的现代选美比赛等。与此同时，掸人抓住各种可得的机会，包括消费这一形式，来改变其民族身份并作出新的解释。

其次，正如 Minoo Moallem(2000)所说，在跨国的层面上，移民公共领域内象征性、物质性关系的建立已经不再局限于"回归的神话"或是成功同化为移居国国民，而是在于跨国时期的经历，即移民感觉不到在两国间的线性移动，而是"待在这里"的意识与"待在祖国"的意识混为一体。例如，掸人移民喜欢给电台节目打电话，是因为他们在打电话的时候能感觉到"这里"与"家乡"同时联系到了一起；他们参加直播节目时，会意识到"这里与那里"是互联互通的，能够同时感觉到的。

10.5.2 泰王加冕60周年庆典和动物园里的掸族人演唱会

2006年对泰国人来说是值得纪念的一年，举国上下都在庆祝泰王殿下 Bhumibol Adulyadej 加冕60周年。2006年7月，清迈的掸人们为这次庆典在帕抱寺举行了一次文化活动和一场演唱会。掸人移民不光举行宗教活动，聚集到一起为泰王做功德，还在文化活动上表演传统掸族舞蹈为泰王祈福。除了这些，掸人移民还组织演唱会，为泰王的项目筹集善款。当年，清迈市的地区代表共收到6万泰铢(折合1,800美元)的善款。这场在帕抱寺举行的演唱会门票费用为每人50泰铢(折合1.5美元)。Nang Chusri 再次被邀请前来与清迈的掸人移民群体和泰国旅游局合作组织演唱会和活动。Sai Han Lang 和 Sai Jerng Han 是两位从缅甸掸邦邀请来表演的歌手，上台表演时，他们穿着一件写着"我们爱陛下"的T恤，戴着一个印有"我们爱陛下"的橡胶手环。

庆典活动持续了三天。第一天，市长和一位高级警官为庆典开幕。开幕后，警官向掸人移民发表演说："我们今天在这里共同向我们的陛下、尊敬的泰王致敬。是泰王准许我们在他的恩典下生活。我希望所有掸族的兄弟姐妹们能够知道，我们要想在这片土地上安居乐业，必须要遵纪守法。"第二天晚上，Nang Chusri 又一次通过她的电台节目将此次活动直播，并且在节目中表示：

> 我们今日在此向国王致以崇高的敬意。正是因为他的恩典和仁慈，我们才能在这个国家工作和生活。今晚我会直播整个庆典活动，这样远在缅甸的同胞们就能知道，他们的儿女正在此向泰国的国王传达最真挚的祝福。

我们可以从两方面来理解这次活动传达出的信息：一是掸人移民很尊敬泰王，能在其管辖下生活，他们心存感激；另一方面，掸人移民得到了在此工作的允许，因此他们需要尊重泰国当权政府。从掸人移民的角度来看，通过参加泰国的国家活动，移民群体与泰国作为一个地理整体联系到了一起。

最近一段时间,也就是在 2006 年 7 月,清迈动物园又为掸人移民们组织了一场演唱会。主办方再次从缅甸的边境城市大其力将 Sai Jerng Han 邀请到清迈为掸人移民们登台演出。演出当天,掸人们纷至沓来,慕名来听自己喜爱的歌手演唱。这次活动的根本目的并不明显,但清迈动物园的负责人表示,这次活动是为了增加游客流量,并借机向移民劳动者们宣传保护动物、保护森林的知识。负责人还表示,举办掸族人演唱会是"因为清迈有很多的掸人移民在这工作,我们希望他们能在周末得到放松,也能参与社会活动"。

被问及为何选取掸人移民做目标群体时,主办方指出,不仅是因为清迈的掸人人口众多,而且是由于掸人群体远离家乡,尤其喜爱参与这种户外活动,此外他们又没有很多空间可以得到放松、表现自己的身份。动物园的负责人说:"他们来到这里不必担心警察或者其他因素,只是来这放松的。他们完全可以像泰国人一样,到处走动,享受自尊。我希望他们将来能把动物园当作他们的家园。"令我惊奇的是,这次庆典包括了各种不同的活动,还有着不同的目的。演唱会开始之前,政府官员首先上台发表讲话,同时向观众分发有关卫生和劳工问题的传单。中场休息时,一家手机公司和泰国银行在观众中分别发放他们的产品(SIM 卡)以及促销品(比如印着银行标志的袋子),还邀请观众上台玩游戏,同时宣传他们的品牌。光是白天的演唱会,主办方就从 8,000 名参与者中筹集了 40 万泰铢(折合 1 万美元),因此首次活动大获成功。2006 年 9 月,清迈动物园紧接着组织了第二次"掸族演唱会——保护野生动物"的活动,此次活动同样吸引了众多参与者。

为掸族移民举办的演唱会和其他活动越来越多,一些在清迈的掸族知识分子开始抨击这种将掸族节日变得日益商业化的现象,他们还认为,那些通过活动盈利的人都是"跨民族的精英人士"或者都是泰国人。Kham 是一名掸族移民女性,在一档掸人社区电台节目里做主持人。她抱怨这些民族中间人利用了掸族的民族性,她提出,"我们移民的生活环境甚至比那些动物还要差,我们怎么有能力去保护野生动物?"(与 Kham 的个人访谈,2006 年 7 月)。对这种活动表示不满的人都受过教育,大多数在文化领域工作,比如电台 DJ、非政府组织工作者以及掸族传统舞教师等。对于多数平常辛苦劳作、生活艰难的掸人移民来说,这些节庆活动在他们长年累月的辛苦工作之余,为他们提供了一段特别的快乐时光。随着城市生活区域划分的发展,掸人移民群体逐渐被淹没在平常的劳动力人群中,而这些节日可以被视为移民群体的一种努力,即在祖国之外的社会环境中感受到家的气氛（哪怕只是暂时的）。来参与活动的掸民们表示，节日和演唱会令他们见到了其他掸族人，在听到最喜欢的掸族歌曲的同时，他们也重新构建了自己的社交网络。

10.6 结论

事实上，有一点至关重要——我们不能仅仅将跨国的掸族节庆活动描述为劳动力流动的副产品，或是将其描述为具有民族特点的活动，因移民至现代化城市出现了疏远关系而成了必需品。在城市地区，我们能看到一些事例说明民族性是可以以商业交易的形式被部分保持下来的；另外，民族中间人、跨民族的精英人士和泰国人在掸族民族性商业化的过程中发挥了作用，但在完成他们自身目的的同时，也提高了掸人的民族认同感。

一方面，举办活动为泰国政府控制外来国民提供了机会和工具。举办掸族演唱会期间，泰国各级官员向掸族移民传递各种消息，引导他们要做泰国的国民，要做一个好的"外来人"，如鼓励他们向泰国人民表达感激并劝告他们要遵纪守法。另一方面，这些活动的目的是为背井离乡的掸民们提供享受快乐的机会。掸族的民族性因此而有了现代生活的休闲方式。这种利用思乡情绪发展起来的商业之所以成功，是因为远离家乡的掸民们愿意消费。他们愿意花这个钱来休闲，是因为他们可以花钱把清迈这个地方暂时地变成他们的家乡。这些活动都是在泰国的特殊场合下举办的，例如泰王加冕60周年庆典、保护野生动物的掸族演唱会等，掸民愿意参加是因为这些活动能够让他们以泰国国家一员的身份抒发自己的感受。通过这些活动，他们构建了一种掸族意识，表明自己的掸民身份并发挥了作用。

在本章中，我尝试阐述了掸族移民公共生活领域如何在一方面打破国界，另一方面，这种公共领域为国家控制移民提供了一种途径，为新型的跨国实践提供了相应的空间。我在整章中提出的第二个观点是，考虑民族和国家认同感的多种构建方式至关重要；其次，移民群体中各种不同的群体间存在着发挥作用的权力组织，考虑它们的存在也很关键。现存的掸族群体的人们开始寻求机会，利用电台广播和移民公共领域来调解新的掸人移民人口与泰国掸人之间的利益关系，与此同时，掸人移民还能达成自己的目的，理解并参与到这种媒体消费中来。所有这些为非传统、想象的群体和跨国身份构建都提供了新的资源,同样也为参与其中的中间人、包括政府在内的研究提供了资源。我在上文中提供的人种学数据体现了交叉性研究方法的重要性,通过这种方法,在分辨掸族公共领域的多重含义时,可以发现泰国政府、大众传媒和文化中间人相互间的决定性影响。

参考文献

Anderson, B. (1991). Introduction. In *Imagined communities: Reflections on the origin and spread of nationalism* (pp. 1 – 7). London: Verso.

Appadurai, A. (1996). *Modernity at large: Cultural dimensions of globalization*. Minneapolis: University of Minnesota Press.

Basch, L., Glick-Schiller, N., & Szanton-Blanc, C. (1994). *Nation unbound: Transnational projects, postcolonial predicaments and deterritorialized nation-states*. New York: Gordon and Breach.

Bourdieu, P. (1984). *Distinction: A social critique of the judgment of taste*. London: Routledge.

Calhoun, C. (1992). *Habermas and the public space*. Cambridge, MA: MIT Press.

Durrenberger, P., & Tannenbaum, N. (1990). *Analytical perspectives on Shan agriculture and village economics*. New Haven: Yale University Southeast Asia Studies.

Eberhardt, N. (2006). *Imaging the course of life: Self-transformation in a Shan Buddhist community*. Honolulu: University of Hawaii.

Glick-Schiller, N., Basch, L., & Szanton-Blanc, C. (1995). From immigrant to transmigrant: Theorizing transnational migration. *Anthropology Quarterly*, 68(1), 48 – 63.

Habermas, J. (1989). *The structural transformation of the public sphere: An inquiry into a category of Bourgeois society*. Cambridge, MA: MIT Press.

Hall, S. (1980). Encoding/decoding. In S. Hall, H. Dorothy, L. Andrew, & W. Paul (Eds.), *Culture, media, language* (pp. 128 – 138). London: Hutchison.

Hall, S. (1990). Cultural identity and Diaspora. In J. Rutherford (Ed.), *Identity: Community, culture, difference* (pp. 222 – 237). London: Lawrence and Wishart.

Hall, S. (1996). Introduction: Who needs 'identity'? In S. Hall & P. Gay (Eds.), *Questions of cultural identity* (pp. 1 – 17). London: Sage Publication.

Hanks, J., & Hanks, L. M. (2001). *Tribes of the north Thailand frontier*. New Haven: Yale University Southeast Asia Studies.

Jonsson, H. (2003). Mien through sports and culture: Mobilizing minority identity in Thailand. *Ethnos*, 68(3), 317 – 340.

Kearney, M. (1995). The local and the global: The anthropology of globalization and transnationalism. *Annual Review of Anthropology*, 24, 547 – 566.

King, R., & Wood, N. (2001). *Media and migration: Constructions of mobility and difference*. London: Routledge.

Kunreuther, L. (2006). Technologies of the voice: FM radio, telephone, and the Nepali Diaspora in Kathmandu. *Cultural Anthropology*, *21*(3), 323–353.

Miller, D. (1987). *Mass consumption and material culture*. Oxford: Blackwell.

Moallem, M. (2000). 'Foreignness' and belonging: Transnationalism and immigrant entrepreneurial spaces. *Comparative Studies of South Asia, Africa and the Middle East*, *20*(1&2), 200–216.

Naficy, H. (1993). *The making of exile cultures: Iranian television in Los Angeles*. Minneapolis: University of Minnesota Press.

Ong, A. (1999). *Flexible citizenship: The cultural logics of transnationality*. Durham: Duke University Press.

Portes, A., Guarnizo, L. E., & Landolt, P. (1999). The study of transnationalism: Pitfalls and promise of an emergent research field. *Ethnic and Racial Studies*, *22*(2), 217–237.

Safran, W. (1991). Diasporas in modern societies: Myths of homeland and return. *Diaspora*, *1*(1), 83–93.

Sheffer, G. (1986). *Modern diasporas in international politics*. London: Croom Helm.

Smith, M., & Guarnizo, L. E. (1998). *Transnationalism from below*. New Brunswick: Transaction Publisher.

Tapp, N. (1989). *Sovereignty and rebellion: The white Hmong of Northern Thailand*. New York: Oxford University Press.

Thaitawat, N., & Charoenpo, A. (1997). The return of the stolen daughters. *Bangkok Post*, February 3, 1997.

Tololyan, K. (1996). Rethinking Diaspora(s): Stateless power in the transnational moment. *Diaspora*, *5*(1), 3–36.

Tsagarousianou, R. (2004). Rethinking the concept of Diaspora: Mobility, connectivity and communication in a globalised world. *Westminster Papers in Communication and Culture*, *1*(1), 52–65.

Vatikiotis, M. (1984). Ethnic pluralism in the northern Thai city of Chiangmai. Ph. D. dissertation, The University of Oxford.

Vertovec, S. (2001). Transnationalism and identity. *Journal of Ethnic and Migration Studies*, *27*(4), 573–582.

Willis, K., Yeoh, B. S. A., & Abdul Khader Fakhri, S. M. (2004). Introduction: Transnationalism as a challenge to the nation. In B. S. A. Yeoh & K. Willis (Eds.), *State/nation/transnationalism: Perspectives on transnationalism in the Asia-Pacific* (pp. 1–15). London: Routledge.

(钟文秀,胡婧译)

第 11 章
身份与偏移的跨国/地区联系：
香港的回迁移民

Lucille Lok-sun Ngan[①]

[①] L. Ngan
香港教育学院研究生院
中国香港新界大埔露屏路 10 号
e-mail: llsngan@ied.edu.hk

11.1 引言

过去十年间,越来越多的海外华侨选择回到香港,他们大多在1997年香港回归前移民出国。随着中国经济持续增长,人们对香港的社会和政治环境的信心大增,预计未来会有大批中国人回国。这种回国的迁移是跨国/地区活动的重要要素,也是促进迁出地发生改变的关键方式(Sinatti,2010)。回迁的移民和他们的后代都拥有跨文化的特质,例如世界主义、海外经历和语言技能等,这些特质也被视作社会发展需要的基础。他们被认为拥有对当地环境的熟悉以及跨文化的经历,这些常常被当作可以资本化的独特品质。

尽管回迁移民的跨文化经历有可能帮助他们在社会中获得存在感和地位的提升,但他们身份的杂糅性和文化差异并非总能使他们在居住的地方获得认可。尤其是移民的子女,尽管他们一返回香港就试着融入当地的社会环境,但因为在海外长大,他们往往面临着更重的文化压力。他们已经将国外的行为规范完全内化,在思想、感觉和行为方面与当地人已经有所不同。他们对家庭的观念、归属感和认同感已经跨国化,即使在祖国他们也被当作"外人"。回迁的移民"看起来"是中国人,但通常却不具有作为"中国人"内化的、本质上的典型(例如语言、价值观和社会行为等),因此这更加剧了他们差异的复杂性。这种差异性通常会导致主流社会对他们的边缘化和谴责,移民进而会有脱离和疏远的感觉。为了缓解这种日常的文化紧张关系和冲突,回迁移民会在交际和情感方面依赖于一些偏移了的联系,包括对过去家庭的回忆、想象和幻想,因此他们的生活会超越现在的时间和地理的空间界限,向外延伸。来源地与移居社会间存在着互相交叉、互相冲突的势力,移民的生活经历了转变,上述两方面都会导致移民对家乡的观念更复杂和模糊,影响他们的认同感和归属感,改变他们回国后的地位。

尽管移民们回迁的意义越来越重大,且身份和重新定居经历也变得复杂,我们对以下两方面问题的认识却严重不足:香港的回迁移民们如何在"祖国"重建新生活?这个重建过程如何影响他们暂时或永久的回归?本章主要内容是关于来自香港的中国移民回到香港的回迁活动。章节开头将通过跨国主义文献对香港移民现象做综述,确定对回迁人口经历的理解存在的差距和局限之处。接着,我将重点描述在1997年香港回归前,香港外迁移民现象的背景,以及近年来中国香港海外华侨不稳定的回迁运动。下一部分中,我会利用回迁现象以及我个人作为从澳大利亚迁回中国香港的"第1.5代"移民的经历,来探讨迁居国社会、祖国社会和偏移的跨国/地区联系如何交叉作用,产生复杂的归属感。通过对我生活中上述因素的交叉作用的分析,我将说明:交叉作用如何成为理解回迁人口形成身份概念的重要方式,以及他们如何在"新"的家庭,即来源地重新开始生活。

11.2 跨国主义文献和香港移民的回迁运动

早期的外来移民同化典型里,移民被认定为一种从祖国迁往新移居地的一次性结束的行为,移民将逐渐失去与祖国的联系,与移居地发生同化作用。传统意义上,回迁移民现象包含了类似于移民同化说法的封闭性、不可改变性和已完成性,而且人们断定回迁至祖国的移民经历是建立在减少与侨居国的联系的基础上的。正因如此,过去的移民研究被分解为两个完全独立的过程、分别在移民迁出地和目的地或者两地之间展开。通常情况下,这两个过程的研究间互相借鉴甚少,因此产生了比较片面的分析。

自20世纪90年代初期,移民研究逐渐发生变化,作为跨国主义研究的焦点,即反复的移民现象,比之前更详细地探讨了循环式的移民活动。现代移民现象的循环性已经使回迁或反复移民成为很多移民研究的常规话题。跨国主义文献极大地挑战了移民同化作用说法的充分性,还提出了持续性跨国运动的观点。跨国主义作为研究国家间迁移运动及使其概念化的方式,如今逐渐发展,原因是确定现代世界高度流动性的新理解方式十分必要。学者们将跨越国境的联系看作可变因素,认为对现代移民经历的理解以及对这些联系作用的影响和冲击的理解必须通过跨国的视角、采取以经验为主的方式来进行(Glick-Schiller等,1992;Basch等,1994;Fouron & Glick-Schiller,2002;Vertovec,1999;Portes等,1999)。在一份具有代表性的跨国移民研究报告中,Glick-Schiller和她的同事们曾将跨国主义定义为一种持续性的过程,在这个过程中,"外来移民创造并维系同时存在的多条关系链,将来源社会和侨居国社会联系在一起",同时产生了经济和文化的转变(Glick-Schiller等,1992:48)。由于移民和回迁可能不是移民的一次性决定,研究关键也不再集中于单一的定居地方法研究(Faist,

1997：206）。

跨国移民文献中探讨的主要话题之一就是中国式移居现象，此外，相关研究还强调了处于争议中的文化界限、跨国移民灵活的公民身份和其基于居住地的社交关系（Ong，1999）。中国移民回迁运动更明显的特征是持续性而非完整性，因为这包含了多种多样的全球迁移，移民从侨居国带来的社会、文化、经济、政治和宗教联系不仅持续性地在祖国内部保留，还在他们跨国领域的其他地方存在着。由于对回迁移民进行识别并非易事，有关他们在跨国空间的关系结构研究也很少，此类研究能表现和反映他们日常生活中出现的交叉。以移民到美国为例，移民们可能在获得绿卡后选择继续住在中国香港。但他们会经常返回美国，以确保自己的居民资格有效。因为一些移民过着不稳定的跨国/地区生活，回迁的形式也容易变化，像"海归"或"华侨"这样传统的移民分类因此并不适用于这类移民的经历。

跨国主义文献十分重要，因为我们可以将其作为基础，发展对现代中国移民新的理解方式；然而，学者们更多关注的是居住在侨居国的跨国移民群体，因为他们更引人注目，而且在劳动力市场和移民官僚体制中，他们的成就更易于追踪观察。而那些已经离开或返回到祖国的移民却不易追踪（Dunn ＆ Ip，2008；Ip，2002；Ryan，2002；Ma，2003；Ong，1999）。因此，有关中国海归在自己的祖国如何重新开始生活的研究相对较少，研究他们与侨居国之间在社会、文化、经济、政治和宗教方面联系的特征和发展进程的内容也很少。此外，虽然跨国主义有多种意义，尤其是移民对跨国联系的整合和认识一直是推动回迁现象的重要方面。人们对研究回迁行为的社会学影响还是缺乏兴趣。

另外，回迁移民后代的生活经历在文献作品中也少有体现。但他们在侨居国和祖国之间流散性的独特经历使他们成了一个独特的移民群体。在侨居国，成年移民在经历从一个身份转向另一个身份的文化断裂时，进入了一个分离和合并的模糊时期，此时便能够感受到阈限性。但他们作为成年人，已经对身份有了相对清晰的认知。而对移民的子女来说，尤其是那些很小就移民到他国，在侨居国长大的孩子，他们居住在一个具有双重阈限的环境里，他们受到的影响远比父母受到的影响大。首先，他们不属于移民一代或二代（如出生在澳大利亚的中国人），一代或二代移民对侨居国或祖国的文化都具有更强烈的归属感。其次，他们既不是婴儿，也不是成年人。他们还是孩子时，就经历了复杂和充满冲突的成长过程。他们的成长经历里，新环境中外界势力持续影响着他们的身份，与此同时，这些孩子还要继续保持对家里学到的文化的理解，这样才可能获得自己"多方面的定位"(Meerwald, 2001：389)。在中国香港人移民到澳大利亚、英国、美国和加拿大等西方国家的案例里,除了寻常所见的文化差异性,移民还要面临种族差异,这使得移民后代面临的困难进一步加大。Stonequist(1935：8)发现,移民子女这种不确定的状态使他们越来越"产生情绪和情感上的矛盾困惑心理,有时可以通过自身的反省得到减轻"。

移民需要改变回忆、家庭故事、想象以及思乡情绪之间的联系来重建家园,而非借助与特定地点间的联系,在这个过程中,移民子女尤其会呈现出新的维度问题,因为他们是被夹在家庭和个人中间的(Crissman, 1991; Ngan, 2008b)。许多学者十分关注同时生活在两国的移民家庭在侨居国的经历,他们在祖国之外还同时有其他家园(Rapport & Dawson, 1998; Westwood & Phizacklea, 2000; Clifford, 1994)。从这方面看来,移民子女尤其会受到跨国社会关系产生的冲突影响。由于归属感模糊不清,他们在祖国和侨居国之间往来时,很难清晰地表达这种迁移的本质,两个地方可能都和"家"有关。回国后处于什么样的地位?如何理解跨国环境下的生活?这些问题都为跨国移民回迁困惑带来了新的曲折。

1997年香港回归前,移民研究集中在衡量对移民的主流态度上,以及评估香港回归后经济各领域内的人才流失上。另外,人们如何利用社会关系来发掘移民机会、促进国外生活调整等也成为主要研究课题(Kwong, 1990; Mak, 1993; Skeldon, 1994, 1995a, b; Wong, 1992; Wong & Salaff, 1998)。研究还预期确定回国移民的规模和特征,除此之外,移民经历一直是研究焦点。有关香港移民经历最近的研究是 Salaff 等(2010)关于移民者和留守人士的研究。该研究主要分析了移民、跨国/地区迁移、香港定居家庭和从未移民家庭的不同经历,研究视角独特,结合了从未移民者的生活经历,进而拓展了之前有关移民的研究。然而,尽管研究提供了丰富的数据,显示出过去20年移民或定居的成功及失败案例,但回迁移民的经历在该研究中并未引起重视。

近来,有关回迁至香港的移民研究数量增多,主要关注移民的重新定居经历、文化适应和循环式迁移等。一些加拿大学者的研究直接或间接地探讨了在家庭结构和生活周期元素不断变化的环境下,加拿大中层阶级成年和青年回迁移民的跨国社会关系和循环式迁移的议题(Salaff 等, 2008; Ley & Kobayashi, 2005)。研究指出,反映流动的中国回迁移民的真实情况、趋势以及他们跨国社交网络的形成、变化和特征的数据显示出间断和不明确的特征(Ley & Kobayashi, 2005)。有关回迁移民的概念性研究方法为当代的人口流动提供了新的理解方式,然而,移民在回迁后与之前家园的跨国社交网络的形成、变化和行为缺少关注和研究,这些过程对回迁移民的身份认同和地位确定的反映形式也有待关注。

有关重新定居的经历以及社会文化适应的研究,学者们发现回迁移民从侨居国回到祖国后面临一系列不熟悉的规则,规定了他们的行为标准以及与社会群体的其他成员交往的准则,即 Pierre Bourdieu (Bourdieu, 1984) 所称的"习性"(habitus)。随着回迁移民从侨居国搬往祖国,他们所属的社会模式就跨越了地理界限,与不同地区中的不同文化、政治、社会和经济特征的维度相互交叉融合。移民在侨居国的习性已经内化为本身的性情,回到祖国后这种性情与另一种熟悉但却新颖的习性发生交叉,此时通常会产生复杂的效果组合,导致错乱感。Sussman(2011)近来对澳大利亚和加拿大两国的中国香港回迁移民进行了全面、跨文化的心理学研究,研究分析了移民文化身份的个人方面的不同类型,探索了回迁过程中的文化过渡过程。研究者认为,由于空间维度的交叉性,这种同时在两个国家生活的阈限性经历成为回迁移民的特征,因其在异国他乡不断试着适应新的习性。Chan 和 Chan (2010: 407) 有关香港回迁移民的研究显示,移民会再次迁移的原因可能是:香港仅仅是一个工作的地方,他们时常认为自己处在一个"交叠的空间内、一个没有归属感和被排除在外的灰色地带",心中的疏离感加强了他们"无家可归"的感觉。移民们混杂的身份、被边缘化的经历以及他们"无根"的情感都会对回迁者在香港的适应和调整产生不利的影响。他们还认为,由于他们在创造力和创新方面的不同会带来不利因素,使得回迁移民可能会限制自身的行为而非推动,进而对融入群体造成困难。移民们试着在跨国/地区环境中转换自己的资本,这造成了与之前国家相关的不同文化、社会和情感维度上的交叉。

通过这些香港回迁移民的相关研究,我们看到对回迁移民问题的研究兴趣不仅基于跨国/地区的机制,同样还应考虑空间维度的交叉性、身份认同的多样化社会过程(包括性别、民族、家庭和等级)以及与先前居住地间的跨国联系,这些因素结合起来,产生的复杂效果影响了移民如何在"新"的家园重新构建生活和回归后的地位。回迁移民的习性需要结合跨国环境来考虑,原因是这一过程跨越了国家的界限,不同的地方在空间上联系到一起,这种联系方式又构成了一种来源地、目的地和移民路径的分散式关系网。Kelly 和 Lusis(2006: 837)解释道:"由于在新环境中衡量经济、社会和文化资本的习惯不同,因此它们并不是简单地转移到新环境中;而是在移民过程一开始,跨国社会环境中资产的评估和交换过程即开始了。因此,习性本身就具有跨国性。"在跨国/地区空间里,空间分割的羁绊在香港回迁移民的身份和身份认同以及他们回迁后的地位两方面有何影响呢？作为一名从澳大利亚回迁至中国香港的移民，我还通过自身经历，在本文中对身份认同与跨国/地区移民过程间的关系提出了个人见解。文中，我通过研究转化文化和社会资本、用在香港获得新资源并维持与澳大利亚（我长大的地方）的联系的过程，解释了自己作为回迁移民复杂的身份协商过程。在具体讨论之前，我会对近年来香港的移民环境做出综述。

11.3 香港的外迁和回迁移民

在 1997 年 7 月 1 日，英国将香港交还中华人民共和国之前，离开香港的人口急速上涨。1984 年，《中英联合声明》在北京签订，声明宣告了香港的回归；1990 年，《基本法》通过，中国保证香港回归至少 50 年内继续实行原有制度，也就是常说的"一国两制"，但这项政策如何实施在当时尚不明确。移民的表现充分说明了人们对香港的未来的不确定。国外政府鼓励移民政策的引诱也是部分原因。例如，1990 年间，香港大量人口移民国外，主要原因就是澳大利亚政府决定调整其移民积分制度，所以从香港移民到澳大利亚的人口以及申请的人口与 1989 年相比上涨了 50% 以上（Skeldon，1990）。

移民人口主要移居到了加拿大、澳大利亚、美国和英国。后来新西兰也成了中国香港移民的一个重要目的地。这段时期，移民人口基本上由受过高等教育、中上层阶级的城市居民组成。加拿大在 1967 年首次施行积分体系，澳大利亚于 1979 年施行，新西兰于 1991 年施行，主要是为了选择高质量的移民，以使更多高技术的劳动力和资本流入本国（Ongley & Pearson，1995）。而香港移民往往受过高等教育，英语水平较高，在以上方面相对具有优势。

20 世纪 80 年代末，中国香港成为加拿大最主要的移民来源地，来自香港的移民占移民总量的 13.6%；澳大利亚在 1990—1991 年的短期内，香港移民也占了移民总数的 13.8%。至 1987 年，美国一直是香港移民的主要移居地。^① 以上三个移居地就接收了 80% 以上的香港移民（Skeldon，1995b：56-58）。1986 年 4 月到 1998 年 3 月期间，新西兰共有 101,300 位移民来自中国大陆、香港、台湾和日本，占非新西兰当地公

---

① 除 1973—1974 年外（Skeldon，1995b）。

民净增人口的 52.3%(Bedford 等,2000)。每年从香港迁出的移民人口数量显著增长,从 1980 年的 22,400 增长到 1990 年的 62,400。因此,20 世纪 80 年代至 90 年代间,香港有 5% 以上的人口移民到了其他国家和地区(Skeldon,1990:503-506)。1994 年,每 130 位香港居民中就有一人移民到了加拿大(Chan & Chan,2010)。值得一提的是,Skeldon(1990:507)指出:"在任何一种移民评估方式中,至关重要的一点就是移民的素质,而非移民数量。"香港人移民他国的现象日益频繁,引起了政府和公众的注意。

双重的公民身份被视为一种安全的形式,且在很多情况下,中国香港移民都是"举家迁移"——父母与子女全部永久地定居到移居国。但是,仍有很多人意识到国外的就业机会和商业机遇较少,因此从未真正离开他们在香港的家。因此,"太空人综合征"成为香港移民家庭的一种现象。这些家庭中,丈夫在移民国定居后离开妻子儿女,在新的移居地和香港之间往返,或者父母选择回到香港,为了让儿女完成学业,将他们独自留在他国,成了"降落伞儿童"、"1.5 代移民"(Pe-Pua 等,1996;Kee & Skeldon,1994;Waters,2005;Salaff 等,2008;Ho 等,1997)。这种家庭结构中,家庭根据变化着的社会、政治和经济情况进行了重新配置,是一种独特的跨国/地区主义形式。Ley 和 Kobayashi(2005)在一项有关从加拿大回迁香港的移民研究中发现,由于跨国公民通常在年轻时期受香港的经济机会吸引选择住在香港,而在加拿大居住主要是由于求学或退休,因此跨国公民的生命周期决定了他们生活在哪个国家。对于中国移民在这个阶段有关跨国的灵活实践和策略的探索发现了下列人群的产生,"持有多国护照的人"、拥有"灵活资本"的"多文化管理者"、精通跨文化和身份认同的人;"之前从未在两国间往返的移民"或在两国间往返的"太空人";"降落伞儿童"或"1.5 代移民"——他们通常被父母遗留在某个跨太平洋商务往来路线上的国家(Ong,1999;Pe-Pua 等,1996)。

香港回归后,香港日益稳定,人们也因中国经济持续增长而对香港的社会和政治环境持有更多的信心,因此很多海外移民开始返回中国香港。也有一些曾经移民他国的人们发现,他们在国外很难成功地转化自己的专业技能、英语语言能力和社会关系这些资本,而这些资本曾经在香港都很受重视,因此他们选择回到香港。跟之前在香港的工作相比,这些移民现在的工作职业晋升前景黯淡,财政补贴很少,于是他们对工作产生了不满,这些都是造成回迁的重要推动因素。与此同时,由于之前移民的外迁,香港的商业发展急需高技术、经验丰富的劳动力,因此海外的香港移民受优厚的薪资待遇和良好的职业发展机会吸引,纷纷回到香港。据预测,未来将继续有大量中国移民回迁(Iredale 等,2003)。Chan 和 Chan(2010:403)认为,推动香港移民回迁的最重要因素包含以下四个:经济的发展、低税率、轻微的工会主义和职业发展机会。

1997 年以前,个人离开香港去英联邦国家时政府并不要求其放弃香港居留权,所以回迁至香港时移民也就不需要重新申请签证,因此精确统计香港的回迁移民数量十分困难。现在记录下的数字也只是粗略的回迁移民数量。部分数据估算显示,1992 年以前移居海外的移民中可能有 12% 已经返回香港(Holdworth,2002)。媒体公布的 20 世纪 90 年代中期之前返回香港的移民数目在 500,000 到 700,000 之间(Sussman,2011:32)。根据澳大利亚提供的数据估计,大量中国香港移民在获得了澳籍身份后回到了香港。在 Kee 和 Skeldon(1994)关于澳大利亚的香港移民研究中,估计 1990—1991 年间在澳大利亚定居的香港移民有 30%(超过 5,000 人)在 1993 年前回到香港。从加拿大和美国回迁的移民比例相对较低,主要是由于移民在当地获得国籍需要满足的居住要求比较严格。因此,"回迁的移民"可能分别持有澳大利亚、美国、加拿大或其他国家的护照,但他们的外形、语言和举止方面却和当地中国人差别甚少。他们有香港身份证,可以随时回来或离开;因此虽然他们是带来国际经验的重要群体,但政府却无从得知回迁居民的实际数量。

回迁活动并非新的现象,几个世纪的时间里已经构成了各种特色化群体,例如海外中国移民等(Choi,1975)。即使是对澳大利亚的其他群体,如意大利和希腊移民来说,回迁移民现象也是早有预期的一件事。一些人可能认为这种说法还未上演(Baldassar,2001),其他人认为先到祖国探访可以为回迁做好准备,通常等到移民退休后就可以回迁(Gmelch,1980;King,1986)。回迁移民通常是指移民回迁至自己的祖国,是循环式移民的一种形式。为明确回迁移民的根本原因,Cerase(1974)建议将回迁移民分为四类:(1)不成功的移民后回迁(初次移民不尽如人意,可能对就业不够满意);(2)保守主义导致的回迁(在远离祖国和亲友的陌生文化中难以发展);(3)退休后的回迁(退休后在祖国生活更舒适);(4)为创新而回迁(现被称为"人才引进",主要是期望在祖国获得更好的经济机会)。现如今,国外的中国香港移民回迁已经成为所谓的人才交流现象,使之前人才向西方发达国家流失的着重点变得复杂化(Skeldon,1990;Broaded,1993)。从"人才流失"向"人才交流"的转变可以被视作一种从之前拥有高技术的精英移民流失到发达国家,到现在流入和流出平衡的状态。

为尽量减少人才流失造成的负面影响,中国大陆同样鼓励海外华侨精英们回迁。自 20 世纪 90 年代中期,政府已经采取了一系列措施,包括政策措施、在现存的就业体系中实施便于回迁移民定居中国的特别措施、帮助移民筹集资金的各项安排、提供医疗保障、为移民子女提供优质教育以及为移民配偶提供工作机会,等等(Tsay & Lin, 2003;Barabantseva, 2005)。2001 年,国家人事部部长张学忠强调,海外华人专家们在近 10 年里一直是中央和地方政府优先考虑的人员,现在正是受过海外培训的华人专家们回到祖国的最佳时机,他们可以自主创业或从事自己的学术研究(Barabantseva, 2005:17-18)。

为支持华人专家与祖国保持亲密联系,一些由政府支持的特殊政策开始实施。例如,北京市政府决定,所有在国外高校获得学士学位及以上学位的回国人员(包括配偶及所有 18 岁以下的儿女)将获得永久性的北京城市户口(Wang, 2005)。另一项激励政策中,为吸引国外华人群体中的科技类人才,中国政府将为在中国担任职务的科研人员提供长期的补助金。2005 年,国家自然科学基金委员会(中国基础研究的主要基金委员会)颁布一项新计划:每年的科研拨款达到 100 万元,期限最高 4 年。申请者须为海外华人,也就是说申请人必须是外籍华人(Hepeng, 2005)。以上措施仅仅是"祖国"政府为吸引移民回迁、将移民的国外经验资本化的部分尝试。

最近,有关海外华人回迁至中国的报告指出,越来越多的海外华人在得到教育、公民身份或在西方沿海城市居住的权利保证后选择回迁,这一趋势十分明显(Iredale 等,2002)。据 2007 年"中国就业及海归薪酬和福利研究"显示,来自西方国家的华人已经不是中国最大的移民群体,相比于 2006 年的 24.8%和 2005 年的 30.7%,2007 年他们仅占华人总数的 21.4%。此外,企业不断地开始聘用回迁的中国移民,其中就包括曾离开香港的移民(Hewitt Associates, 2007)。中国经济的开放和迅速增长为有高技术的香港回迁移民提供了新的金矿,成为回迁的重要因素。以下是近日与一位从澳大利亚回迁中国香港的华人的对话,对话讲述了他回迁香港的体验:

> 我还是小学生的时候,全家人就从中国香港搬到了澳大利亚,我是在悉尼长大的。因为我爸爸要来香港做生意,所以他经常在香港和澳大利亚之间往来。除了爸爸,我们全家人都移居到了澳大利亚。我一直想回香港工作,所以大学毕业后回来了。工作几年后,我搬回了澳大利亚,在一家国际咨询公司工作,此后又被借调到伦敦工作了几年。最近我又和妻子重新在香港定居。这是我第二次回到香港,但由于工作安排,我有一半的时间都要待在北京,和妻子两地分居。现在中国有很多机遇。我的家庭就是我的根,不是一座城市或一个国家。(受访者生于

香港,男性,34岁,已婚)

由于海外的香港移民广受欢迎,通常他们会决定搬到大陆,以充分利用经济的发展和机会,而回迁香港成为之后迁移的缘由。因此,当代的回迁移民经常在本质上是暂时性的(Luo等,2003)。据以上采访者透露,越来越多的回迁移民在两个或多个社会中生活。他们可能在辗转多个国家之后回到中国香港或者回到西方国家,也可能同时居住在两个地方,因而在不同的地区、人群和文化间建立了多种联系,认为"这儿"也是家,"那儿"也是家,将国家的界限重叠在一起(Levitt, 2002, 2003; Ley & Kobayashi, 2005; Rapport & Dawson, 1998)。Gamlen(2008)提醒我们,移民迁出国与移民们的关系将影响移民认同和管理自我的方式、移民与迁出国和迁入国联系的方式以及两国相互影响的方式。无论对迁出国还是迁入国来说,正确理解回迁移民或跨国移民所维系的联系及其身份认同感是十分必要的。

Hugo 在 2003 年曾对澳大利亚的大移居运动展开研究,研究表明,近年来移民到亚洲的澳大利亚人数上涨了 50%以上,其中在所有亚洲地区中,中国香港接收的澳大利亚大移居移民数量最多。近年来的移民人数渐多,人们开始对劳动力的组成产生担忧,这是因为很多领域出现了技能短缺的问题,且逐步恶化(ABS, 2002)。值得重视的是,高技术的人才可能会返回澳大利亚或者移民他国,进而建立一种跨国联系网,而这些联系将在其移居国被利用。

Hugo(2003:16)明确指出,这种现象可能会直接影响更多的澳大利亚人,因此吸引海外高技术的华裔澳洲人的问题不容忽视:

> 如果认为澳大利亚只是引进人才居多,年轻的澳籍高技术人才流出可以忽略不计,这种观点未免太过肤浅。反之,我们应采取一举两得的措施,既能吸引外籍高技术人才,又能留住本国的优秀人才或者吸引其回国。

另外,Hugo 的研究还提出了一项基本议题:哪些人应被算作澳大利亚人口。移民离开澳大利亚后居住在自己的迁出国(或家人的迁出国),那他们是否是澳大利亚大移居的一员?在这种情况下,由于公民不断地在全世界其他国家定居,那么如果不考虑其大移居现象,人们很难恰当评价澳大利亚(或其他移民国)的社会学。

由于回迁移民具有独特的混杂经历,因此大移居群体公民身份和归属的新形式会产生一些问题。由于移民跨越了国界,其身份的构建是通过与侨居国的联系和对祖国的依附完成的。Cohen(1997)认为,移民很少会失去对出生地的依恋,仍有很多人保留着对祖国的忠诚,向亲人朋友汇款,还会与居住国的其他本族人民交往,建立自己的社交网络。而与此同时,他们也会从侨居国吸收某些价值观、生活方式和习惯做法。这种情况下,移民通常认为自己处于多种文化重叠、互相渗透的环境中,因此大移居的移民具备的特点之一就是:与从前家园存续着矛盾的关系。最终,迁入国成了移民的"家",即使移民回迁甚至继续移民他国,迁入国仍对移民产生了很大的影响。

在这个逐渐去疆域化的世界,为了充分理解身份产生影响的方式,Glick-Schiller等(1992:1)提出,新的移民概念模型需要"将移民在同时联系到两个或多个社会的社交网络中,对他们如何采取行动、作出决策、感知忧虑和自我定位做出让步"。此外,为使国家改善对移居的管理,迁出国和迁入国都急需找到合适的方法增进本国公民与其他侨居者的联系。

11.3.1 身份认同与身份

在当代全球化趋势中,具有高技术的国际移民已成为其中重要一环。回迁移民不仅带回了国外的技术,同时还有开放的视野、对跨文化的掌控和国际归属感。正如Tsay和Lin(2003:274)所说,他们也参与了全球关系网的创建:

> 高技术移民人才的回迁不仅带回了国外获得的专业知识和经验,还建立并强化了祖国与之前侨居国的联系和关系网。此外,回迁移民在加强和密切世界经济的关系网方面起到了积极的作用。

回迁移民拓展的文化经历使得他们在社交上更加得心应手,更容易理解文化的复杂性。移民具有开放性,具备各种流动能力或跨文化优势,又曾与祖国和其他国家的文化密切联系,因此人们认为他们足以胜任参与并执行世界主义的角色。

接下来我将以我几次在工作场合参加的午餐会为例说明。我有位同事是香港当地人,她说经常看到我和从国外来的外籍同事或者领导们坐在一起。她坦言道,和一些高层领导坐在一起会很不自在,虽然自己英语很好,但谈话用英语还是很费力。在这种所谓非正式的午餐会上,座位都不是安排好的,个人选择坐下的位置能够微妙地反映出当地工作文化的准则。但由于我已经适应了等级化和专制化不那么强烈的文化,对于这种文化感到十分陌生。一次,我和一些从澳大利亚回迁的移民们共进晚餐,提起了这个话题。他们也都认为,在工作场合中,那些社交上表现得自信、沟通技巧高超、性格外向的人通常曾在西方国家居住过。他们还表示,香港回迁者对中国文化价值观习以为常又熟悉西方国家企业文化中低权力距离的社交准则(即下属的观点受到欢迎、管理氛围更轻松)、沟通和社交网络、英语水平高,这都将为他们带来一系列独有的文化资本,并在祖国转化为有价值的资源。回迁者处于局内人和外来者的交叉地带,被认为具有关系结构上的独特优势。对香港父母来说,把儿女送往国外读书的主要原因之一就是扩大他们的视野,同时积累他们的社会和文化资本(例如批判性思维、卓越的口才、表达观点的能力、体会民主和尊重平等,等等)。

然而,虽然人们在思想意识上十分重视国外的价值观,但讽刺的是,在香港这个环境中具体实施时,这些价值观却导致人们产生一种陌生感,使回迁移民在当地居民中处于边缘。据我观察并结合我的亲身经历,在社交上尤其重要的就是与各种不同的人包括上级和具有各种文化背景的人交往的能力。但与此同时,我在西方国家中内化的行为将包括我在内的外来移民与当地人分离开,因为当地人认为我的行为与众不同,不符合文化准则,甚至具有威胁性。另外,上述从澳大利亚回迁中国香港的移民还抱怨,他们"不同的"工作方式的价值似乎被降低了。"在香港我们就这么做"和"但这是在香港"通常就是他们从同事或者上司口中得到的评论,同样的话我也听到过。我经常不由自主地认为,我习惯的生活方式和香港的社会准则和价值观之间产生了脱节,将我定位成一个外来者。

回迁者居住的世界也会存在摩擦。当在侨居国的生活与祖国的现实同时存在时,回迁者难免经历脱节。在侨居国生活很长一段时间后,回迁移民重新生活到之前的状态、重新学习家乡文化时,常常感到困难。这是由于他们已经吸收了在西方国家的生活方式,对移民后家乡发生的巨大变化又十分陌生。他们意识到在社会价值观、社交关系、志向甚至他们的社会行为方面上,自己和一直生活在当地的家人和老朋友们之间已经产生分歧。正如 Schuetz(1945:375)解释的那样,"回迁的移民已不再是离开时的样子了。移民不仅跟从前的自己相比有所变化,对那些等待他们回国的人来说他们同样发生了变化"。在移民来源国的习惯中有不同的规范,而对这些规范不甚熟悉的人来说,他们只能处于边缘化和污名化的状态中,倍感茫然若失、无家可归、与世隔绝。Chan 和 Chan(2009:17)在关于香港回迁移民的研究里表明,回迁者与香港社会的脱节在工作场合下表现得最为明显。他们认为"移民的粤语说得不够地道,汉语文字掌握得也不好,对当地文化不太了解,社交上错误百出,种种窘迫"使回迁移民成了外来者,因身上的诸多差异被无情地区分出来。

回迁后出现的脱节对移民子女的影响更为深远。我在七岁时离开中国香港,人生大部分时间都居住在澳大利亚。作为一名最近从澳大利亚回迁的移民,我感觉自己以一种复杂的方式停留在两个世界之间——既是一名局内人,又是一位外来者。我的家庭状况十分典型,跟很多在1997年香港回归前后移民的家庭类似,我的家庭是一种"太空人"的家庭。父亲常在澳大利亚的家和香港的家之间来来回回,其他家人都定居在澳大利亚。虽然在国外长大,我却通过家庭、朋友和每年一次的回香港探亲与香港保持着密切联系。正因如此,在回迁香港之前,我从未料到自己会在香港有疏离感。因为我已经建立起的社交关系和对香港当地文化的了解,我想当然地认为自己很容易适应新生活。然而现实中,我生活的方方面面都出现了差异,从走路速度和生活空间到言谈举止和聊天话题,从工作文化到社会价值观,这些差异常常使我对自己的身份不再认同。

由于不能读写中文,我总感到自己处于十分难堪的情境下,尤其是我长相上是中国人而且说中文,这种情境能十分清楚地表现出我边缘化的情感。因为外表看起来是中国人,我在香港认识的人发现我不会中文时,总是大吃一惊。在香港社会中,人们既不把我当作"真正的"中国人,也不认为我是澳大利亚人。我的身份是"中国人",所以我不是澳大利亚人。人们自然而然地认为我搬回香港属于"回迁",尽管心存归属感,但回迁意味着与澳大利亚的关联已经解除。如果我坚持将自己认同为澳大利亚人,就会令我感觉自己对中国传统不忠。然而,我虽出生在香港,但在七岁时就已移民海外,大部分的时间都生活在国外,我对两个民族的情感是模糊不清的,很难具体地表述我搬到香港是"回迁"还是"来到"了香港。当地居民将移民视作是"跨国公民",认为他们对国家和社会的忠诚和承诺值得怀疑,因此移民很容易被主流社会排除在外。这种排除的一方面就包括了歧视和旧观念,也正是由于这一方面的原因,归属感被概念化成身份的构建。与此同时,由于中文读写已经成了中国人的一个内在标志,因此我作为中国人的身份认同时常被否定。

在工作场合中,尽管我的英语能力备受重视,人们对我这个中国人抱有文化期待和要求,认为我应该能顺利读写中文,但对于外国人,就没有这种期许,评价他们的方式也与杂糅的回迁者不同。下文中我的一次亲身经历能清楚地反映出,人们对回迁的香港移民建立了本质化的理想型,在此基础上出现了内在的种族偏见。我曾到香港的一所大学里求职。面试时,面试官问我是否能读写中文,我回答不会。最后我求职失败,据可靠消息,失败的原因是我作为一个中国人却不会读写中文。当然,有的人认为这并非种族偏见,因为求职成功与否和能力素质、技能水平以及中文流利程度有关。但事实上,一些类似甚至更高的职位却由那些不会说、读和写中文的白人担任,而这却成了我被拒绝的原因,这些事实都充分证明了香港回迁者面临的双重种族标准。由于我的民族出身,我较高的英语水平这一文化资本已经贬值,这是因为语言、身体和民族之间的联系已经成为一种深深内化的、本质主义的思想意识,定义了什么是"中国人"的观念。因此,如果一个人因为身体特征而被认定为中国人,那么人们对他(她)自然而然产生的期望就是会说写中文,拥有内化的中国人价值观并知晓其所在中国社会的规范。回迁者,尤其是移民的子女,他们在国外长大,中文又不够流利,如今面临着人们只针对中国人长相的人的双重预期,受到极大影响。

另一方面,我在澳大利亚长大但不算是真正的澳大利亚人,因为我的外表是中国人。我曾多次被问及"你来自哪里"这一问题,这就说明我是不可能完全融入这个社会的。就算是长期住在澳大利亚的人也会感受到一种疏远的他者性,正如一位出生在澳大利亚的移民第三代中年华人说道:

> 我24岁那年(即20世纪70年代),曾自杀未遂。既生活在白人的世界,又生活在黄种人的世界,不属于任何一方,压力太大了……只有在过去五年中,我才能去澳大利亚退伍军人联合会的俱乐部(RSL)①。因为在我那个时代,有些人喝了几杯以后就会转身,朝我大喊"啊,你这个日本鬼子!你在这搞什么呢?"给人的第一感觉就是"你在我们的世界干吗?"是的,我待在白人的领域。过去是这样,但现在不会了。(Ngan,2008b:133)

身体外貌(physicality)一直是文化适应过程中的障碍,尤其是在主流群体与移民群体间出现强烈反差时。Robert Park(1928:890)表示,"种族间的文化同化最主要的障碍就是他们不同的身体特征,而非思想差异"。对海外的香港移民而言,基于种族差异产生的边缘化体验并不仅仅发生在西方国家,在他们回到祖国后仍能感觉到。他们

---

① RSL指Returned and Services League of Australia,是澳大利亚最大的退伍军人组织,代表了上万名退伍及正在服役的军人。RSL俱乐部主要为其成员或顾客提供餐饮、酒吧和赌博的场所。

原以为自身与主流社会来源于同样的种族,但却因为语言感受到了人们的偏见,如上文所述。因此,种族的霸权话语现象不仅在西方的归属问题上有所体现,同时也在当地本族中国人群体中表现得十分透彻。Park(1928:893)认为侨居国的文化交叉"迫使他居住在两个世界中","两个他都不曾属于的世界",回迁后的生活仍然受文化交叉的影响。

正因如此,杂糅的身份为移民提供了权力分散的可能,并支持移民在社会中获得可见性。然而身份的杂糅特征和文化的交叉性并不能一直使移民在居住地获得认可。由于身份的定义与"共同价值观"相关,而回迁移民具有与主流群体不同形式的文化标准和期望,因此人们将他们排除在外是很有可能的。因而,回迁移民一直被认为"和香港有一种苦涩的关系"(Chan & Chan,2010:407)。身份认同的冲突、文化的差异和文化资本的贬值,都造成了最终的后果——回迁移民在新社会中真正有"回家"的感觉会越来越困难。尽管回迁移民已经具有从前家乡赋予的文化特征,但根植于不同社会的文化、政治、社会、心理、情绪和经济特征已经将他们标记为"陌生人"。Park(1928:892)将这种人格类型称为"边缘人",还认为:

> 当一个人在两种不同的人群中、亲身地经历着不同的文化生活和传统时,即使获得允许,他也不愿断绝与过去或传统的联系;而且由于种族偏见,当他在新的社会中寻求一席之地时,发现自己并不被接受。他在两种文化和两个社会的边缘徘徊,却永远无法融入和参与进去。

移民的边缘化处境通常都以身体上的种族(生物的)差异为基础,但对回迁移民尤其是移民子女来说,他们在种族上与祖国的社会群体类似,但却在语言和社会行为差异上面临着类似的种族偏见。用Simmel的话(Wolff译,1950:403)来说,这个陌生人"只要他在其他人眼中是陌生人,就可能会彰显出各种魅力和重要性,他不是'这片领土的主人'"——领土意指生活物质,是所在社会环境中的固定场所。面对多样的交叉,回迁者在两种或多种冲突的生活形式、两个世界的边缘拼命努力形成自己新的习性。

11.3.2 偏移的跨国联系与回迁后的地位

回迁移民融入主流社会的过程通常因跨国实践行为而变得复杂,而跨国文献常常更关注移民在侨居国维持的与出生地之间物质、文化、社会和经济的联系,很少讨论已经回迁的移民以及他们与侨居国或回迁国之间的联系。而在移民的跨国生活体验中,这些回迁者或跨国移民与从前家园间反向的连结和关系却至关重要。反向的跨国联系中一个重要方面就是对从前家园的记忆、想象和幻想之间的偏移关系。在我关于在澳大利亚出生的第三代及之后中国移民的华人特性研究中,重点强调的一点是,移民的后代家庭已经有三代以上居住在澳大利亚,大多数人从未去过中国。因此,能使他们与想象中的祖国联系起来的重要途径就是通过思乡的记忆,以及家庭内部的经历和心声(Ngan,2008a)。

对香港回迁移民尤其是移民子女来说,"家"的形象与记忆、出身、根、文化遗产、当地住所以及以往位于更广阔空间的家园紧密相联。Schuetz(1945:370)提示道,移民与家乡间关系的复杂性在于"家对那些从未离家的人来说是一回事,对那些远离家乡的人来说是另一回事,对那些回到家乡的人来说又是另一回事"。由于回迁者对身份、归属和因迁移导致的边缘化体验已经产生了矛盾的情绪,因此他们对家的感觉和归属感通常是跨越国界的,尤其是在搬入"新"家园的过渡期。Park(1928:893)写道,新来者在过渡期的特征就是旧习惯还未完全摒除,新的习性尚未养成,因此这一时期常常是"内心混乱,自我意识十分紧张的时期"。在这一变化期,上述偏移的联系成为应对的策略、庇护的屏障和思乡之情,这些都是回迁者无意识依赖的、用以承受现实的工具。

在我"回"中国香港后的两年期间,一直和澳大利亚的朋友们保持联系,进而和澳大利亚也有着联系,还会和在香港和澳大利亚的朋友们见面。我关注两地的媒体,用澳大利亚的食材烹饪。每当在香港感受到情绪上的不稳定时,我都会回忆起在悉尼的生活,望着窗外我童年的家里那个草木茂盛的后院,想起那新鲜干燥的空气和露天的咖啡厅以及驱车行驶在悉尼海港大桥时看到的金色日落,还有角落里的酒吧,以及那些安静晴朗的周末,我在海鲜市场大快朵颐那些新鲜的海产品。在悉尼一些熟悉的地方,例如我小学的操场、高中教室和我童年的家里,我总是无意识地梦到它们。就像一位老妇人,总是把年轻时的情人和求婚者浪漫化,这样她的美丽也就变得永恒起来。如果她没有经历衰老、关系破裂和生活的现实,那她的过去可能会在生动的记忆里、梦里或幻想里被找回、再现和神秘化。想象不会设限。我会想象如果自己没有"回到"香港以及如果我再次"回迁",我的生活会是什么样子。我和回迁到香港的华裔澳大利亚朋友交往时,我们总会聊起那些在悉尼的美好旧时光,这让我想起了 Mary Hopkins 的歌曲《路漫漫》(Those were the days)里的歌词：

> 过往的时光啊,朋友,(Those were the days my friend.)
> 我们总觉得它们不会结束,(We thought they'd never end.)
> 我们总是唱啊跳啊,(We'd sing and dance forever and a day.)
> 我们过着自己想要的生活,(We'd live the life we choose.)
> 我们奋斗着,永不服输,(We'd fight and never lose.)
> 因为我们年轻,一定会成功,(For we were young and sure to have our way.)
> 啦啦啦……(La la la la...)
> 过往的时光啊,那过往的时光。(Those were the days, oh, yes, those were the days.)

将过去的生活浪漫化,可以让人能应付现实生活的混乱。这种感觉就像是身在香港,但思想却在几千里之外的悉尼或伦敦徜徉。即使那些回迁的移民在香港生活了十年,研究仍表明,他们"仍旧感到不自在,仍旧想念在国外度过的那些美好旧时光,还有'那里'丰富的社交关系网和人本主义精神"(Chan & Chan, 2010: 407)。然而,住在澳大利亚时,我对中国香港的思乡回忆、梦想和想象也时常被唤起。同样地,我会与香港保持联系,渴望尝到地道的中国美食,享受生活的节奏和效率,密切联系香港的亲朋好友们,想象着如果我在香港长大,我的生活会是怎样,等等,还会对之后的迁移提出同样的问题。

这样的回忆、思乡情绪和对两个国家的情感成为一种两方面矛盾存在的根源,影响着我的归属感和身份认同感。自我的构成包含了对过去的回忆和对未来的期待,并与不断转变的现实连接。当我对香港生活中遇到的文化交叉做出反应时,我对澳大利亚家园生活的回忆和对未来迁移的期待都不断被唤起并被重新加工。通过浪漫化的过去和幻想中的未来,思乡的时刻成了回迁移民无家可归的灵魂得到庇护的时刻。

对回迁者来说,不断出现的矛盾情绪常常会唤起他们心中怀念国外生活的幻象,他们生活在两种不同文化间的边缘地带,需要在新的家园应付这种边缘化。通过怀旧,过去持续被构建和重新构建,因此他们在"新的"习性中不断调整以适应新生活时,跨国的生活体验也变得生气勃勃。对移民而言,远离"祖国"的时间越长,情绪就越不稳定,祖国在心中就变得越迷人、富有魅力了。当然,移民回迁后确实会经历"回迁冲击"。正如 Schuetz(1945：374)所写,"打算并渴望着重复过去：但属于过去的东西永远不可能在另一个现在完完整整地恢复了"。最近我重回了一次悉尼,在海鲜市场的经历跟我脑中的记忆有所不同：虾并没有那么大,海鲜的种类也没那么多,还变贵了,长凳上更拥挤了,海水也不再清澈了。自我离开的那一刻起,澳大利亚的家在我脑中的生动记忆已经被浪漫化的回忆代替了。

过渡期期间对过去的回想已经成为一种经历,很多人包括那些从未移民过的人都会有这种经历。Zwingman 解释道,这些"怀念的幻想"是"一种对个人(真实的)过去经历以及/或者客观的(抽象的、想象的和联想的)过去经历象征性的回归或是心理上的重建,能够产生最佳的满足感"(Chan, 2005：86 引用)。作为一种弗洛伊德防御机制,这种怀念式的回忆实际上是正常且有用的。它能够防止人的精神陷入更深的焦躁和沮丧之中。然而对回迁者而言,他们在自己的家乡被视作陌生人,因文化紧张而出现的情感混乱持续的时间相对是永久性的,还将他们同居住的社会环境隔离,回迁者进而产生一种反复的、被分离的感觉。这种心理状态被 Zwingman 称为"怀念的异常依赖,即对过去事件的怀念时间、频率和强度超出了正常范围,对现在和未来发展的批判与自我批判受到阻碍,经历这种障碍的人对社会环境开始表现出挑衅和反社会的行为"(Zwingman,参见 Chan, 2005：86)。

矛盾和变化着的社会环境出现交叉,以至于移民产生对家、归属和身份的复杂、模糊的观念,引发他们对所在的社会环境作出不同的反应。Stonequist(1935：11)曾分析过 Park 有关"边缘人"的概念,他认为回迁者在重新调整的过程中经历挫折时,可能会选择继续适应主流群体,最终可能会成为其中一员,文化紧张也进而消除。与此同时,回迁者遵循高夫曼意识,真正"融入"社会,向标准语言发展,同时也失去了创造性(Plüss & Chan,本书)。还有一种可能就是,怨恨转化为攻击性心理,刺激回迁者与主流群体发生斗争。除上述两种情况外,回迁者也可能退出、孤立自己或是再次搬离祖国,逃避到其他地方或者回到先前国外的家里以寻求庇护(Chan, 2011)。回迁者的反应必然是"我是谁"、"我在哪里"和"我要去哪里"这些不可避免的问题。

因此,回迁者再次移民的动力与侨居国的环境以及他们归属感的经历紧密联系在一起。在 Chan 关于香港回迁移民混杂性的主题演讲中(Chan,本书第 2 章),他对回迁移民的矛盾心理和他们之后的迁移作出思考：

> 当地人总是区别对待回迁者……因此回迁者总在当地人的圈子和外来者的

圈子之间徘徊,一方面是熟悉这个地区的人,另一方面又成了陌生人……回迁者只是把香港视作一个站点,而非永远的家园。他们早晚将会再次离开。于是一种矛盾的情绪在心中油然而生——爱与恨,属于又不属于——这种心理状态不断变化着,中止后又出现,悬而未决,越发混乱。

回迁者每天都对工作和社会参与充满了期待,而生活中的交叉从多方面决定了这种期待,因此激发出新的社会压力、家庭内部和当地群体内部的破裂,使得回迁活动变成了不确定的重新定居。此外,由于香港文化标准影响了工作、家庭生活和生活品质,阻碍回迁者永久安定下来的重要因素就是恢复到这种标准所带来的压力(Sussman,2011)。另外,回迁者面临的各种情感、文化和社会压力共同加深了他们在香港感受到的疏离感。一些回迁者可能发现,自己所处的跨国群体并未假想过甚至期望过发生同化作用和产生依恋情感。正如上文中的回迁者所说,"我的家庭就是我的根,不是一座城市或一个国家"。因此,亲属关系和家庭关系与东西方空间上的交叉、过去现在和未来时空上的相互交叉,使家不再限于某个地理上的地点,跨越了国界。回迁者生活在一个矛盾的空间里,其同时作为局内人和外来者的立场加剧了界限的模糊性,导致民族性和重新定居活动变得复杂且不稳定。如果回迁者转变想法,回迁就有可能成为转折点。

11.4 结论

人们通常认为,香港的回迁移民具有跨文化的经历和经济地位,因此他们在接受和表现世界主义上足以胜任,但是对两个民族的情感和归属感常常使他们处于阈限的状态之中。内部人和外来者的双重身份又使他们处于十分具有挑战性的位置上,因为人们不仅期望他们具有内化的中国文化价值观和社会标准,与此同时还要能在当地有效运用国外的技能。一旦他们不具有当地人掌握的技能,他们外来的文化资本就遭到贬值,因为他们中国人的身份已经被其他人提炼成了几点特征,其中包括汉语的掌握程度。尽管在国外生活的时间很长,外国技能较高,被认定为回迁者后,人们普遍假定他们完全接受了中国人的身份,并全身心投入到奉献祖国中。当回迁者打算运用国外获取的资本以构建自己新的习性时,文化和日常生活现实的交叉令他们成了"陌生人"。回迁者,尤其是他们生长于西方环境中的子女所面对的跨国生活中的多种交叉,成了差异性和不一致性的标志,导致了他们被主流社会边缘化。困惑、不合群、疏离感和幻想破灭使他们独自生活在两个世界的交叉处,不知自己到底属于哪里。

与众不同、被排斥和被边缘化的经历常常会导致混乱的感觉。因此,在这种环境中试图重建新的习性时,回迁者会在社交和情感上依赖于偏移的跨国联系,包括对从前国外家园的怀旧、梦想、幻想和对从前国外家园的经历、活动及事件产生的错觉等。这些矛盾的状况挥之不去,可能加剧了他们被孤立和对回迁后社会地位的感觉,更坚定了在未来迁移的打算。Simmel(Wolff 译,1950)认为,回迁者在自己故乡所处的地位是陌生人,待在故乡却无法安定下来:是潜在的漂泊者。

回迁移民可能会回到侨居国或迁居到另一个国家,创建新的关系网。尽管"回迁"很重要,但有关迁移对回迁国的影响的研究仍寥寥无几。移民从一个地点迁移到另一个地点时,他们将在不同层面与原来的居住国保持联系。对中国移民而言,他们的侨居国将会从中国回迁者的关系网以及本国公民结合中国大移居活动两方面受益。

回迁活动是一个复杂且艰难的过程。回迁者在不同习性间转换时,他们将在跨国关系中有不同的立场,在祖国与侨居国间转换,这也会对他们身份认同和归属感的确立产生复杂影响。空间维度、身份认同多样化的社会进程以及回迁者的地位建立三者间相互交叉,探索这种交叉的相关研究将进一步发现移民对自身生活的世界的理解。这样,我们才可能找到回迁者被孤立的情况以及对移民群体不恰当的成见,否则,它们将有可能导致回迁者和当地公民之间的社会冲突。了解回迁者与众不同的多种复杂经历将为调解移民迁移活动提供更多合适的典例,并对探讨回迁者归属感和对回迁国及祖国的态度方面奠定基础。对香港来说,这将为探讨回迁者对香港社会和全球社会的身份认同感提供平台,并为探讨文化多样化政策的发展提供基础,而上述文化多样化政策将对不同文化团体间的社会凝聚力的保持产生重要影响。

参考文献

Australian Bureau of Statistics. (2002). Population growth: Leaving Australia. *Australian Social Trends* 2001. Canberra: Australian Bureau of Statistics.

Baldassar, L. (2001). *Visits home: Migration experiences between Italy and Australia*. Melbourne: Melbourne University Press.

Barabantseva, E. (2005). Trans-nationalising Chineseness: Overseas Chinese policies of the PRC's Central Government. *Asien*, 96, 7–28.

Basch, L., Glick-Schiller, N., & Szanton-Blanc, C. (1994). *Nations unbound: Transnational *projects, postcolonial predicaments, and deterritorialized nation-states*. Luxembourg: Gordon and Breach Publishers.

Bedford, R., Ho, E., & Lidgard, J. (2000). *International migration in New Zealand: Context, components and policy issues. Population center studies discussion*. Paper No 37. The University of Waikato.

Bourdieu, P. (1984). *Distinction: a social critique of the judgement of taste*. Cambridge: Harvard University Press.

Broaded, C. M. (1993). China's response to the brain drain. *Comparative Education Review, 37*(3), 277-303.

Cerase, F. (1974). Migration and social change: Expectations and reality: A study of return migration from the United States to Italy. *International Migration Review, 8*(2), 245-262.

Chan, K. B. (2005). Adaptation of refugees. In K-b Chan (Ed.), *Migration, ethnic relations and Chinese business* (pp. 85-97). Oxon/New York: Routledge.

Chan, K. B. (2011). *Hybridity: Promises and limits*. Toronto: de Sitter Publications.

Chan, K. B., & Chan, W. W. (2009). *Innovators or strangers at home? Return migrants in Hong Kong*. Hong Kong: Central Policy Unit, The Government of Hong Kong Special Administrative Region.

Chan, K. B., & Chan, W. W. (2010). The return of the native. *World Futures, 66*(6), 398-434.

Choi, C. Y. (1975). *Chinese migration and settlement in Australia*. Sydney: Sydney University Press.

Clifford, J. (1994). Diasporas. *Cultural Anthropology, 9*(3), 302-338.

Cohen, R. (1997). *Global diasporas: An introduction*. Seattle: University of Washington Press.

Crissman, L. (1991). Chinese immigrant families in Australia: A variety of experiences. *Journal of Comparative Family Studies, 22*(1), 25-37.

Dunn, K. M., & Ip, D. (2008). Putting transnationalism in context: Comparing Hong Kong Chinese-Australians in Sydney and Brisbane. *Australian Geographer, 39*(1), 81-98.

Faist, T. (1997). The crucial meso-level. In T. Hammar, C. Brochmann, K. Tamas, & T. Faist (Eds.), *International migration, immobility and development: Multidisciplinary perspectives* (pp. 187-218). Oxford: Berg.

Fouron, G. E., & Glick-Schiller, N. (2002). The generation of identity: Redefining the second generation within a transnational social field. In P. Levitt & M. C. Waters (Eds.), *The changing face of home: The transnational lives of the second generation* (pp. 168-210). New York: Russell Sage Publication.

Gamlen, A. (2008). *Why engage diaspora?* ESRC Center On Migration, Policy And Society Working Paper No. 63. The University of Oxford.

Glick-Schiller, N., Basch, L., & Szanton-Blanc, C. (1992). *Towards a transnational perspective on migration: Race, class, ethnicity, and nationalism reconsidered*. New York: New York Academy of Sciences.

Gmelch, G. (1980). Return migration. *Annual Review of Anthropology*, 9, 135–159.

Hepeng, J. (2005). China offers research grant to overseas Chinese. *Science and Development Network*, April 21, 2005. http://www.scidev.net/en/news/china-offers-research-grants-to-overseas-chinese.html. Accessed December 03, 2009.

Hewitt Associates. (2007). *China expatriate salary increase rate is on the rise in 2007*. Hewitt Associates Newsroom, December 5, http://www.hewittassociates.com/Intl/AP/enN/AboutHewitt/Newsroom/PressReleaseDetail.aspx?cid=4626. Accessed July 20, 2009.

Ho, E. S., Bedford, R. D., & Goodwin, J. E. (1997). 'Astronaut' families: A contemporary migration phenomenon. In W. Friesen et al. (Ed.), *East Asian New Zealanders: Research on new migrants*, New Zealand migration research network, Paper No. 3 (pp. 20–41). Albany: Aotearoa/Massey University.

Holdworth, M. (2002). *Foreign devils: Expatriares in Hong Kong*. Oxford: Oxford University Press.

Hugo, G. (2003). *Australia's diaspora: Its size, nature and policy implications*. Melbourne: Committee for Economic Development of Australia.

Ip, M. (2002). Chinese female migration: From exclusion to transnationalism. In L. A. Fraser & K. Pickles (Eds.), *Shifting centres: Women and migration in New Zealand history* (pp. 149–166). Otago: Otago University Press.

Iredale, R., Guo, F., & Rozario, S. (Eds.). (2002). *Returned skillecl and business migration and social transformation*. Report to the Ford Foundation, APMRN, University of Wollongong.

Iredale, R., Guo, F., & Rozario, S. (Eds.). (2003). *Return migration in the Asia Pacific*. Cheltenham/Northampton: Edward Elgar.

Kee, P., & Skeldon, R. (1994). The migration and settlement of Hong Kong Chinese in Australia. In R. Skeldon (Ed.), *Reluctant exiles? Migration from Hong Kong and the New Overseas Chinese* (pp. 183–196). Hong Kong: Hong Kong University Press.

Kelly, P., & Lusis, T. (2006). Migration and the transnational habitus: Evidence from Canada and the Philippines. *Environment and Planning A*, 38(5), 831–847.

King, R. (1986). *Return migration and regional economic problems*. London: Croom Helm.

Kwong, P. C. K. (1990). Emigration and manpower shortage. In R. Y. C. Wong & J. Y. S. Cheng (Eds.), *The other Hong Kong report 1990* (pp. 297–338). Hong Kong: Chinese University Press.

Levitt, P. (2002). The ties that change: Relations to the ancestral home over the life cycle. In P. Levitt & M. C. Waters (Eds.), *The changing face of home: The transnational lives of the second generation* (pp. 123–144). New York: Russell Sage Publication.

Levitt, P. (2003). Transnational migration: Taking stock and future directions. *Global Networks: A Journal of Transnational Affairs*, 1(3), 195–216.

Ley, D., & Kobayashi, A. (2005). Back to Hong Kong: Return migration or transnational sojourn? *Global Networks: A Journal of Transnational Affairs*, 5(2), 111–127.

Luo, K., Guo, F., & Huang, P. (2003). China: Government policies and emerging trends of reversal of the brain drain. In R. Iredale, F. Guo, & S. Rozario (Eds.), *Return migration in the Asia Pacific* (pp. 88 - 111). Cheltenham/Northampton: Edward Elgar.

Ma, L. J. C. (2003). Space, place and transnationalism in the Chinese diaspora. In L. J. C. Ma & C. Cartier (Eds.), *Chinese diaspora: Space, place, mobility and identity* (pp. 1 - 50). Lanham: Rowman and Littlefield Publishers.

Mak, A. S. (1993). *Pre-departure concerns of prospective migrants from Hong Kong to Australia*. Occasional Paper No. 20, Hong Kong Institute of Asia-Pacific Studies, The Chinese University of Hong Kong.

Meerwald, A. M. L. (2001). Chineseness at the crossroads. *European Journal of Cultural Studies*, 4(4), 387 - 404.

Ngan, L. (2008a). Generational identities through time: Memories and homelands of the ABCs. In A. Davidson & K. E. Kuah-Pearce (Eds.), *At home in the Chinese diaspora: Memories, identity and belonging* (pp. 74 - 93). Houndmills/Basingstoke/Hampshire: Palgrave Macmillan.

Ngan, L. (2008b). Living in-between: Hybrid identities among long-established Australian-born Chinese in Sydney. *Chinese Southern Diaspora Studies Journal*, 2(1), 127 - 135.

Ong, A. (1999). *Flexible citizenship: The cultural logics of transnationality*. Durham/London: Duke University Press.

Ongley, P., & Pearson, D. (1995). International migration: New Zealand, Australia and Canada compared. *International Migration Review*, 29(3), 765 - 793.

Park, R. E. (1928). Human migration and the marginal man. *The American Journal of Sociology*, 33(6), 881 - 893.

Pe-Pua, R., Mitchell, C., Castles, S., & Iredale, R. (1996). *Astronaut families and parachute children: The cycle of migration between Hong Kong and Australia*. Canberra: Australian Government Publishing Service.

Portes, A., Guarnizo, L. E., & Landolt, P. (1999). The study of transnationalism: Pitfalls and promise of an emergent research field. *Ethnic and Racial Studies*, 22(2), 217 - 237.

Rapport, N., & Dawson, A. (Eds.). (1998). *Migrants of identity: Perceptions of home in a world of movement*. Oxford: Berg.

Ryan, J. (2002). Chinese women as transnational migrants: Gender and class in global migration narratives. *International Migration*, 40(2), 93 - 116.

Salaff, J. W., Shik, A., & Greve, A. (2008). Like sons and daughters of Hong Kong: The return of the young generation. *The China Review*, 8(1), 31 - 57.

Salaff, J. W., Wong, S. L., & Greve, A. (2010). *Hong Kong movers and stayers: Narratives of family migration*. Urbana/Chicago: University of Illinois Press.

Schuetz, A. (1945). The homecomer. *The American Journal of Sociology*, 50(5), 369 - 376.

Simmel, G. (1950). The stranger. In K. Wolff (Ed.), *The Sociology of George Simmel* (Trans.) (pp. 402 - 408). New York: Free Press.

Sinatti, G. (2010). 'Mobile transmigrants' or 'unsettled returnees'? Myth of return and permanent resettlement among Senegalese migrants. *Population, Space and Place, special* issue 'Onward and Ongoing Migration'. doi: 10.1002/psp.608.

Skeldon, R. (1990). Emigration and the future of Hong Kong. *Pacific Affairs*, 63(4), 503–507.

Skeldon, R. (Ed.). (1994). *Reluctant exiles? Migration from Hong Kong and the New Overseas Chinese*. Armonk: M. E. Sharpe.

Skeldon, R. (1995a). Australia, Hong Kong and 1997: The population connection. *People and Place*, 3(2), 9–15.

Skeldon, R. (1995b). *Emigration from Hong Kong: Tendencies and impacts*. Hong Kong: Chinese University Press.

Stonequist, E. V. (1935). The problem of the marginal man. *The American Journal of Sociology*, 41(1), 1–12.

Sussman, N. M. (2011). *Return migration and identity: A global phenomenon, a Hong Kong case*. Hong Kong: Hong Kong University Press.

Tsay, C. L., & Lin, J. P. (2003). Return migration and reversal of brain drain to Taiwan: An analysis of the 1990 census data. In R. R. Iredale, C. Hawksley, & S. Castles (Eds.), *Migration in the Asia Pacific: Population, settlement, and citizenship issues* (pp. 273–292). Cheltenham: Edward Elgar.

Vertovec, S. (1999). Conceiving and researching transnationalism. *Ethnic and Racial Studies*, 22(2), 447–462.

Wang, F. L. (2005). *Organising through division and exclusion: China's Hukou system*. Stanford: Stanford University Press.

Waters, J. L. (2005). Transnational family strategies and education in the contemporary Chinese diaspora. *Global Networks: A Journal of Transnational Affairs*, 5(4), 359–377.

Westwood, S., & Phizacklea, A. (Eds.). (2000). *Transnationalism and the politics of belonging*. London: Routledge.

Wong, S. L. (1992). Emigration and stability in Hong Kong. *Asian Survey*, 32(10), 918–933.

Wong, S. L., & Salaff, J. W. (1998). Network capital: Emigration from Hong Kong. *The British Journal of Sociology*, 49(3), 358–374.

（钟文秀，胡婧译）

第 12 章
结论
活在文化、社会、情感、政治和经济的交汇点：解域文化

Caroline Plüss[①]

[①] 感谢 Chan Kwok-bun 对本章早期版本的评价以及帮助审稿。

在最后一章，我想通过我们的发现来帮助读者理解移民在一定处境下的政治归属的意义，进而评估本书供稿者阐明的信息。我还想将这种政治和一个更大的问题联系起来——在全球化程度不断加深的情况下，文化（人们感知和行动的共有的方式）会发生怎样的改变。我们的分析对移民、社会群体、社会、文化在这种情况下会发生什么改变提出了新的见解。本书的一个核心观点是，全球化背景下进行文化接触时，除了三种著名的场景——不同文化间的断裂及分离（Appadurai，1990）、文化混杂的形成（Chan，2002，2005；Nederveen Pieterse，2004）、文化冲突（Huntington，1996）——之外，由于移民日益加深对任何一种文化的不认同，指导跨国移民行为的文化可能变得越来越不易识别（参见 Plüss 第 6 章，Kelly，Chapman，Chan 第 2 章，Kang，Liu-Farrer，Lim 和 Ngan）。

　　正如本书引言部分所述，我们采用新的方法，即交叉性分析法获得了这些结果。许多章节用不同的方式，把经典的方法论（Collins，2009；Anthias，2001a；Yuval-Davis，2006；Dill & Zambarana，2009）和以下观点相结合，即在跨国空间里，身份认同是移民试图转换不同形式资本的结果的核心指标。宏观和微观社会层面相互影响，不同层面又有包容和排斥的多重话语交叉，这些因素共同造成了问题的复杂性。为了处理这个复杂问题，供稿作者把移民的跨国处境（移民在曾居住的各地与当地人和体制的关系）作为其认同的核心指标。这给学者分析多种特点的特定交叉提供了可靠合理的参考依据，也帮助解释了移民在跨国空间里试图获取期望的新资源的经历。移民跨国处境表达并反映了他们在替代和他者化（次等化）的重叠过程中所处的等级位置（Bhabha，1997：2；Anthias，2001a，b），这些等级组成了框架——他们在这些框架下，通过跨越国界试图获得期望的新资源。也就是说，我们把移民跨国处境作为评估移民在跨国空间里获得期望资源能力结果的总和。

　　Chan 把移民的类型 1（工具性的）需求和类型 2（情感性的）需求作了区分并清楚地得出这样的事实：移民认同总是跨国的，因此造成了他们的跨国处境（第 2 章）。他们能感受到这种二分法，因为他们曾生活在许多不同的社会，他们能通过比较在其他社会的经历，对在某个社会的经历进行评估。在现实中，为了解释一个人的经历，决定需要考虑到多少因素是非常困难的，研究交叉性的学者提醒研究者进行这些分析时，对使用不同的理论保持开放的态度(Davis,2008;Ellenmeier,2009)。① 移民跨国的背景增加了作交叉性分析的复杂性,因为这些背景潜在地增加了可以定义必需文化资本或合法能力的代理人(网络和机构)的数量,而移民需要这些资本和能力来获取期望资源。因此,为了研究选出的、共同构成移民经历的文化、社会、经济、政治特征的交叉,本书倡导的方法是聚焦于移民如何认识他们试图构建的新文化资本或合法能力的结果。这些结果改变了移民在跨国空间里的身份和身份认同,即他们的跨国处境。以下事实展现出了我们使用新方法的信度和效度:它使我们能够进一步揭示在全球化条件下,移民认同、文化、群体以及社会发生怎样的变化(Robertson,1997;Berger,2002;Nederveen Pieterse,2004)。这有以下两个原因:

第一,把交叉性分析法和在跨国背景下尝试资本转换(Bourdieu,1986)的观点相结合,让我们明确移民群体经历远比想象中的复杂多样,这种分析非常敏感,因为移民经历由局部的多种文化、社会、经济、政治特征的交叉而产生(改变),这些交叉可以为移民实现计划创造出不平等和机会。当他们试图在跨国空间里获得期望资源时,移民将拥有不同数量的资本,使用不同的策略。把移民跨国处境作为他们经历的核心指标能够说明,不仅移民策略是"动态、变化且多样的"(Yuval-Davis,2006:195),而且创造出包容和排斥移民的话语也是如此。我们的分析框架当然也注意到了移民的代理机构,但也不会忽略这样的事实:家庭、性别、社交网络、群体、社会、宗教、教育、文化、民族国家限制并定义了移民可以建构新形式的文化资本到什么程度。移民会受到这些因素的阻碍而不能自由地建构文化资本。

第二,文化资本(合法能力)和多种在跨国背景下尝试进行的资本转换,可以帮助解释为什么移民的文化缺乏重大文化意义:移民意识到文化是任意的构造,它和资源获取的调节有强烈联系,而不是"真实的"构造或涂尔干式的社会事实。正如我会在本章后面阐述的,因为移民逐渐认可处在多种文化中的自己,所以这个方法论可以解释为什么对于跨国移民来说,文化确实性的问题却变成文化模糊性的问题(Moreman,2009:349)。

移民变化的跨国处境是由于在拥有变化特征的背景下,他们构建新文化资本时做出的不断变化的尝试所造成的,帕西人(起源自波斯)身份认同的历史变化就解释了这个观点。帕西人自 19 世纪中期就开始从印度搬到中国香港。他们首先强调帕西人的

---

① 来自和 Floya Anthias 的私人交流。

特征,然后提高他们的英国化水平,然后再增加对印度文化特征的认同。而且,根据帕西人的社会地位、性别和财富的不同,这三种类型的认同有时相互交叉。帕西人对自己文化的定义重点不断变化(这在他们的身份认同中表达和反映出来),这和以下两个原因密切相关:一是他们希望获得的不同种类的资源,二是他们基于种族和文化的特征,把不同资源转换成新形式的文化资本以增加其他帕西商人、香港的英国殖民政府,以及后来的(尽管在较小程度上)孟买帕西人群体对他们的包容,减少对他们的排斥(Plüss,2005)。19世纪中期搬到香港后,富有的帕西商人通过穿独特服饰或取非英语化的名字来强调他们作为帕西人的特征,展示和其他帕西商人共有的文化特征,以便于在印度和中国间的帕西贸易网络中显示出圈内人的地位。这样做是为了获取帕西贸易群体成员拥有的信息、劳动力、金融、运输网络以及结交中国广州的商人。他们强调帕西人之间的共同点是文化资本,以区分帕西人和其他种族对这些资源的获取(如巴格达犹太人和英国人),从而使他们在印度和中国间的鸦片贸易中更加成功。然而,在20世纪早期,当鸦片贸易在香港变得不合法时,许多帕西人加强了他们身上的英国性,如把名字英语化,穿西装,学习英国礼仪。这样做是为了增加英国殖民政府对他们的接受程度,并从中获取好处,如获得贩酒的许可。在20世纪下半叶,香港帕西人的小群体中,许多成员在殖民经济和社会中有了稳定的经济和社会地位,他们中许多人通过强调自己首先是印度人,试图加强他们和在印度的帕西人之间的联系。孟买有更大的帕西人群体,这样做是为了在孟买找到伴侣,以便于香港帕西人可以维护他们反对异族通婚的严格规定(Plüss,2005)。

  Bathia和Ram(2009:142-147)关于美国锡克教移民的研究是另一个例子,进一步说明了在跨国空间里尝试构建新的文化资本会改变移民的身份认同和处境。期望资源的获取促进了锡克教人对白种人的身份认同,然后再变回对棕色人种的认同,因为在9·11纽约世贸中心袭击事件之后,锡克教人经历了白人的歧视和排斥,他们想要确认共同的特征,以获取相似族裔的支持。在第6章我表明,接受过双语教育(英语和"母语",后者是普通话、马来语或泰米尔语)、中产阶级的相对富裕以及高技术的新加坡华裔重复移民女性都是文化资本和经济资本,移民可以用这些资本在海外达到教育、职业和社会目标。她们成功地将资本进行转换(参见Kang,Liu-Farrer,Kelly,Ngan & Jirrattikorn关于在跨国环境下资本转换的讨论),并解释了女性对许多西方社会的地方有积极的跨国认同。

12.1 跨国/地区身份认同和全球化

采用资本转换理论(Bourdieu, 1986)来理解五花八门的因素的互相影响,这些因素包括:移民迁入政策、民族主义、种族、社交网络、(变化的)移民目标、技能、社会阶层、家庭、多元文化政策、移民政策、性别、年龄以及实现目标的不同(且变化的)策略等,这些因素都可以根据是否能促进移民构建渴望的文化、社会和经济资本来进行分组。资本转换的概念能够帮助解释移民重复尝试构建新资本需要跨国性这一事实,即利用他们在一个或几个地方已有的资本在其他地方构建新资本的移民策略。正如Kelly和Lusis(2006)观察到,跨国移民形成"跨国习性",即一种以移民在不同地方的经历的同时性为特征,理解环境并在此基础上采取行动的方式。把移民跨国处境作为他们在跨国空间里尝试转换资本的反思和表达,这让我们注意到,解释移民机会和限制移民经历的多种特征就像机会和限制的重叠区域,相互交叉(参见 Lim, Chan, Jirattikorn, Kelly, Plüss, Ngan, & Liu-Farrer 的章节)。

这本书中研究的多种交叉分成四个分析部分:

"解读流动与不公"研究离开祖国、居住他乡、重新回到祖国三者之间的关系。Chan 在他"回迁移民的混杂性:优势及劣势"的章节中用社会学和精神分析法来分析政治、经济、社会、文化和情感等已经扎根于中国香港、加拿大以及其他地区的这些因素的交叉来研究中国跨国移民的生活,主要是从加拿大回迁的中国香港人。他们试图获取香港的经济资源和社会资源,但是被香港主流的广东文化所排斥,作者研究重点在于归国者经历的分裂和分离。Chan 解释说,在香港可以使他们的工具性需求得到满足(获得经济资源),在加拿大可以使表达性需求得到满足(获取社会和情感资源),回迁者需要作出艰难抉择。他详细阐述了这种两分法产生的影响,即对于回迁者来说,如何构建家庭以及决定未来定居何处十分困难。Kelly 的章节"菲律宾村落中的阶级、迁居和身份",讨论了跨国迁移和国内迁移对于重新定义村落里社会阶级的交叉性影响。他表示说,村民试图构建的文化、社会、经济、政治资本位于跨国/地区空间的多样特征的十字路口。移民选择在海外做有损尊严的工作,以尝试在村里把经济资本转换成文化和社会资本,而 Kelly 强调了这种转化通过改变乡村社会阶级的意义以及社会不平等的再发生,改变移民身份认同的方式和原因。

"民族国家、社交网络和情感空间"解释了民族国家、移民情感和他们的社交网络带来的领域之间的交叉。在题目为"香港回迁移民的社会压力以及适应性行为"章节中，Chan 和 Chan 以 5 个主要行为模式的分类为特色，即由于移民跨国/地区的经历以及香港社会的局限之间的分裂形成的认同模式。Lim 的章节题目是"国家对于跨国移民身份形成的作用：一次'独一无二的新加坡'经历？"，在这个章节中，作者讨论了两个不同的政治空间和情感（社交）空间的相互关系。她详细阐述了新加坡如何以及为何对住在澳大利亚珀斯的新加坡人形成的政治和情感忠诚有很大影响。她解释说，民族国家的边界以及移民情感空间不会恰好重叠，因为对于很多移民来说，他们的本体性安全感，即一种舒适如家的感受，既不在新加坡，也不在澳大利亚。

"跨国定位和文化资本"分析了移民为了构建新文化资本所作出的尝试与文化、社会、情感、经济和政治因素之间的关系。这些因素阻碍或促进了这些尝试。Plüss 的章节"重复移民的新加坡华人女性：跨国处境和社会不平等"，分析了这些高技术女性在多个社会里重新构建她们生活的回顾性叙述。她把这些叙述当作是这些女性流动的解释，当作是女性在不同地方协商文化、种族、性别和民族标签以及等级制度作出尝试的表述和反思，都具有多种身份认同。Plüss 表示，女性拥有的文化和经济资本可以帮助她们在不同的西方社会获取期望资源。然而，她的发现也表明，女性常常用没有必要的社会资本来协商必需的文化资本的满足，或协商合法能力的定义。她总结，女性在重复迁移过程中积累相对较高的文化和经济资本给她们提供了对抗不平等的机会，即搬迁到新的地方。在 Kang 的章节"跨国母职在全球化儿童培养中的作用：以在新加坡的韩国教育移民为例"中，韩国家庭期望孩子获得世界性或者多元文化的特征，该章节探究了这种期望的影响。Kang 解释说，母亲陪伴孩子到新加坡留学导致了母亲和孩子不同的身份认同。这些表现对孩子获得期望的世界性文化资本产生影响。韩国母亲传统的角色矛盾地培养了孩子较高层次的情感独立，帮助孩子获取文化（和情感）资本，在多元文化环境下使孩子更加自信，让孩子能够和来自不同文化、社会和经济特征的人交流互动。Liu-Farrer 的章节"成为新华侨：中国移民在日本的跨国实践与身份构建"，详细阐述了从中国来的移民常常通过把其"异域性"转变成资产来应对在日本经历的不同形式的贬值。转变后的资产就是通过成为"新华侨"实现的包含跨国特征（和中国的联系，和当地人交往时的文化能力）的文化资本。她强调，移民在日本经历的不平等的资源获取只有一个结果：他们不会申请日本国籍。

"寻求跨国/地区身份认同"这一部分给交叉性如何和空间产生联系这一问题提供了答案。Chapman 的章节题目是"边缘化的认同：挑战小笠原群岛上的公民身份、国籍和身份",重现了一群日本小笠原群岛岛民国籍重复改变的历史。他解释说,这些改变最终导致许多岛民认同岛屿的地理空间,因为地理空间比该岛不断变化的政治、文化和社会特征更加稳定。岛民对家和根的概念转移到了地理、地点以及岛的外部特征上,因此他的研究是一个能够证明文化和民族国家分离的例子。Jirattikorn 的章节"乡愁的中间人:泰国清迈掸族移民的公共领域",详细阐述了掸族人在这个城市的公共空间即电台节目、寺庙活动和节庆活动中,如何把来源于缅甸和泰国的不同政治、社会和经济特色特征相结合。她认为,这些公共领域同时有许多功能,这些功能源于泰国民族主义、掸族身份、商业主义、现代性、思乡、清迈的掸族人不同身份认同的交叉。她总结,这些公共领域是掸族人想象的群体,是跨国的,而不是在某一个单一的地理位置。Ngan 在她的章节"身份与偏移的跨国/地区联系:香港的回迁移民"中证明,关于回迁移民的文献资料未能够考虑到回迁者拥有且维系着与曾居住地的众多社会、文化和经济联系;这些联系对理解回迁移民在跨国/地区空间里如何定位自己非常重要。这个定位对理解他们如何与回迁地产生联系,下一步搬到何地非常重要:这些移民用他们的跨国/地区社交网络和世界性文化资本来制定未来移民计划。

12.2 交叉分析法产生新结果

理解移民跨国处境为什么以及如何同时表达和反映扎根于不同地方的文化、社会、政治和经济特征的交叉,对设计移民政策非常重要,因为这种理解可以帮助移民以一种自己和当地人都可以接受的方式来实现他们的计划。正如 Castles(2004)指出的,移民政策通常是失败的,因为政策制定者往往没有考虑到移民的特征来自他们整个的移民轨迹。考虑移民整体的跨国经历对理解移民经历、特征和目标十分关键。正如书中几个章节表明,全面地看待这些经历并不总会得出这样的事实——移民特征只能加重其经受的不平等现象(Yuval-Davis,2006:204)。全面理解移民跨国经历可以解释移民特征如何能或不能够促进强化社会不平等中的多方向性。比如,在 Lan(2006)关于台湾菲佣的分析里,这种多方向性十分明显。他们因为性别、种族、族裔和社会地位而经历歧视,但他们也强调提高其英语技能,以获得雇主更多的尊重以及更多的经济报酬,这在他们能够提高雇主孩子的英语水平时体现得尤为明显。其他人把不同语境的、情境的意义归结于女性的种族和族裔,而我的章节表明,新加坡华裔女性的种族和族裔既阻碍也促进了她们获取期望资源。

分析交叉的多方向性能够解释为什么有相同的种族、性别、技能、族裔、年龄、国籍、移民目标和社会阶级的移民，即使他们定居在有相似特征的地方，也会发展出相当不同的文化身份。产生如此的结果和 Appadurai 的主张一致：为了理解日益加深的全球化，我们必须改变文化研究的分析框架，新的框架必须去除本质主义的文化理念（引自 Brightman，1995：509-510）。我们的研究结论让我们能够详细阐释移民身份认同多样性的影响。

我们的作者和许多学者（Calhoun，2008：430；Chan，2002，2005，2010，2011a，b；Chan & Chan，2010，2011）表明，跨国背景潜在地给移民定位他们的计划和身份认同提供了更大的可能性。正如观察结果所表现和反映的，移民发展出世界性、多元文化或多身份是因为他们不断转变的同盟、不断变化的不同形式的排斥、模棱两可的移民经历。需要进一步进行研究的是移民如何在其身份认同中保留不同文化的元素（Sakamoto，2006；Chan，即将发表）。正如我们的文章表明的（特别是 Plüss 第 6 章，Ngan，Kang，Jirattikorn，Champan，Chan 第 2 章，Chan & Chan 和 Lim），移民没有从母国获取基本且连贯的文化特征来作为稳定的框架去关联不同文化的元素。我们发现，当移民尝试跨越国界获取新的资源时，移民自身所具有的文化不是完整、精炼的系统，是被地域束缚的实体，是没有多样性和变化的（Nederveen Pieterse，2004）。如果移民文化中的一些元素发生变化（即因为他们尝试建构新文化资本），这并不意味着移民全部文化中的所有其他相关元素也必须改变。Plüss（2006）已表明，例如中国广东的穆斯林，父系祖先在印度，在中国香港长大，采纳第二文化的元素不会让这些穆斯林放弃伊斯兰教，虽然伊斯兰教在广东几乎没有获得主流文化的支持。相反，说粤语、熟悉香港广东式生活，是这些穆斯林增强他们宗教身份的一种手段。因为他们新的语言技能是文化资本，让他们能够和来自中国内地的穆斯林友好相处，让越来越多的穆斯林能讲粤语，使他们足以在香港形成自己的团体中心。

本书中的许多章节（包括 Chapman，Lim，Chan 第 2 章，Chan & Chan，Plüss 第 6 章，Kelly，Ngan，Jirattikorn 和 Karg）详细阐述移民认同也可以朝着文化不认同（Espiritu，1996）的方向改变。Chapman 的章节清楚证明，由于不同文化、社会、经济和政治的日益相互关联造成了文化不认同。他解释道，小笠原群岛岛民几乎不愿与多种文化关联，因为岛屿主权多次变更（从英国到日本，到美国，再到日本），在这些政治变化过程中，岛民体验到了不同程度的排斥，这让他们中的一些人减少了对上述任何一个社会的认同——他们开始认同更加稳定不变的事物，比如岛屿的物理空间。Lim 也说明了文化不认同的现象，她表明，搬到澳大利亚的新加坡人发现，他们无论是在澳大利亚还是在新加坡，都感受不到家一样舒适的感觉。Jirattikorn 重点研究了掸族身份认同的多样性，这也证明了掸族人的局部文化不认同：掸族人不仅对泰国和缅甸的认同不断变化，而且他们的文化（她提出，这有某种程度上的想象）也脱离了民族国家和特定地理位置的局限。Plüss 的第 6 章主要研究了高技术水平新加坡华裔重复移民女性。这些女性能在新加坡以及在西方社会获得相对较多的资源，让许多女性认为，文化和她们的事业越来越不相关（尽管并不都是如此）。她们中的一位代表甚至说，对于她来说，哪里是家的问题在很久之前就已经不是问题了。

在日益全球化的背景下，Moreman（2009：363）称文化不认同为"无家可归的混杂性"，指的是来自某一地域文化的人无论选择在哪里定居，都能用多样的方式来创造出意义和归属感。这些移民维持着一种"象征的族群性"（Gans，1997）——即不需要非常费力维系的族群性，仅仅在某些场合下庆祝即可。尽管无家可归的混杂性并不意味着完全的文化不认同，持这样观点的移民极可能把文化当作是任意的构建，认为他们和其他人在不同的程度上，与所谓的文化传统是分离的，即文化传统常常扎根于某个界定的领土，是一种长久的、具体的、共享的做事的方式和观点。这样的人被称为"第三种文化者"（Greenholz & Kim，2009：393），他们的文化身份不是和一种而是和几种文化相关，他们和其他有多种文化身份的人相处感到舒适。Ngan 的章节认为，香港回迁移民坚持他们的根不在某个城市，也不在某个国家，而是在家庭。

移民自愿跨越国界是为了获取期望的新资源，他们也意识到需要构建新的文化资本。对于他们来说，如果想成功地构建文化资本，相比维持一个假定的文化真实性，改变文化更为迫切。本书大部分的章节表明，他们确实可能对任意一种文化或一般而言的文化发展出一定程度的不认同。移民可以逐渐把文化看作控制和抵制的产物，因此文化也是灵活可塑的任意构建。文化不认同相关的发现补充解释了在全球化情况下文化改变的知名范式——断裂和分离、混杂性、文化冲突。而且，正如几个章节表明的（Chan 第 2 章，Lui-Farrer，Kelly，Kang 和 Plüss 第 6 章），移民的特征在新居住地获得欣赏，尽管也可能因为这些特征同时被当地其他人或机构贬低，或有共同特征的其他人也有同样经历。这种对移民混合的接受也使我们意识到文化不是内在的同质和外在的区别（Hermans & Kempen，1998：1111-1113）。Hong 等人（2000：710）发现，文化以特定领域知识的松散系统的形式内化，且人们可以获取不止一种文化意义的系统,即使这些系统包含冲突的观念和意识形态。这些考量支持了我们的发现：移民不总将他们文化差异的经历和文化冲突概念化为长久的对立,也不把文化看作限制于特定领域的实体。

通过在跨国背景下尝试资本转换,移民意识到有多种多样的方式待人处世;他们学到了文化的杂乱构成的力量,学到了文化、民族主义、资源获取之间的紧密联系——学到了文化的任意性。

Chan(第2章)、Ngan、Plüss(第6章)、Kang、Jirattikorn和Kelly的章节表明,日益全球化意味着移民逐渐认可处在几个文化话语中的自己,意味着他们逐渐认为文化越来越不受地域的限制。这些发现支持了以下观点：在全球化日益加深的情况下,文化可能越来越独立于传统(Berger,2002：9),因为移民更多从社会和政治影响的角度考虑了文化的模糊性。比如,Kelly表明,一些菲律宾人在国外做有损尊严的工作,当他们回到祖国后,增加的财富使他们在菲律宾的社会地位、认同以及社会阶级的定义大大改变。尽管传统意义上较高社会地位需要拥有土地权,但归国移民获得的新财富可以让他们的孩子在私立学校上学,让他们建造宽敞的家,这标志着归国者和其家庭上升到中产阶级。Jirattikorn解释说,许多掸族移民长期定居在清迈,成了泰国和掸族之间的文化中间人：泰国要求新掸族移民融合进来,掸族寻求对他们独特文化的认可。她总结,这种文化翻译导致了文化模糊的感受。

可以这么说,人们用做同一件事时采用不同的方式来定义文化,且文化最终成为人们情感组成中的一部分。如Lim的章节解释说,当人们的情感空间(即人们感到像家的地方)跨越几个民族国家时,会发生什么？或如Lim、Chapman、Jirattikorn、Ngan和Plüss的章节所述,当移民情感空间变得和国家相当无关时,会发生什么？当然,在这种情况下,移民可能变得更加以民族为中心,同时变得更加和民族息息相关。这种意识会导致移民认识到,社会和文化首先是想象的群体(Anderson,1991)。这种认识对移民政策有重要的影响。正如本书中的作者们指出的,移民在居住的新社会感到一定程度的舒适和东道国对移民建立新文化资本一定程度的认可强烈相关。尝试建立新的文化资本指的是移民努力在各自文化元素中建立一定程度的相似性(尤见Liu-Farrer和Plüss第6章)。鉴于他们大多肯定移居国的社会价值观,当地公民越来越接受移民文化资本构建并不会强烈危及他们的民族主义,但可能会让人对移民的政治忠诚产生疑问。移民越是认为可以建立一定程度的文化聚合,越会最终被移居国社会同化。这种认可可能会帮助那些恐惧移民的人理解：非常自相矛盾的是,移民的差异最终竟然能给移民提供融入新社会的资源(Zhou & Lin, 2005)。如果允许移民融入和归属,那些造成恐惧的差异最终会变得不那么明显,那些恐惧和怀疑的理由最终也有希望会消失。

参考文献

Anderson, B. (1991). *Imagined communities: Reflections on the origin and spread of nationalism*. London: Verso.

Anthias, F. (2001a). Gender, ethnicity and social stratification: Rethinking inequalities. In H. Bradley & S. Fenton (Eds.), *Ethnicity and economy: Race and class revisited* (pp. 64-79). London: Routledge.

Anthias, F. (2001b). New hybridities, old concepts: The limits of 'culture'. *Ethnic and Racial Studies*, 24(4), 619-641.

Appadurai, A. (1990). Disjuncture and difference in the global cultural economy. *Public Culture*, 2(2), 1-24.

Bathia, S., & Ram, A. (2009). Theorizing identity in transnational and diaspora cultures: A critical approach to acculturation. *International Journal of Intercultural Relations*, 33(2), 140-149.

Berger, P. L. (2002). Introduction: The cultural dynamics of globalization. In P. L. Berger & S. P. Huntington (Eds.), *Many globalizations: Cultural diversity in the contemporary world* (pp. 1-16). New York: Oxford University Press.

Bhabha, H. K. (1997). *The location of culture*. London: Routledge.

Bourdieu, P. (1986). The three forms of capital. In J. G. Richardson (Ed.), *Handbook of theory and research for the sociology of education* (pp. 214-258). New York: Greenwood Press.

Brightman, R. (1995). Forget culture: Replacement, transcendence, reflexification. *Cultural Anthropology*, 10(4), 509-546.

Calhoun, C. (2008). Cosmopolitanism and nationalism. *Nations and Nationalism*, 14(3), 427-448.

Castles, S. (2004). Why migration policies fail. *Ethnic and Racial Studies*, 27(2), 205-227.

Chan, K. B. (2002). Both sides now: Culture contact, hybridization, and cosmopolitanism. In S. Vertovec & R. Cohen (Eds.), *Conceiving cosmopolitanism: Theory, context and practice* (pp. 191-208). Oxford: Oxford University Press.

Chan, K. B. (2005). *Chinese identities, ethnicity and cosmopolitanism*. London: Routledge.

Chan, K. B. (2010). Hybridity [Special issue]. *World Futures*, 66(4).

Chan, K. B. (2011a). *Hybridity: Promises and limits*. Toronto: de Sitter Publications.

Chan, K. B. (2011b). Hybrid Hong Kong [Special issue]. *Visual Anthropology*, 24(1-2).

Chan, K. B. (n. d.) *Modeling migrant behavior, integration and adaptation*. Paper submitted for a special issue.

Chan, K. B., & Chan, N. (2010). Introduction: Thinking freely, acting variously, or thought as a practice of freedom [Special issue, "Hybridity"]. *World Futures*, *66*(4), 163–191.

Chan, K. B., & Chan, N. (2011). Introduction: Hybridity and the politics of desertion [Special issue, "Hybrid Hong Kong"]. *Visual Anthropology*, *24*(1–2), 1–29.

Collins, P. H. (2009). Foreword: Emerging intersections-building knowledge and transforming institutions. In B. T. Dill & R. E. Zambarana (Eds.), *Emerging intersections: Race, class, and gender in theory, policy, and practice* (pp. vii-xvii). New Brunswick: Rutgers University Press.

Davis, K. (2008). Intersectionality as a buzzword: A sociology of science perspective on what makes a feminist theory successful. *Feminist Theory*, *9*(1), 67–85.

Dill, B. T., & Zambarana, R. E. (Eds.). (2009). *Emerging intersections: Race, class, and gender in theory, policy, and practice*. New Brunswick: Rutgers University Press.

Ellenmeier, A. (2009). *Kommission für Frauen-und Geschlechterforschung der Deutschen Gesellschaft für Volkskunde*. http: hsozkult. geschichte. hu. be/tagungsberichte/id=2823. Accessed December 2009.

Espiritu, Y. L. (1996). Asian American panethnicity. In K. E. Rosenblum & T. M. C. Travis (Eds.), *The meaning of difference: American constructions of race, sex and gender, social class and sexual orientation* (pp. 51–61). New York: McGraw-Hill Companies.

Gans, H. J. (1997). Toward a reconciliation of 'assimilation' and 'pluralism': The interplay of acculturation and ethnic retention. *International Migration Review*, *31*(4), 875–892.

Greenholz, J., & Kim, J. (2009). The cultural hybridity of Lena: A multi-method case study of a third culture kid. *International Journal of Intercultural Relations*, *33*(5), 391–398.

Hermans, H. J. M., & Kempen, H. J. G. (1998). Moving cultures: The perilous problems of cultural dichotomies in a globalizing world. *American Psychologist*, *53*(10), 1111–1120.

Hong, Y. Y., Morris, M. W., Chui, C. Y., & Benet-Martinez, V. (2000). Multicultural minds: A dynamic constructivist approach to culture and cognition. *American Psychologist*, *55*(7), 709–720.

Huntington, S. P. (1996). *The clash of civilizations and the remaking of the world order*. New York: Simon and Schuster.

Kelly, P., & Lusis, T. (2006). Migration and the transnational habitus: Evidence from Canada and the Philippines. *Environment and Planning A*, *38*(5), 831–847.

Lan, P. C. (2006). *Global cinderellas: Migrant domestics and the newly rich employers in Taiwan*. Durham: Duke University Press.

Moreman, S. T. (2009). Memoir as performance: Strategies of hybrid ethnic identity. *Text and Performance Quarterly*, *29*(4), 346–366.

Nederveen Pieterse, J. N. (2004). *Globalization and culture: Global mélange*. Lanham: Rowan and Littlefield Publishers, Inc.

Plüss, C. (2005). Constructing globalised ethnicity: Migrants from India in Hong Kong. *International Sociology*, *20*(2), 201–224.

Plüss, C. (2006). Becoming different while becoming the same: Re-territorializing Islamic identities with multi-ethnic practices. *Ethnic and Racial Studies*, 29(4), 656–675.

Robertson, R. (1997). Globalization: Time-space homogeneity-heterogeneity. In M. Featherstone, S. Lash, & R. Robertson (Eds.), *Global modernities* (pp. 25–44). London: Sage.

Sakamoto, I. (2006). Acculturation or negotiation? What Japanese academic migrants teach us about family processes and gendered experiences of cultural adaptation. In R. Mahalingam (Ed.), *Cultural psychology of immigrants* (pp. 337–364). Mahwah: Lawrence Erlbaum Associate Publishers.

Yuval-Davis, N. (2006). Intersectionality and feminist politics. *European Journal of Women's Studies*, 13(3), 193–209.

Zhou, M., & Lin, M. (2005). Community transformation and the formation of ethnic capital: Immigrant Chinese communities in the United States. *Journal of Chinese Overseas*, 1(2), 260–284.

(陈玲,胡婧译)

致 谢

以"亚洲移民身份：文化、社会、经济元素的交叉"为主题的国际研讨会于 2009 年 12 月 17—18 日在新加坡南洋理工大学召开，此次研讨会邀请了许多作者发言，而本书中的所有章节均是选自这些作者的论文修改而成。在人文科学学院的人文艺术和社科中心（CLASS）以及该大学艺术和社科等系的支持下，Caroline Plüss 组织了本次会议。Caroline 感谢她的合编者 Chan Kwok-bun 在对如何从研讨会论文中选取并完成一本著作提出了专业性意见，并使这本书能够在 Springer 出版社出版。Chan Kwok-bun 感谢 Caroline 为了会议的成功举办以及这本书的出版付出了巨大努力，时刻牢记获得学术研究基金的重要性。所有的脑力活动都有其物质基础。感谢 CLASS 经理 Joey Kek，她和她的团队为会议的后勤工作提供了保障；感谢 Caroline 的研究助理：Alex Ang 为会议项目材料整理以及编辑作出了无私奉献；感谢 Sithi Hawa 和 Dalvin Kaur Sidhu 为核对会议信息做出了不懈努力，甚至承担了职责之外的其他工作。真诚感谢我们的编辑 Anthony Green 和他精湛的业务能力——否则这本书就不会完成得如此出色。还要感谢 Evelien Bakker，她鼓励了我们，促使 Springer 社科小组出版了这本书。感谢匿名评审的专业意见。最后，我们感谢所有作者的参与以及耐心与编辑沟通多次修改他们的章节。对于我们两位社会学家来说，写书就像创作电影或音乐一样。这些都是关于大家"共事"（doing things together）的故事，"共事"同样也是一本引人入胜的书的标题，该书由象征性互动理论者 Howard Becker 所著。

Caroline Plüss 和 Chan Kwok-bun

索 引[*]

Absent father 失职的父亲 39
Adaptative behavior 适应性行为 73-96
Adaptative responses 适应性反应 73,76-81
Allied Forces 盟军 202
Ambiguities 模糊 27,208,266
Anomie 失范 73,77,79,80,82
Asia 亚洲 1,2,4,5,6,7,9,12,13,20,73,75,85,111,135,137,139,140,142,149,150,152,155,162,163,164,181,219,244
Assimilation 同化 74,78-81,83,169,199,221,223,230,236,237,249,253
Australia 澳大利亚 5,20,21,75,76,79,91,93,103,106-109,111-114,117,118,121,124,134,135,137,140,142,149,153,162,174,236,238-252,264,267
Baghdadi Jews 巴格达犹太人 262
Balance 平衡 7,30,31,115,119,120,158,243
Belongingness 归属感 30,31,239
Biography 传记 20,32,117,118
Blaming the victim 谴责受害者 48
Bonin Islands 博宁岛 196,203,204,206
Burma 缅甸 2,213,215-229,231,265,267
Canada 加拿大 5,13,19-22,25,28-30,55,58,75,76,79,86,89,90,92,93,103,125,128,134,149,153,155,156,163,174,238,239,241,242,263
Canton 广州 261
Captial conversion 资本转换 2-4,6,11,14,19,73,95,127,143,145,204,205,208,260-262,268
Captial conversions in transational contexts 在跨国环境下进行资本转换 3,261,262,268
Cavite 甲米地 5,53,59,67
Chiang Mai 清迈 5,213-233,265,268
Chicago School of Sociology 芝加哥社会学派 6,25
Chichijima 父岛;父岛列岛 195,198-208
China 中国 2,5,12,19,20,23,25,27,28,73,75,80,90,91,134,139,155,167,168,170,172-186,215,219,235,238,240-244,250,261-264,266
Chinese diaspora 中国式移居 31,76,237,254
Chinese immigrants 中国移民 80,173,174,244
Chinese in Japan 日本华人 167,170,173,174,177-179,181,182,187
Chinese medicine 中药 13
Circuit migration 循环移民 2,27,28,88
Circular migration 循环移民 23,237
Citizenship 公民 31,77,83,84,87,96,101,

---

[*] 索引中页码均为原版书页码,请按中文版边码检索。——编辑注

107,119,127,151,167,168,172,174,183,
186,187,193-209,215,217,218,222,223,
237,241-245,265
Citizens of the world 世界公民 87,95
Clash of cultures 文化冲突 6,259,268
Collective identity(ies) 集体身份 168,169,
170,173,174,187
Colonial administration 殖民政府 3,261,
262
Community 群体,社区 10,11,13,27,29,
30,32,80,84,88,89,114,154,169,171,
172,188,194,195,197-201,203,204,208,
209,213-225,230-233,239,247,249,
254,261,262
Conformists 顺从者 81-83,95
Conformity 相似,一致,赞成,遵从,顺从 3,
26,81-84,96
Constructing cultural capital 构建文化资本
135-137,141,144
Consumption 消费;饮食 7,12,56,57,66,
157,160,215,225,229,230,232
Contextualized identities 语境化的身份 168
Conversions of capital(converting capital) in
transnational spaces 在跨国空间里的资
本转换 262
Conversions of different forms of capital 不
同形式资本的转换 10,259
Convertibility of cultoral, social and ecoromic
capital 文化、社会和经济资本可转换
性 143
Coping strategies 应对策略 77,78,89
Cosmopolitan cultural capital 世界文化资本
135,264,265
Cosmopolitan cultural identities 世界性的文
化身份 126
Cosmopolitanism 世界主义 31,77-79,83,
91,95,96,144,235,246,253
Cosmopolitans 世界公民 77,78,83,151,
160
Costs-benefits analysis 成本和收益分析 7

Creativity 创造性,创造力 3,4,19,26,27,
30,83,84,94-96,185,240,252
Creolization 混合化,混杂 3,92
Cultural ambiguity 文化模糊 197,203,
261,268
Cultural authenticity 文化确实性 203,
261,267
Cultural broker(s) 文化中间人 213,215,
223,224,233,268
Cultural capital 文化资本 3-7,9,12,19,
26,33,54,57,63,66,68,84,95,96,126,
135-138,141-145,150-153,164,179-
183,185-188,202,215,217,223,240,246,
248,249,253,260,261,262,264-267,269
Cultural change 文化变化 80,135,144,
267,268
Cultural competence 文化能力 183,264
Cultural convergence 文化聚合 135,269
Cultural differentiation 文化区分 126
Cultural disidentification 文化不认同 6,32,
87,144,267,268
Cultural hybridity 文化杂糅,文化的混杂性
3,6,19,25,126,140,144,198,259
Cultural identities 文化身份 126,266,267
Cultural meanings 文化意义 261
Cultural nationalism 文化民族主义 167,
175
Cultural repertoire 全部文化 266
Cultural, social, psychological and economic
capital 文化、社会、心理和经济资本 1,2,
4,5,11,46,53,95,125,127,143,144,194-
195,209,262-264
Cultural tradition 文化传统 267
Cultural translation 文化翻译 268
Culture 文化 1-3,5-6,9,23,25,26,30,
33,74,79,82,83,85,87,90-94,111,113,
117,127,135,136,138,140,142,144,156,
176,181,201,219,229,230,243,246,247,
253,259-269
Cultural and globalization 文化和全球化

5-6
Cultural contact 文化接触 6,259
Cycle of poverty 贫困循环 9
Decentered transnational linkages 偏移的跨国联系 235-254,265
De-creolization 去混合化 3
Depression 抑郁 92,252
Deterritorialized 去疆域化 78,214,245,268
Devaluation 贬值;低估 3,126,128,138,139,246,249,264,268
Devaluation and exclusion 贬值和排斥 3,77,126,128,137-139,169,175,176,198,201,239,246,248,249,254,260-262,264,266,268
Diaspora 大移居 31,76,79,80,223,237,244,245,254
Discourses of inclusion and exculsion 包容和排斥的话语 260
Discrimination 歧视 26,28,30,75,77,91,137,162,169,170,177,248,262,266
Discursive formation 杂乱的构成 6,268
Disidentification 不认同 6,14,32,87,141,144,259,267,268
Disjunctures 脱节,分离 5,6,9,10,81,106,109,119,238,247,263,268
Displacement 位移;背井离乡 194,207,260
Doing emotion work 情感工作 31
Doing families 维持家庭 5,47,48
Dominance and resistance 拒绝/抵抗 208,221,229,268
Downside of hybridity 文化杂糅的缺陷 3,19-33,84,263
Downward social mobility 向下的社会流动 263
Downward spiral 下跌螺旋 11
Early study abroad(jogi yuhak) 低龄留学 149,153-159
Economic niche 经济生态位 179
Educational migrant(s) 教育移民 5,148-164,264
Educational migration 教育移民 149-153,162-164
Emigration and immigration policies 移民和移民政策 79
Emotional capital 情感资本 151,159-163,264
Emotional, commercial and political spaces 情绪、商业和政治空间 5
Emotional gratification 情感上的需求 7
Emotional independence 情感独立 264
Emotional security 情感上的安全感 141,144
Emotional spaces 情绪空间 5,263,264,268
Emotions (情)感 3,27,30,31,76,89,162,259-269
Essentialist notions of cultures 本质主义的文化理念 266
Ethnic broker 民族中间人 215,225,232
Ethnic identity 民族身份;民族认同 92,169,170,186,213,223,229,230,232
Ethnicity 民族性 5,6,104,107,111,115,126,136,138,143,144,167-170,174,177,187,217,229,232,240,253,266,267
Ethnocentric 以民族为中心 269
Ethnography(ethnographic) 人种学;民族志 74,149,152,170,171,215,233
Ethnorelative 和民族息息相关 269
Exchangeablity 可转换的 10
Exclusion 排斥 3,77,126,128,137,139,169,175,176,198,201,239,248,254,260-262,266
Exclusionary practices 排外行为 176
Existential migration 存在主义移民 103,106
Expressive needs 表达性需求 29,33,102-106,109-112,116,117,119,120,263
Familiarity 熟悉 89,116,128,135,156-160,163,182,235,246,247,266
Familiars 相似的 14,24,65,96,103,105,

116,119,135,138,157,158,239,247, 251,253
Family life　家庭生活　25,30,108,111,253
Family roles　家庭角色　263
Family stress　家庭压力　45
Family role flexibility and interchangeability　家庭角色灵活性、可交替性　49
Filipina domestic helpers　菲佣　265
Filipina domestic helpers in Hong Kong　在香港的菲律宾女性佣工　7,8
Filipinos(as)　菲律宾人　2,5,171,268
Food　食物　9,58,113,114,151,157,158, 160,161,182,201,216,218,223-226,251
Foreignness　异域性　264
Gender　性别　1,4,5,10,12,19,23,24,26, 30,54,56,57,63-65,67,68,88,92,104, 117,126,137-140,143,144,154,240,248, 261,262,264,266
Gender equality　性别公平　12
Generation and gender politics　性别政治　23,30
Geography　地理　2,60,152,164,265
Global citizen(seyein)　全球公民　153
Global connectivity　全球的联系　128
Global elites(global injae)　全球精英　153
Globalization　全球化　2,5-11,82,86,96, 103,143,153,167,169,187,245,259,260, 262-268
Guilt and shame　愧疚和羞耻心　9
Helplessness　无助　8,105,109
Highly-skilled and middle-class Chinese-Singaporean repeat migrants　新加坡高技术中产阶级华人重复移民　5,125,128, 144,262,267
Highly-skilled employment　高技术人才　137
Holistic understandings　全面理解　265
Home　家　7-13,20,23,24,28-33,53,57, 58,61,64,65,67,68,73-75,85,88-90, 93,95,96,103,105-110,112-118,133, 134,136,141,144,151,152,156-159,164,

167,169,170,175,178,181-184,187,194, 197,198,203,207-209,214,215,220,221, 223,227-229,231,232,235-241,244- 247,249-254,264,265,267,268
Homeless hybridty　无家可归的混杂性　267
Homeliness　寻常　32
Home ownership　房屋所有权　110,115-117,120
Hong Kong　香港　2-13,19,20,23-33,57, 79-96,120,125,128,134,135,140,142, 149,177,185,187,188,196,235-254, 261-263,265-267
Hong Kong Chinese return migrants　香港回迁华人移民　5,19,236
Hong Kong emigration　香港移民　238-253
Hong Kong 1997 Handover　1997年香港回归　236,238,241,247
Hong Kong return migration　香港回迁移民　23,28,73,74,78,236-253
Hongkongers　香港人　9,20,24,25,28-30, 32,33,75,77,85,86,88,90,91,93,263
Hybridity and hybridization　杂糅　3,6,18- 33,79,84,92,96,126,140,144,252,259, 263,267,268
Identification(s)　身份认同　1-6,11,14,18, 29,54,56-58,60,62,63,67-69,78,93, 95,96,118-121,126,128,129,135,137- 142,144,169,183,194,199-206,208,209, 217,239,240,242,245-250,253,254, 259-268
Identifications in transnational spaces　跨国空间中的身份认同　5,126,136,139,140, 142,144,260
Identity(ies)　身份　1,3-6,11-14,19,28, 29,32,53-69,75,77,78,80,81,85,88,92, 94-96,101-121,126,128,141,144,149, 154,167-188,193-209,213-215,223, 229-233,235-254,260,262-267
Identity construction　身份构建　167- 188,264

Imagined communities 想象的群体 213, 214, 221, 224, 225, 233, 265, 269

Immigrant adjustment and adaptation 移民调整和适应 78

Immigrant family 移民家庭 5, 241

Immigrant family adaptation 移民家庭适应 263

Immigrants' children 移民子女 235, 238, 250, 253

Immigration 移民 13, 21, 22, 29, 75, 79, 107, 117, 162, 168, 171 – 174, 183, 206, 208

Immigration policies 移民政策 4, 79, 107, 240, 262

Independence from tradition 独立于传统 268

India 印度 3, 25, 73, 226, 261, 262, 266

Industrial employment 工业就业 54, 59, 67

Inequality 不公平 5, 201

Inferiorization 劣势地位 2, 260

Innovators 革新者 83 – 84, 95

Insider(s)/outsider(s) 局内人/局外人,外来者 24, 84, 92, 96, 246, 247, 253

Instrumental and expressive needs 工具性需求和表达性需求 102, 119, 120

Instrumental needs 工具性需求 11, 29, 103, 105, 106, 111, 116, 117, 120, 263

Integration 融合 73, 74, 78, 80, 92, 96, 115, 197, 198, 237, 240, 248, 250, 268

Interconnectedness of cultures 文化相互关联 267

Internal migration 国内移民 32

International education 国际教育 153

International migration 国际移民 11, 66, 67, 101, 167, 168, 185, 245

International students 留学生 171, 176

Intersectionality 交叉性 1 – 14, 18, 20, 33, 73, 89, 96, 123, 143, 194, 200, 209, 215, 233, 239, 240, 259, 260, 264 – 269

Intersectionality analysis 交叉性分析 1 – 4, 6, 10, 13, 14, 72, 127, 143, 259, 260, 265 – 269

Intersections 交叉 2 – 8, 10, 11, 13, 19, 20, 24, 26, 28, 30, 53, 54, 60, 63, 67, 69, 96, 102, 104, 108, 115, 118 – 120, 137, 149, 151, 194, 208, 209, 215, 236, 237, 240, 246, 249 – 254, 259 – 269

Intersections of cultural, social and economic characteristics 文化、社会和经济特征的交叉 260, 265

Islam 伊斯兰教 82, 266

Japan 日本 2, 5, 128, 134 – 137, 142, 167 – 188, 193 – 196, 199 – 209, 241, 264, 265

Japanese 日本人;日本(国民) 2, 5, 131, 137, 167, 168, 171 – 188, 194 – 208, 264, 267

Korea 韩国 2, 149, 150, 153 – 157, 161, 264

Korean educational migrants 韩国教育移民 5, 149 – 164, 264

Korean families 韩国家庭 153, 155, 264

Koreans 韩国人 2, 5, 149 – 164, 169, 171, 172, 264

Koseki/seki(Japanese Family Registry) 户籍 199, 201 – 203, 205, 208

Labeling 标签 264

Legitimate competence 合法能力 3, 11 – 13, 27, 94, 135 – 137, 144, 145, 260, 261, 264

Life projects 生活计划 4

Localized intersections 局部的交叉 261

Malay 马来语;马来西亚人 107, 109, 110, 114, 118, 127, 135, 156, 160, 262

Manager moms(menijeo eomma) 经理妈妈 150

Mandarin 普通话 109 – 111, 127, 136, 137, 155, 156, 262

Manila 马尼拉 9, 53, 59, 197

Marginalisation 边缘化 25, 209

Marginal man 边缘人 25, 28, 74, 249, 252

Material satisfaction 物质满足 7

Maternal attitudes 母亲态度 151

Media 媒体 111, 115, 118, 130, 135, 167, 170, 171, 173, 175, 176, 213 – 215, 221, 224,

233,242,250

Memories 记忆 24,89,93,94,106,111,171,206,236,238,250-252

Micro and macro level 微观和宏观层面 102,104

Migrant identifications 移民身份认同 2-4,126,260,267

Migrant public spheres 移民公共领域 213-233,265

Migration policies 移民政策 262,265,269

Migration trajectories 移民轨迹 128,265

Military 军队;军方 82,84,133,198,200-202,204,213,216

Mobility 流动性 5,7,30,53,54,58,62,67,68,88,96,150,153,169,181,184,188,206,246,263,264

Modernity 现代 49,78-80,82,83,104,213,230,265

Motherhood/mothering 母职;母亲 144,149-164,264

Mothering roles 母亲角色 156,264

Multicultural characteristics 多元文化特征 136,151,264

Multicultural identities 多元文化身份 111

Multiculturalism 多元文化主义 31,78-81,83-87,91,93,95,96,127

Multi-directionality 多方向性 6,143,144,265,266

Multiple causation 多重原因 48

Multiple cultural identities 多种文化身份认同 267

Multiple identities 多重身份 266

Mumbai(Bombay) 孟买 261,262

Muslims 穆斯林 111,114,266

Mutual constituitivity and reciprocity 互为要素、相互作用 1

Myth of return 回归的神话 76,223,230,238

Narrative 讲述;故事 29,32,60,62,74,103,109,111,113,119,120,170,171,174,175,201,208,236,237

National boundaries 国界 1,125-129,145,214,217,218,221,223,224,240,245,260,266,267

Nationalism 民族主义 31,77,78,83,198,214,262,265,268,269

Nationality 国籍 4,5,126,127,140,143,144,171,193-209,264-266

National origin 原始国籍、民族血统 10,117,118

Nation-state 国家 4,31,77,86,87,95,117-200,204,213-215,222,224,232

Naturalization 入籍 167,172-174,183

Negative cultural capital 消极的文化资本 9,26,96,126,136,137

Negative intersectionality 消极交叉性 6-11,37,43,45,49,89

New Overseas Chinese 新华侨 167-188,264

Niche 生态位;合适的职位 179,180,182

Niche occupation 擅长的工作 180

Nostalgia 思乡情绪 24,25,30,213-233,238,252,265

Ogasawara Islanders 小笠原岛民 5,197,207,208,267

Ogasawara Islands 小笠原群岛 193-209,265

Okinawa 冲绳(岛) 202,205

Ontologically insecure 不具有本体性安全 105

Ontologically secure 本体性安全 102,105,121

Ontological security 本体性安全 102,104-106,108-112,115,116,117,119,141,264

Origin 迁出国;来源地 10,117,118,139,150,169,171,172,201,214,235-239,243,245,247,249,250,261,263,265-267

Other 其他 1,24,54,74,102,125,150,168,193,214,236,260

Othering 他者化 260

Outsider 局外人、外来者 33,64,174-177,246,247
Over-conformity 过于顺从 82,84,96
Overseas Chinese 海外华人 9,167-188,236,243,244,254,264
Pacific 太平洋 61,75,111,172,181,193,195,197,198,200,203,207,242
Parsees 帕西人 261,262
Passing 传递；通过 27,84,110,240
People's Republic of China 中华人民共和国 240,264
Performance 表现 11,54,57-58,65-66,68,69,121,152,159,176,227,230,260,264
Peri-urban 城郊 59
Permanent residency 永久居留权 103,107,119,167,170,172,173,183,184,186-188
Permanent resident 永久居民 107,127,167,170,171,172,174,178
Perth 珀斯 5,106-109,111,113,114,117,118,119,120,264
Philippines 菲律宾 2,5,7,9,54-59,63,66,68,128,134,135,140,155,268
Physicality 身体特征 10,248,249,265
Policies 政策 4,30,31,77,79,101,102,104,106,108,109,113,116,118-120,127,199,240,254,262,265,269
Political loyalties 政治忠诚 168,269
Political spaces 政治空间 5
Positive intersectionality 积极交叉性 11-13
Positive intersections 积极交叉 5,13
Poverty 贫困 9,20,92,263
Prejudice and discrimination 偏见和歧视 26,30,68,248,249
Primary and secondary needs 第一需求和第二需求 29
Psychoanalysis 精神分析法 14,263
Public housing 公屋 32,108,109,115,120
Public spheres 公共领域 213-233,265

Pull factors 拉动因素 103,107
Push factors 推动因素 95,103,108,242
Race and ethnicity 种族和族裔 126,143,266
Race, gender, social class and age 种族、性别、社会阶层和年龄 104,126,143
Racism 种族主义 128,138,139
Radio program(s) 电台节目 215,218,219,220,222,226,227,229-231,265
Reactive ethnicity 族性反应论 167-170,174,177,187
Rebels 反叛者 91-93,95,96
Refugees 难民 13,83,216
Regional identity 区域特征 54,68
Rejection 排斥 139,248,267
Religious identities 宗教身份 266
Remittances 汇款 7,8,11,53,59,61,65,73,154,220,245
Repeat migrants 重复移民 8,28,125,128,144,262
Reproduction of poverty 贫困延续 37,43,49
Retreatists 退缩者 86,87,95
Retrospective accounts 回顾性叙述 126,128,264
Returned overseas Singaporeans 归国的海外新加坡人、海外归国新加坡人 128,129
Returnees/return migrants 回迁移民 5,20,23-33,66,73,75,76,82-85,88-90,93-96,235-237,239-242,244-254,263,265,268
Return migrants 回迁移民 5,19,30-33,73-96,235-254,263,265,267,268
Return migration 移民回迁 21-23,28,73,74,78,236-253
Ritualists 固守仪式的移民 84-86,95
Role exchangeability 角色交换 10
Ruptures and disjunctures 破裂和分离 6,259,263,268
Sacrificing mothers 自我牺牲的母亲 159

Second culture 第二文化 266
Second World War 第二次世界大战 84,171,194,200
Self esteem 自尊 103,104,111,112,120,152,162,164,231
Self estrangement 自我疏离 84,88
Self fulfilling prophecy 自我满足预言 93
Self identity 自我认同 84,102-105,109,111,113,115,120
Self realization 自我实现
Sexism 性别（偏见） 12,127,136
Shan(s) 掸人、掸族人 2,215-217,221,225,265,267
Shan Migrants 掸人移民 5,213,215-226,229-233,268
Shifting alliances 不断转变的同盟 266
Singapore 新加坡 2,20,75,101-121,125,149,264
Singaporeans 新加坡人 2,5,103,106,107,109,110,113-120,125,127,128,129,137-140,142,157,161,163,264,267
Situated politics of belonging 一定处境下的政治归属 259
Social capital 社会资本 3,6,10,12,23,29,74,89,126,136,138-145,180,198,201,205,223,240,263,264
Social class 社会阶级 1,4,5,104,126,137,138,140,143,262,263,266,268
Social exclusion 社会排斥 139
Social identities 社会身份 104,115-117,168
Social inequalities 社会不公平 1,12,125-145,263-265
Social inequalities in transnatioanl contexts 跨国背景下的社会不平等 144
Social mobility 社会流动性 5,62,150,153,263
Social networks 社交网络 3,5,67,68,74,89,96,142,159,169,179,181,229,232,237-239,242,245,261-263,265

Social status 社会地位 117,139,141,169,176,261,266,268
Social strain 社会压力 5,73-96,263
Social strain theory 社会压力理论 5,73
Social welfare 社会福利 74
Society 社会 3,5-13,27,30-32,55,74,78-83,85-87,89,92,93,95,96,101,106,109,111,116-118,126,136,150,152,156,161,163,167-170,173-179,182,183,186,187,194,197,200,201,214,217,219,221,229,235,236,238,247-250,253,254,260,262,263,269
Space 空间 5,9,25,56,77-79,87,96,109,114-117,121,125,126,129,136,139,140,143-145,157,179,194-196,201,205-209,213-215,218,221,222,224,225,229,230,231,232,236,237,239,247,253,260,263-265,267
State(s) 国家 4,29,30,31,77-79,86,87,90,94,95,101-121,128,141,142,145,170,199-201,203,204,213-230,232,233,248,252,253,263,264,268
Stereotypes 定型观念 137,138,248,254
Stigma 污点；污名 9,26,27,30,39,96
Strangers 陌生人 9,24,32,84,249,253
Subject 话题；主体 65,73,152,164,197,247
Symbolic ethnicity 象征的族群性 267
Syncretism 融合 92
Taiwanese 台湾人 2,86,149
Tamil 泰米尔语 110,127,262
Thailand 泰国 2,5,213-233,265,267
Theorizing 理论阐释 1-14,263
Third culture persons 第三种文化者 267
Toronto 多伦多 24,30,32
Transcultural convergence 跨文化融合 135
Transnational biographies 跨国传记 125,128
Transnational body 跨国主体 159-160
Transnational contexts 跨国环境 1-14,

19,94,143-145,238,240,254,260-262,266,268

Transnational cultural capital 跨国文化资本 179-183,187

Transnational economy 跨国经济 167,168,170,179,180,181,183,184,186,188

Transnational flows 跨国流动 215

Transnational habitus 跨国习惯 262

Transnational identification 跨国身份认同 5-6,144,262-265

Transnational identity 跨国身份 75,149,167,169,179-187,233

Transnational imagined communities 跨国的、想象的群体 221,224,225

Transnationalims 跨国主义 11,31,77,79,80,83,88,89,91,92,95,96,168,169,207,214,236-241

Transnationality 跨国性 77,81,95,164,242,262

Transnational living 跨国生活 149,183,185

Transnational migrants 跨国移民 2-5,195,214,259-263,265

Transnational migration trajectories 跨国移民轨迹 128

Transnational motherhood 跨国母职 149-164,264

Transnational positions 跨国处境 5,125-145,198,201,203,209,260,261,263-265

Transnational practices 跨国实践 73,77,78,80,167-188,250,264

Transnational social networks 跨国社交网络 239,265

Transnational space(s) 跨国空间 1,5,6,125,126,129,136,139,140,142-145,157,194,221,237,240,259-263,265

Type 1 and type 2 needs 第一类需求和第二类需求 7,8,29-31,33,103,105,106,108,260

United Kingdom 英国 76,79,91,103,128,129,135-141,238,241

United States of America(USA) 美国 90,127,128,137,139,140,149,156,169,171,172,174,196,202-207,238,262

US Navy 美国海军 194,203-207

Utopia 乌托邦 87,91,96

Vancouver 温哥华 24,30,93,153

Victimization 牺牲 11

Vietnam 越南 13

War 战争 84,92,101,171,172,174,175,186,194,198,200-202,208,218,219

Western societies 西方国家 5,79,125,126,135,136,140,238,262,264

White identities 白种人身份 262

Wifld-geese families(girogi gajok) 大雁家庭 153-155

Withdrawal 退出 27,65,162,252